Meiti Jingzheng Fenxi

Jiagou、Fangfa yu Shizheng ——

Yizhong Shengtaiwei Lilun Fanshi de Yanjiu

张明新／著

媒体竞争分析：架构、方法与实证——一种生态位理论范式的研究

华中科技大学出版社
http://www.hustp.com
中国·武汉

内 容 简 介

媒体竞争是一个多层面的复杂现象和过程。本书从多个空间层次和资源维度揭示媒体竞争的基本规律。生态学是“自然的经济学”；媒体经济层面的现象，蕴含着生态学的基本逻辑。通过建构一个系统、全面的媒体竞争分析架构，作者以生态位理论范式为基础来理解“竞争”的概念，并对媒体竞争实施生态位宽度、重叠度和竞争优势的多向度测量。在经验层面，本书对中国媒体竞争的历史规律、现实表现和实践策略进行分析，结论富有启发意义。本书体现了作者对媒体经济分析在理论建构上的自觉和展开媒体生态学本土化实证研究的可贵尝试。作者对媒体竞争规律的理论和经验阐释，将使人们更为深刻地理解媒体格局的演变轨迹和未来趋势。

图书在版编目(CIP)数据

媒体竞争分析：架构、方法与实证——一种生态位理论范式的研究/张明新 著.—武汉：华中科技大学出版社，2011.11

ISBN 978-7-5609-6232-0

Ⅰ.媒… Ⅱ.张… Ⅲ.传播媒介-竞争-研究-中国 Ⅳ.G219.2

中国版本图书馆 CIP 数据核字(2011)第 215235 号

媒体竞争分析：架构、方法与实证——一种生态位理论范式的研究 张明新 著

责任编辑：包以健
封面设计：刘 卉
责任校对：周 娟
责任监印：张正林
出版发行：华中科技大学出版社(中国·武汉)
武昌喻家山 邮编：430074 电话：(027)87557437
录 排：华中科技大学惠友文印中心
印 刷：华中科技大学印刷厂
开 本：710mm×1000mm 1/16
印 张：14.25 插页：2
字 数：287 千字
版 次：2011 年 11 月第 1 版第 1 次印刷
定 价：29.80 元

序

强月新

自20世纪70年代末改革开放以来，中国媒体经济的图景发生了历史性的变迁。改革之前，媒体完全不需要关心经济效益；而在改革之后，特别是从20世纪90年代起，经济收入逐渐成为媒体生存与发展的生命线。对经济资源的争夺，使得媒体间的竞争日趋剧烈。媒体竞争既发生在传统的新闻媒体之间，也发生在新旧媒体之间，还发生在大众媒体与个人化媒体之间——它们既争夺各种各样的内容资源，又争夺受众或用户的注意力，也争夺他们的时间和金钱投入，还争夺广告商的广告支出。进入新世纪以来，全球化和数字化的现实无疑将剧烈的媒体竞争推向白热化的境地。

媒体竞争现象首先是一个媒体经济层面的问题，即关注在一个资源相对稀缺的、竞争性的媒体市场中，媒体组织或机构如何以最小的成本获得最大的收益，以实现自身生存和发展壮大的目标。与国民经济的其他产业相比，媒体经济有着相对特殊之处，在中国更是如此。这使得我国新闻传播学者对媒体竞争现象的分析，既需要在理论资源的借用上有所拓展，也需要寻找更加合适的研究范式。

张明新博士的《媒体竞争分析：架构、方法与实证——一种生态位理论范式的研究》，无疑是对媒体竞争的内在规律和改革开放以来中国媒体竞争的历史与现实进行系统性分析的一种可贵探索。从2006年以来，他在参加我的课题研究过程中，开始对媒体生态与媒体竞争议题产生浓厚兴趣。此后的五年间，他着手实施了多个具体的案例研究，发表了不少研究成果，产生了一定的学术影响力。作为他的博士导师，闻知他的这部书稿即将付梓，我感到十分欣慰。在此，我向各位读者推荐这本书。我以为，这本专著有着如下特点。

其一，分析框架的系统性。尽管从20世纪90年代起，中国学者们开始进行有关媒体竞争的研究，但时至今日，对媒体竞争的分析还显得十分琐碎，不成体系。由于没有一个全面的媒体竞争分析架构，我们便无法为自己的单个研究进行定位，无法在既有的媒体竞争知识谱系中寻找到合适的位置。本书作者认为，媒体竞争是一个多层面的复杂现象和过程，并从空间层面和资源维度揭示媒体竞争的基本规律。在空间层面，媒体竞争既发生在媒体产业（种群）层面，发生在媒体战略集团层面，也发生在媒体组织的个体层面。在当前媒体竞争的全球化时代，媒体竞争无疑也发生在国家层面。在媒体所需的资源维度，媒体为获得更多的优质内容、更多的受众或用户（的注意力、时间和金钱）和更多的广告主的广告投入而进行争夺。作者在本书中借助于对媒体竞争空间层面和资源维度的综合考虑，构建起一个系统性的媒体竞争分析架构。正如作者所说："借助于一个具有理论价值的思考架构，将使得人们对媒体竞争现象的探索，摆脱一种狭隘的视野和琐碎的分析——既能在'横看成岭侧成峰'的媒体变局中定位媒体竞争的实践，更能超越一时一地的媒体竞争个案而进入学理层次的思考。"

其二，研究的理论诉求与理论创新。理论的发展和创新是科学研究的终极指向，也是研究者毕生孜孜以求的目标。没有理论诉求的研究，是没有任何意义的，因为这样的研究不能揭示出共通的、必然性的规律。理论的缺失是当今我国媒体经济研究的一大硬伤，已有研究多为描述性的分析，重视媒体竞争的个案，重视对媒体竞争策略和手法的探讨，重视媒体竞争的短期效果。本书在这方面有着较为可贵的探索。作者首先引入"生态位"的理论范式，特别借助于生态位宽度、生态位重叠度和生态位竞争优势的理论概念，分析当前我国媒体竞争的历史和现实。在此基础上，作者创新性地构建了媒体生态位的"层级关联假设"，并在理论层面给予详尽的阐释。在对媒体竞争策略的分析部分，作者引入"组织学习"理论，考察媒体组织基于生态位优化的竞争策略。

其三，研究方法上的实证取向。在社会科学学术研究中，实证是一个与理论建构相辅相成的过程。没有理论发展的实证考察毫无学理根基，而没有实证分析的理论创建可能永远是空中楼阁。当今本土的媒体经济研究还处于初级阶段，这既与媒体经济发展的实践有关，也与媒体经济的理论分析相对肤浅、实证性研究不够有关。在方法和经验层面，本书的研究为国内媒体经济研究提供了很好的范例。作者实施了多个相互关联的实证性研究，然后将它们以合乎逻辑的方式串联起来，使本书显得一气呵成，结构井然有序。作者采用了问卷调查、内容分析和案例研究等多种实证研究方法，并在多处采用了二手数据的分析。通过这些具体的研究，作者一方面实现了对所构建的理论分析架构的应用，对中国媒体竞争的现实和历史进行了描述和阐释，另一方面，也对媒体生态位"层级关联假设"中的部分可操作性假设进行了经验层面的验证。

媒体生态学和媒体经济学本是两个完全不同的领域，但生态学是"自然的经济学"，本书的作者将二者联系起来，以生态学的理论视野探索媒体竞争现象，这种学术勇气无疑是值得肯定的。然而，不论是媒体生态学，还是媒体经济学，皆是相当宽广的研究领域。因此，作者以生态学的视野考察媒体竞争问题，绝不可能是面面俱到的，而只能关注其中的部分环节。即使是在作者关注的那些环节，在经验层次，该书也只能在可得的数据基础上，通过对所构建的理论架构的运用，达成预期的研究目标。不得不承认，作者在这方面，已然做出了最大努力。在实证层面，鉴于作者在本书中仅关注到中国媒体竞争的现实表现、历史规律和实践策略这三个层面的问题，我希望他在今后能对中国媒体竞争的其他方面进行深入考察。

张明新是当前国内新闻传播学界青年学者中的佼佼者。除了在传媒生态与媒体竞争研究领域，他还在新媒体传播、传播的受众与效果等领域拥有比较显著的研究成果。他的成果发表在海内外不少权威的学术期刊，引起了学术界的关注。我希望他在今后的学术研究生涯中，能以更为顽强的毅力和恒心，再接再厉，不懈钻研，多出学术精品。我尤其希望他能进一步走向世界，在国际传播学术舞台上更多发出中国传媒学者的声音。

（作者为武汉大学新闻与传播学院副院长、教授、博士生导师，全国新闻学研究会副会长、中国新闻教育史学会副会长）

目　录

第一章　绪论:问题、视野与方法 …………………………………… (1)
一、研究缘起 ……………………………………………………………… (1)
二、媒体竞争研究的文献回顾与评析 …………………………………… (5)
三、生态学作为媒体竞争分析的新视野 ……………………………… (17)
四、本书的研究方法 ……………………………………………………… (23)
第二章　竞争现象的生态学阐释:生态位理论与媒体生态位 ……… (25)
第一节　生态学:资源利用的竞争观 ……………………………………… (25)
一、理论生态学:竞争的概念及相关概念 ……………………………… (26)
二、组织生态学:产业组织的竞争与环境适应性 ……………………… (29)
第二节　生态位:概念发展与理论范式 ………………………………… (32)
一、"生态位"的基本概念及其发展 …………………………………… (32)
二、"生态位理论"对竞争现象的基本阐释 …………………………… (34)
第三节　从生态位到媒体生态位:概念、理论与实证 ………………… (39)
一、媒体生态位的概念与研究的发轫 ………………………………… (39)
二、媒体生态位的理论与实证研究 …………………………………… (43)
第三章　媒体竞争的分析架构:生态位的理论范式 ………………… (52)
第一节　生态学视域中媒体竞争的资源维度 ………………………… (52)
一、竞争格局中的媒体资源维度 ……………………………………… (53)
二、本书研究的媒体资源维度 ………………………………………… (59)
第二节　媒体竞争的多层次分析架构及其操作化的实现 …………… (62)
一、生态学视域中的媒体竞争分析架构 ……………………………… (62)
二、媒体竞争分析架构的操作化路径 ………………………………… (67)
第三节　媒体资源生态位的"层级关联假设" ………………………… (70)
第四章　媒体竞争的经验层面:媒体生态位测量 …………………… (75)
第一节　生态位概念的一般性测量 …………………………………… (75)
一、生态位宽度 …………………………………………………………… (76)
二、生态位重叠度 ………………………………………………………… (78)
三、生态位竞争优势 ……………………………………………………… (79)

第二节 媒体生态位的实证测量 …………………………………… (81)
一、媒体生态位的类别测量 ……………………………………… (82)
二、媒体生态位的定距测量 ……………………………………… (85)
第三节 媒体生态位测量的已有经验与创新 ……………………… (89)
一、媒体生态位测量的已有经验 ………………………………… (89)
二、本书研究媒体生态位测量的创新 …………………………… (92)
第五章 媒体产业内与产业间竞争:多维度实证分析 ………… (95)
第一节 媒体产业内与产业间竞争 ……………………………… (95)
第二节 媒体产业间竞争现状:需求、受众和广告生态位分析 …… (98)
一、受众需求维度的生态位竞争 ………………………………… (98)
二、受众年龄维度的生态位竞争 ………………………………… (105)
三、广告资源维度的生态位竞争 ………………………………… (107)
第三节 中国媒体产业内竞争现状:新闻内容生态位分析 ……… (112)
一、电子媒体的内容生态位竞争:湖北广播电视的新闻节目研究 ……… (114)
二、报纸和网络新闻内容的生态位竞争:2008 年奥运报道考察 ……… (116)
第六章 生态位选择、优化与中国媒体的竞争策略 …………… (123)
第一节 生态位选择与建构:阐释产业组织竞争现象 …………… (124)
第二节 基于生态位选择与建构的媒体竞争策略分析 …………… (127)
一、生态位分离与媒体生态位的错位竞争 ……………………… (129)
二、生态位调整与媒体初始生态位的强化、扩充与放弃 ………… (133)
三、基于生态位宽度选择的媒体生态位泛化和特化竞争 ………… (134)
四、基于生态位共生的媒体合作竞争:媒体联动分析 …………… (136)
第三节 媒体生态位优化机制与竞争策略:组织学习与创新的视角 …… (138)
一、组织学习、创新与竞争优势的保持和强化 …………………… (138)
二、媒体组织基于生态位优化机制的竞争策略 ………………… (139)
第七章 生态位变迁与媒体竞争的动态演变 …………………… (143)
第一节 媒体生态位变迁及其发生机制 ………………………… (143)
第二节 媒体形态变化、新旧媒体竞争与媒体生态位变迁 ……… (146)
一、美国媒体产业层次生态位变迁的历史考察 ………………… (147)
二、中国网络媒体的受众与广告生态位变迁 …………………… (153)
第三节 广告资源生态位变迁与中国媒体的竞争动态 ………… (159)
第四节 媒体生态位变迁:“层级关联假设”的微观实证 ………… (172)

第八章 研究总结与展望 …………………………………………………… (182)
一、生态学视野中的媒体竞争分析架构 ………………………………… (182)
二、中国媒体竞争的现状、策略与动态 ………………………………… (185)
三、研究评价与后续研究展望 ………………………………………… (187)
附录 ………………………………………………………………………… (190)
参考文献 …………………………………………………………………… (200)
后记 ………………………………………………………………………… (217)

第一章　绪论:问题、视野与方法

一、研究缘起

中国媒体[①]自改革开放以来,“长期被忽视和压抑的产业化功能逐步启动,尽管仍然存在许多有形或无形的约束,但是媒介产业在市场规模、微观制度、发展思路等方面发生了巨大变化,呈现出生机勃勃的态势”[②]。30 年来,尤其是市场经济体制改革 20 年来,一方面,媒体产业以超常规的速度发展,2010 年媒体产业规模达到 5 808 亿元,这对于 1978 年中国媒体的现实而言,无疑是一个天文数字;另一方面,市场逐渐成为媒体资源配置的主要方式,媒体间的竞争日趋激烈。仅以当前我国媒体对广告资源的争夺为例,2008 年,媒体产业(电视、报纸、杂志、广播和网络)广告经营总额为 971 亿元人民币;然而,这个本来就不太大的蛋糕,[③]却要被 2 639 家电视台、667 家广播电台、2 077 家报纸、4 430 家杂志和 1 448 家网站共同瓜分。[④] 竞争的激烈程度可以想见。

---

① 本书中的“媒体”,一般情形下指大众传播媒体,主要是报纸、电视、广播、杂志这四种传统的新闻媒体和相对新兴的网络媒体。不做特别说明时,本书将“大众媒体”、“新闻媒体”、“传媒”、“新闻媒介”,甚至包括“媒介”,都作为“媒体”的同义概念。不少相关研究中,“媒体”的概念包含着更为宽泛的内涵,包括电报、电话、寻呼机、DVD/VCD、手机、有线电视、数字电视、书籍和互联网的各种应用形式,如 E-mail、各种即时通讯软件(ICQ、QQ、MSN)、BBS/论坛、博客、微博客、播客。部分关于媒体竞争的研究,如:Ramirez, A. J., Dimmick, J., Feaster, J., & Lin, S. F. (2008). Revisiting Interpersonal Media Competition: The Gratification Niches of Instant Messaging, E-mail, and the Telephone. *Communication Research*, 35(4), 529-547; Dimmick, J., Kline, S., & Stafford, L. (2000). The Gratification Niches of Personal E-mail and the Telephone: Competition, Displacement, and Complementarity. *Communication Research*, 27(2), 227-250. 等,所关注的对象即为电话和电子邮件。由于“传媒”概念的内涵相对狭窄,而“媒介”的外延过于广泛,本书的研究采用“媒体”的概念作为基本表述。

② 赵曙光、史宇鹏著:《媒介经济学:一个急速变革行业的原理和实践》,长沙:湖南人民出版社,2003 年版,第 3 页。

③ 2008 年中国广告业的总营业额为 1 899.56 亿元人民币,占当年 GDP 的 0.632%。数据来源于:仲辉、柏群:《中国广告业 60 年发展研究》,载于中国广告年鉴编辑部:《中国广告年鉴(2009)》,北京:新华出版社,2009 年 12 月版,第 350 页。

④ 中国工商行政管理年鉴编辑部:《中国工商行政管理年鉴(2009)》,北京:中国工商出版社,2010 年 5 月版,第 753 页。

竞争(competition)是市场普遍存在的经济现象，是市场运行的基本规律。市场经济在本质上是一种竞争经济，没有竞争机制的有效运行，市场经济的作用便难以发挥。市场机制能以最佳的方式配置有限的媒体资源，促进媒体产业和社会生产力的发展。媒体竞争，是媒体产品的供给与需求各方在媒体产品的开发、生产、经营和销售过程中，为了获取更大的经济利益而进行的较量。[①] 在大众传播领域，媒体竞争主要包括报纸、电视、广播、杂志、网络在内的媒体，通过在媒体市场上提供信息、娱乐等各种相关产品和服务，为争夺市场地位、各种资源(如新闻内容资源、受众或媒体消费者、广告收入)而产生较量，甚至由此而引发优胜劣汰的结局。但是，媒体在实行竞争的同时，相互间的合作亦不可避免，媒体组织间相互协作、相互融合，为实现自身和共同的目标而努力。

从历史的角度观察，历经改革开放以来30年的发展，中国媒体的竞争，已走过粗放型竞争(1979—1992)、同质化竞争(1992—1996)和集团化竞争(1996—2002)的历史进程，进入21世纪的所谓"综合竞争"阶段。[②] 新时期的媒体竞争，关乎媒体在更大范围内对多种资源的综合利用。从媒体发展格局的未来趋势看，面对新媒体互联网的发展壮大，各种传统媒体在市场竞争中的角力中已然受到相当程度的挑战。一份在我国的调查显示，互联网成为继电视之后举足轻重的媒体类型，对受众的媒体接触习惯、产品消费习惯和生活方式产生重大影响，将在引导媒体系统的格局中扮演越来越重要的角色。[③] 在国外，据美国报业协会2011年发布的数据，由于营销预算追随读者向互联网转移，导致2010年美国报纸的广告收入下滑到1985年以来的最低水平。可见，在媒体格局快速而持续的变迁进程中，对新旧媒体竞争的历史轨迹和演变态势进行探讨，不仅有当下的必要，更有对未来发展的启发意义。

作为对媒体竞争现象的直接呼应，30年来，中国新闻传播学界和业界对媒体竞争的研究，不论是理论还是实践层面，涌现出大量研究和探索，学术成果日渐丰厚。据笔者对相关研究成果的梳理，在我国，对媒体竞争的学术研究基本处在"媒体经济学"(media economics)的范畴内。至于"媒体经济学"的相关研究，不论在研究框架、理论、方法诸多层面的缺陷，受到学者们的诟病。喻国明先生对此曾写道："与学科设立的大照片相比，传媒经济现有的学术成果的极度缺乏，以及现有研究成果的平庸和肤浅却是一个不争的事实。"[④]赵曙光与史宇鹏也认为：

---

① 强月新：《我国传媒市场运行机制研究》，武汉大学博士学位论文，2004年。

② 强月新：《我国传媒市场运行机制研究》，武汉大学博士学位论文，2004年。

③ 李筱悠：《2007年报纸读者阅读习惯的变化——兼谈报纸与其他媒体的受众竞争》，《中国报业》，2008年第2期。

④ [美]本杰明·M.康佩恩、道格拉斯·戈梅里著，詹正茂、张小梅等译：《谁拥有媒体？大众传媒业的竞争与集中》(第三版)，北京：中国人民大学出版社，2006年版，译本序。

中国媒介经济学的研究相对滞后,在基本原理与方法上,至今仍在零附近徘徊。最近几年,媒介经济学成为业内的热门话题,各种著作也是层出不穷。但是绝大多数论著缺乏对媒介经济学的基本原理的了解,从框架体系、研究方法到基本概念存在很多误读之处。相应的是这些论著多属跟风之作,热点过后也就失去了价值。①

上述观点在新闻媒体研究者中颇具代表性。② 实际上,据笔者在资料查阅过程中的所得所见,中国传媒学界和业界对媒体竞争现象的研究,绝大部分局限于操作层面的竞争策略、媒体竞争的个案、媒体发行与营销的竞争等方面,研究者个人的心得和感悟替代了严谨的学术探索。研究视野的狭窄,研究框架、理论和方法的缺失,是我国媒体经济研究,包括媒体竞争研究的一大瓶颈。这使得中国媒体经济的研究,整体水平尚处于初级阶段。这主要表现在:研究范式类似处于"春秋战国"时代的百家争鸣状态、多数研究者缺乏科学系统的学术训练、研究的理论水准极低、多数研究论著皆为现象描述且多为对策性分析。

就研究范式看,当今中国媒体经济研究的局面类似于百家争鸣的"春秋战国"时代,这是此研究领域被学者们称为处于研究起步阶段的重要原因。③ 著名媒体经济学者罗伯特·皮卡特(Robert G. Picard)认为,中国媒体经济研究的不足,主要有以下两个方面:一是研究的理论性不够,与经济学、管理学、统计学、社会学等学科的融合不够深入,哲学思辨欠缺;二是现状描述性研究较多,问题性研究、定量研究较少。④ 至于国内学者,亦有类似感慨:

媒介经济研究过多的描述某个集团的发展状况,很少将各个集团的发展进行横向与纵向比较,很少将各个媒体集团的发展同与其生长的国内外社会环境比较,上升到总结其规律的高度上加以深化。⑤

然而,对媒体竞争的研究是极为重要、紧迫,同时也是极有前瞻意义的。之所

---

① 赵曙光、史宇鹏著:《媒介经济学:一个急速变革行业的原理和实践》,《后记》,长沙:湖南人民出版社,2003年版,第359页。

② 张立伟等学者持类似观点。详情请参阅张立伟:《传媒竞争:法则与工具》,《后记》,北京:清华大学出版社,2007年。卢文浩在《中国传媒业的系统竞争研究——一个媒介生态学的视角》一书中也认为,(与媒体的其他研究领域相比)中国传媒经济学的研究起步较晚,虽然近几年有较快发展,但基本停留在概念的简单应用上,且定性分析远远多于定量分析,研究成果零散,难以系统化。更多论述见该书第10页。

③ 持该观点的媒体学者如:谭天:《试论我国传媒经济的研究》,《暨南学报(哲学社会科学版)》,2007年第1期。

④ 詹新慧:《与世界传媒经济大师对话——访世界传媒经济学术会议创始人罗伯特·G·皮卡特》,《传媒》,2005年第7期。

⑤ 陈积银、张茜:《试论中国传媒经济研究的不足与突破》,《今传媒》,2004年第7期,第14页。

以说重要,是因为媒体市场上的竞争已然激烈到白热化的程度,而遗憾的是,不论是学界还是业界,对中国媒体市场竞争规律和基本态势的了解,还远远不够;中国媒体发展的鲜活实践,却不断为媒体领域的研究者和从业者提出新的研究课题和探索方向。之所以说紧迫,是因为随着中国加入WTO,进一步拓展了媒体竞争的空间,使之趋于跨国界、无疆域,海外传媒大鳄已然步入国门;同时,中国文化传媒产业也开始掀起"走出去"的热潮,这一切使得当今对媒体竞争实践的研究变得紧迫。之所以说具有前瞻意义,是因为在媒体格局的演变速度愈来愈快的当今和未来,竞争现象已无所不在;即使是近四五年来,便有至少十多种新媒体先后介入媒体市场,对既有的媒体格局构成深远影响;①可以预期,未来各种更新的媒体应用将不断进入市场,媒体竞争的未来图景更是难以预料;对媒体竞争基本规律的深刻了解,将使得人们在面对未来复杂与多变的媒体发展格局时,能够从容以对。

本书的研究致力于从理论、方法和实证三个向度推进对媒体竞争的研究。在理论层面,笔者通过对已有研究文献的梳理,特别是结合当前媒体竞争实践的现状,构建一个系统、全面的媒体竞争分析架构。这是一个基于生态学研究进路的分析框架,从资源维度和空间层面揭示媒体竞争的基本规律。借助于一个具有理论价值的思考架构,将使得人们对媒体竞争现象的探索,摆脱一种狭隘的视野和琐碎的分析——既能在"横看成岭侧成峰"的媒体变局中定位媒体竞争的实践,更能超越一时一地的媒体竞争个案而进入学理层次的思考。前几年曾在南京、武汉等城市报业市场掀起惨烈的"价格战";此后,不少学者和媒体从业者研究此一现象。然而,大多数研究止步于对"价格战"的现象描述和浅层思索。② 许多学者认为媒体因为同质化竞争导致了这种现象,需要慎用定价行为作为竞争手段。另外一些学者则从微观经济学、新闻史学等角度,为"价格战"提供更富有启发意义的阐释。③ 然而,倘若能有一个系统和全面的分析架构,必能促使人们在更具参照意义的框架中进行思考,超越个人的主观性和分析的纯经验性,提供更充分的理论阐释。

---

① 近几年来,以博客、播客、电子杂志、即时通讯、手机报、手机电视、网络视频、微博客等为代表的各种基于互联网的新媒体应用形式,在不断重塑现存的媒体格局。

② 如:商建辉、杜友君:《报业价格战再探讨》,《中国报业》,2008年第2期;张潇潇、郑一卉:《以"异质竞争"取代价格战——评2002年初武汉地区报纸价格大战的夭折》,《新闻记者》,2002年第3期;刘荣华、吕建军:《报纸慎打价格战》,《新闻知识》,2002年第7期;梁杰:《由价格战看我省报业的同质化竞争及对策》,《江西师范大学学报(哲学社会科学版)》,2004年第1期。

③ 如:洪龙华:《报纸价格战与其定价策略分析》,《宜宾学院学报》,2007年第3期;朱春阳、郑西帆:《严肃大报是如何进行价格竞争的——从《泰晤士报》对《每日电讯报》发起的价格战分析》,载于张国良、黄芝晓主编:《全球信息化时代的华人传播研究:力量汇聚与学术创新——2003中国传播学论坛暨CAC/CCA中华传播学术研讨会论文集》,上海:复旦大学出版社,2004年10月;马铁护:《报业史上的价格战小考》,《新闻知识》,2000年11期。

理论是实践的先导。媒体管理者和从业者，唯有从学理层次深刻地认识媒体竞争的基本规律，方能针对媒体运作实践中的具体问题，提出富有建设性和创新性的解决方案。然而，既有文献还无法从理论层面为媒体竞争现象提供充分的解释，主要原因在于媒体产业的特殊性。媒体产业包括双元产品市场，既生产内容产品，又生产受众产品。内容产品实际上是一种无形的产品，载体只是这种无形产品流通的手段；同时，这种产品"不可消耗性和消费者之间的非竞争性，使得内容产品有了'准公共产品'的特征"。受众产品，则使得媒体产业有着"注意力"产业的特点。跨越不同的媒体产业来看，"虽然双元产品的特征使得媒体表现出了相同产业特征，但是双元收入的不同比例使得传媒业内的不同媒体又有着不同的产业经营战略和运营方式。这就是传媒业有别于其他产业的核心所在"[①]。

研究在方法和实证层面的努力往往相互交织。就本书的研究而言，笔者首先通过建构一个理论层面的分析架构，更进一步，为使该架构能在经验层次被用于引导具体的研究，笔者引入具有足够可操作性、同时又能在理论层面切合该研究架构的分析性概念，"生态位"。接下来，笔者通过在不同分析层次实施多个实证性研究，一方面，实现对上述研究架构的运用，另一方面，对此架构中的部分假设进行验证。实证性的研究使得我们对当前中国媒体竞争态势的描述性分析更为全面和精确；更重要的是，该分析架构对媒体竞争的规律进行了较为充分的阐释；而在历史的维度，这种阐释使人们能更为深刻地理解媒体格局的演变轨迹和未来发展趋势。

二、媒体竞争研究的文献回顾与评析

本小节是对过往媒体竞争研究文献的回顾与评析，主要目的是通过解析和讨论已有研究成果，从中吸取有益的滋养，捕捉研究的前沿领域，为在不同层次实施多个媒体竞争的实证性研究进行铺垫。接下来，笔者将综述本土和海外学界已有的媒体竞争研究文献。由于媒体竞争的相关研究，不论是本土的还是海外的，多属于媒体经济研究的范畴。因此，我在回顾过往研究时，将在"媒体经济研究"的大框架下实施。本土和海外的媒体经济研究，不论在范式、理论和方法层面，皆有很大差异，因此，我将对两地学界的研究文献分别进行综述。

1. 本土研究

中国媒体经济的发展从广告经营开始。在学术界，媒体经济理论研究的发展

---

① 卢文浩：《中国传媒业的系统竞争研究——一个媒介生态学的视角》，北京：中国经济出版社，2009年版，第14-15页。

与媒体广告经营同步。随着报业广告经营活动的开展，理论界为解决报界经济短缺的问题，提出“报业经济”的概念，揭开了中国媒体经济理论研究的序幕。此后十多年间，先后有“广播电视经济”、媒体经济“二重性理论”、“媒体二种功能理论”、“媒体产业化”、“媒体经营与管理”、“媒体产品商品论”多个概念和理论不断被提出，被政府部门的决策者采用，且在业界形成共识。二三十年来，中国的媒体经济研究从无到有，在具体指标如数量上呈现出强劲发展态势。在中国，媒体经济学的研究已然成为“显学”①。学界发表和出版了一大批媒体经济方面的研究论文和专著。据四年前的一份不完全统计，此间的媒体经济研究论文达到 1 000 余篇，专著超过 200 部。②

国内对媒体竞争现象的关注，大致包括以下几个论题。

其一是对媒体竞争的本质、理念、原则、思路等“形上”层面的探索。媒体竞争是改革开放以来媒体领域出现的新现象。媒体该以何种理念、原则和思路参与市场竞争？在政策层面应如何规范媒体竞争现象？诸如此类的问题，属于媒体竞争“形上”层面的探讨，引发不少研究者的关注。黄升民与丁俊杰两位教授是我国较早从事媒体产业化研究的学者，其著作《媒介经营与产业化研究》对媒体产业化发展与媒体经营提出诸多具有概括力与启发力的观点。③ 有学者认为媒体经济本身是“竞争力经济”④。喻国明教授认为媒体产业是“影响力经济”，这构建着媒体的竞争优势。⑤ 强月新教授从媒体资源的稀缺、媒体产品生产者和消费者的有限理性、媒体产品可替代性和媒体管理者的社会预期三个方面阐释中国传媒市场的竞争现象。

陆小华先生于 2002 至 2004 年间连续出版的媒体经济研究“三部曲”，即《整合传媒》、《再造传媒》和《激活传媒》，对竞争时代媒体的系统整合方略、媒体竞争力发掘有引人注意的论述。⑥《传媒竞争：法则与工具》等论著，从各个侧面论述媒体竞争的可操作性实践法则，⑦不过，得到的结论因研究者的视野、观察角度，甚至是表述的不同而有差异。这些关乎媒体竞争的本质、规律、法则的研究，尽管所涉及的

---

① 支庭荣、谭天、吴文虎：《传媒经济不是经济学的弃儿——与周鸿铎教授商榷》，《现代传播》，2006 年第 5 期。

② 谭天：《试论我国传媒经济的研究》，《暨南学报（哲学社会科学版）》，2007 年第 1 期。

③ 黄升民、丁俊杰：《媒介经营与产业化研究》，北京：北京广播学院出版社，1997 年。

④ 金碚：《竞争力经济学》，广州：广东经济出版社，2003 年。

⑤ 喻国明：《传媒影响力：传媒产业本质与竞争优势》，广州：南方日报出版社，2003 年。

⑥ 陆小华：《整合传媒：传媒竞争趋势与对策》，北京：中信出版社，2002 年；陆小华：《再造传媒：传统媒体系统整合方略》，北京：中信出版社，2003 年；陆小华：《激活传媒：传媒竞争力发掘与执行策略》，北京：中信出版社，2004 年。

⑦ 张立伟：《传媒竞争：法则与工具》，北京：清华大学出版社，2007 年。

更多是媒体竞争（经济）现象的“形上”层面，但对人们认识媒体经济和竞争现象的观念转变有相当的启发意义；[①]同时，不少研究的结论又颇具实践性色彩。[②]

其二是对中国传媒竞争的格局、现状和趋势的探讨。中国媒体竞争的现状如何？竞争的市场结构如何？发展趋势如何？诸如此类的问题，由于中国媒体发展环境和媒体自身的急遽变化，必然引发媒体学界和业界的热切关注。对此论题的研究，知名的学者包括喻国明、郑保卫、黄升民、曹鹏、董天策等人。其中，喻国明教授的研究最令人关注。2000 年以来，喻国明教授出版的系列著作，如《媒介的市场定位：一个传播学者的实证研究》、《解析传媒变局：来自中国传媒业第一现场的报告》、《变革传媒：解析中国传媒转型问题》、《媒体发展前沿》，表现了他对此论题的持续性关注。[③] 其他学者的著作，如《中国报刊媒体产业新动向》[④]，以及《论媒介经济与传媒集团化发展》、《论媒介改革与发展》、《中国报业集团发展研究》、《中国报业的产业化运作》，[⑤]在密切跟踪中国媒体竞争与发展的格局和趋势。清华大学新闻与传播学院媒介经营与管理研究中心每年发布的《中国传媒产业发展报告》和武汉大学媒体发展研究中心每年编撰的《中国传媒发展研究报告》，也在密切关注中国媒体产业的发展和竞争现象。上述著作和年度报告有两个特点：其一，它们并不专门针对媒体竞争现象进行阐释，但为人们理解媒体竞争提供较详尽的背景和参考系；其二，在涉及对媒体竞争现象的论述时，这些文献更多描述的是媒体竞争的现状而非解释竞争的规律，且在描述中往往伴有研究者个人的经验解读。

产业经济学领域经典的 SCP 范式（structure-conduct-performance paradigm，即市场“结构-行为-绩效”分析），有时被用来分析中国媒体的市场竞争。[⑥] 卢文浩新近出版的《中国传媒业的系统竞争研究——一个媒介生态学的视角》，以“系统竞争”思路解释中国传媒竞争的现状。在媒体生态学的视角下，他将整个传媒业视为

---

① 如黄升民、丁俊杰、金碚等诸位教授的观点。

② 如前述《传媒竞争：法则与工具》一书。

③ 喻国明：《媒介的市场定位：一个传播学者的实证研究》，北京：北京广播学院出版社，2000 年。喻国明：《解析传媒变局：来自中国传媒业第一现场的报告》，广州：南方日报出版社，2002 年。喻国明：《变革传媒：解析中国传媒转型问题》，北京：华夏出版社，2004 年。喻国明：《媒体发展前沿》，北京：中国传媒大学出版社，2005 年。

④ 黄升民、周艳：《中国报刊媒体产业新动向》，北京：中国传媒大学出版社，2005 年。

⑤ 郑保卫编著：《论媒介经济与传媒集团化发展》，北京：中国人民大学出版社，2003 年。郑保卫编著：《论媒介改革与发展》，新华出版社，2004 年。曹鹏：《中国报业集团发展研究》，北京：新华出版社，1999 年。董天策：《中国报业的产业化运作》，成都：四川人民出版社，2002 年。

⑥ 此处仅举数例，比如：陈蕾、李本乾：《中国传媒产业市场结构、行为与绩效分析》，《新闻大学》，2005 年第 3 期。乔珍、李华敏：《基于 SCP 范式的中国传媒产业分析》，《西安财经学院学报》，2011 年第 1 期。金雪涛：《基于产业融合的中国传媒产业市场结构特征研究》，《现代传播》，2011 年第 3 期。

包含多个种群的生态群落，在群落竞争、种间竞争和种内竞争三个层次考察中国媒体竞争的实践，以及跨国媒体集团对中国媒体群落的影响。他通过对经典的竞争理论、媒体经济学中关于竞争的研究，以及媒体生态学的相关研究，提出中国媒体系统竞争的"I-N-SCP"范式。① 由于将生态位概念嵌入进 SCP 范式中，他所提出的分析范式，使得产业经济学的研究工具对媒体竞争的分析更具适用性。

其三是对媒体竞争的对策与策略、媒体核心竞争力建构的研究。中国媒体以何种方式参与和实施竞争？具体的对策和策略为何？媒体如何建构自身竞争优势？媒体的核心竞争力来自何处？如何评估媒体的核心竞争力？对于此类问题的研究，表现了媒体学者和从业者对媒体竞争实践的主动跟进与回应。《传媒竞争力：产业价值链案例与模式》、《传媒竞争力——中国媒体发展核心方略》、《传媒竞争力》、《媒介竞争论》、《竞争时代的报纸策略》、《报业核心竞争力：理论与案例》、《传媒博弈论》、《决胜媒体市场：新闻信息资源开发战略》和《我国报业组织核心竞争力研究》②等专著以及大量论文，注重媒体参与和实施竞争的对策和策略，具有浓厚的实践色彩。

其四是对媒体竞争的个案和区域媒体竞争，以及媒体竞争其他问题的研究，如对广告经营、媒体管理、海外媒体竞争的探讨。不少研究关注媒体实施和参与竞争的个案，尤其是成功的个案，或者区域媒体竞争与媒体发展，如《广东报业竞争战略与竞争优势研究》。③ 近年来有多位研究者探讨海外媒体竞争现象，以期为中国媒体竞争实践提供借鉴，如《日本的报业集团研究》、《走进美国大报：探索媒体竞争力的第一现场报导》、《英法美日报业发展研究》④。

至于关注的媒体，国内研究主要围绕电视和报纸展开，其次是广播和网络，关

---

① 其中，I(international)代表竞争国际化的涵义，N(Niche)代表种间竞争，卢文浩认为"I-N-SCP"范式既是群落竞争层面的一个研究工具，同时还代表了中国媒体业群落竞争、种间竞争和种内竞争三个层面的互动关系。具体论述请参见：卢文浩：《中国传媒业的系统竞争研究——一个媒介生态学的视角》，北京：中国经济出版社，2009 年。

② 喻国明、张小争：《传媒竞争力：产业价值链案例与模式》，北京：华夏出版社，2004 年；丁和根：《传媒竞争力——中国媒体发展核心方略》，上海：复旦大学出版社，2005 年。吴飞主编：《传媒竞争力》，北京：中国传媒大学出版社，2005 年。田中阳：《媒介竞争论》，长沙：岳麓书社，2002 年。刘鹏：《竞争时代的报纸策略》，济南：山东人民出版社，2005 年。刘年辉：《报业核心竞争力：理论与案例》，北京：中国广播电视出版社，2006 年。孙光海、陈立生：《传媒博弈论》，北京：生活·读书·新知三联书店，2008 年。王朝晖：《决胜媒体市场：新闻信息资源开发战略》，北京：新华出版社，2003 年。钟虎妹：《我国报业组织核心竞争力研究》，北京：人民出版社，2008 年。

③ 林如鹏：《广东报业竞争战略与竞争优势研究》，复旦大学博士学位论文，2004 年。

④ 尹良富：《日本的报业集团研究》，广州：南方日报出版社，2005 年。辜晓进：《走进美国大报：探索媒体竞争力的第一现场报导》，台北：左岸文化出版社，2004 年。胡连利：《英法美日报业发展研究》，保定：河北大学出版社，2003 年。

于杂志、书籍、电影、唱片的研究相对较少。颇为有趣的是,许多鲜活的概念和表述,尤其是富有时代特色的、来自实务界的概念在媒体竞争研究文献中甚是流行,它们在某种程度上反映了本土媒体竞争乃至于媒体经济研究的热点议题。颇有代表性的概念如下:

> 主旋律、受众需求、国际化竞争战略、科学发展、突围、对策初探、新思路与新工具、法则、激活传媒、改革体制、创新机制、品牌构建、竞争格局、做大做强、新趋势、差异化、同质竞争、整合……

众所周知,媒体经济研究议题的出现和发展,尤其是媒体市场竞争、产业化加速等问题,在当今中国,是在改革开放尤其是在建立市场经济体制以来才浮出水面,并令人关注。或许媒体从业者和管理者,更多需要的是解放思想和转变观念;而严格意义上的学术研究成果,也许并不是他们最为迫切需要的。相反,短小精悍、口语化叙述、经验式写作并刊登在业务性导向期刊上的文献,更能满足其需求。另一方面,新闻传播学科的相对封闭,尤其是经济管理学者的缺席,[1]使我国的媒体经济研究,包括媒体竞争研究在理论和方法层面"徘徊于零点附近"[2],便不足为怪了。

整体来看,系统性的理论架构缺失和方法羸弱,构成本土媒体经济研究的一大硬伤。中国的媒体经济研究,定量分析极少,重感性思维轻理性研究。由于经济和管理学者的缺席,兼之媒体经济研究者经济学训练相对缺乏,通过运用数理逻辑及经济管理学理论构建媒体经济模型的成果太少。另外,研究中过多强调媒体经济研究的特殊性,[3]定量研究方法欠缺,与微观研究过少亦有密切联系。由于绝大多数学者并不采用量化实证的方法,研究者们扎堆于分析宏观层面问题,过多关注体制、政策层面的现象,尤其热衷于追逐热点,使得对媒体微观经济研究不足,结论的指导性不够,对媒体经营管理较少有实质建设性。

---

① 章平、池见星:《10年来中国传媒经济研究回顾》,《新闻大学》,2007年第2期。

② 赵曙光等学者持有这种观点。有对比意义的是,据美国知名媒体学者 Stephen Lacy 及合作者在1990年代中期对《新闻季刊》(*Journalism Quarterly*,即《新闻与大众传播季刊》的前身,1994年易名)和《媒体经济学杂志》(*Journal of Media Economics*)所刊载的媒体经济论文的实证分析,尽管有近六成的论文尚为"无理论"的研究,但余下的四成有对理论的验证、创新和发展。

③ 赵曙光等对此有尖锐批评。他认为在我国,即使媒体追求社会效益第一而经济效益第二,但可将社会效益目标看做我国媒体经营的一个约束条件。详情请参阅:赵曙光、史宇鹏著:《媒介经济学:一个急速变革行业的原理和实践》,长沙:湖南人民出版社,2003年版,第2页。

2. 海外研究

海外[①]媒体经济的研究已有上百年历史，呈现出两个显著特点：一是逐步为新闻学界主导，因为研究直接为新闻媒体服务；二是坚持以经济学理论为支撑，研究主要在经济学范式内展开。在1990年代前，《广播与电子媒体杂志》(*Journal of Broadcasting & Electronic Media*)、《新闻与大众传播季刊》(*Journalism & Mass Communication Quarterly*)和《传播学杂志》(*Journal of Communication*)这三种重要的新闻传播学术期刊，发表了数百篇传播媒体经济层面的论文，对大众传播业的经济学分析已逐渐成为传播研究的重要分支。这可被视为近40年来国际媒体经济研究的一个缩影。

西方的媒体经济研究，大致可分三个发展阶段。第一阶段在20世纪70年代之前，为媒体经济学各个部门独立发展的阶段，广播经济学、广告经济学、电信经济学、电视经济学、报业经济学先后出现。此阶段基本上为经济学主导，研究视角多从经济学角度出发。尤其是1991年诺贝尔经济学奖得主科斯教授(Ronald H. Coase)对广播电视波段分配制度的研究，极大丰富了人类对价格机制的认识。第二阶段从20世纪70年代到80年代，为媒体经济学走向综合的时期。这一阶段有两个特点：一是从政治学或政治经济学角度考察媒体经济现象；二是新闻学界主导媒体经济学科的建设与发展。第三阶段，即20世纪90年代及以后，媒体经济学的研究面临一个新的历史机遇和挑战，网络技术使得媒体打破时空限制，传统意义的区域市场不复存在，所有媒体面向同一个市场——全球市场，且都能提供多种媒体产品服务。在媒体技术革命的推动下，媒体经济学将爆发理论革命。[②]

《媒体经济学杂志》(*Journal of Media Economics*)特别值得一提。该杂志于1988年在美国创刊，迄今仍是国际媒体经济研究领域的旗舰式学术期刊。创刊数年后，该刊被SSCI收录，是传播研究SSCI期刊中唯一一种以媒体经济研究为主要领域的学术刊物。西方媒体经济研究主要采用量化方法，包括二次数据分析、问卷调查、内容分析和模拟方法，其中“二次数据分析”是经济学领域的常用方法。质化研究也颇受媒体经济研究者的青睐。媒体的政治经济学分析，是媒体经济学研究领域的一个重要分支，此种路向颇为重视访谈、文本分析和个案分析等质化方法。[③]

与本土研究相比，海外学界对媒体竞争的研究在理论构建和研究方法方面更具规范性和系统性。在英美社会，由于报业参与市场化运作和商业竞争的历史已

---

① 此处的“海外”，主要是指西方发达国家。

② 陈中原：《传媒经济学史的简要回顾》，《新闻大学》，2005年第1期。

③ 张明新：《西方媒体经济研究的理论性问题——兼论中国媒体研究的理论化》，待发表论文手稿。

近两百年,学者们对新闻媒体的竞争现象从管理学、经济学、传播学等不同学科做过多侧面探讨。19 世纪末 20 世纪初,学者们开始对报纸及新闻媒体作自觉研究;[①]20 世纪以来这种研究渐趋蓬勃。20 世纪中叶传播政治经济学理论泰斗达拉斯·斯麦兹(Dallas W. Smythe)的"受众商品论"、知名媒体学者马歇尔·麦克卢汉(Marshall Mcluhan)的"二次售卖论",受到全球范围内的广泛认同。二战结束后,随着电视的普及、有线电视和报业的发展,学者们开始有意识地从产业组织(industrial organization)的角度研究与媒体有关的经济现象。近半个世纪以来,西方媒体学者以媒体经济、竞争、市场为议题,发表了大量研究论著。[②]

最为引人瞩目的媒体经济研究者是罗伯特·皮卡特(Robert G. Picard)。近 20 多年来,他连续独撰或与人合作出版了 10 多部媒体经济研究著作,代表性的著作包括《报业与民主的衰落》(*The Press and the Decline of Democracy*)、《报业的集中与垄断:报纸所有权与运作的新视点》(*Press Concentration and Monopoly:*

---

① 钟虎妹:《我国报业组织核心竞争力研究》,北京:人民出版社,2008 年版,第 8 页。

② 西方有关媒体竞争研究的文献,常以研究论文形式发表于学术刊物,其中,致力于理论研究的高质量学术刊物主要有《媒体经济学杂志》(*Journal of Media Economics*),《新闻与大众传播季刊》(*Journalism & Mass Communication Quarterly*),《广播与电子媒介杂志》(*Journal of Broadcasting and Electronic Media*),《传播学杂志》(*Journal of Communication*),《传播研究》(*Communication Research*),《人类传播研究》(*Human Communication Research*)等,它们大多在传播研究领域 SSCI(Social Science Citation Index)期刊中排名较为靠前,尤以前两种最受关注。10 多年前,国际知名媒体经济研究者 Stephen Lacy 及其同事在探讨媒体经济学者应如何在媒体经济研究领域运用和发展理论时,即将 *Journal of Media Economics* 和 *Journalism and Mass Communication Quarterly* 两种刊物所刊论文作为分析对象。《国际媒体管理杂志》(*International Journal on Media Management*)、《媒体管理研究杂志》(*Journal of Media Business Studies*)、《报纸研究杂志》(*Newspaper Research Journal*)、《哥伦比亚新闻评论》(*Columbia Journalism Review*)等期刊,也是西方媒体学界和业界刊载媒体竞争与经济研究论文的重要阵地。著作和编著作为学术生产的重要形式,是西方媒体竞争研究的一种重要文献。其中,最具代表性的著作包括 Benjamin Compaine 的《谁拥有媒体? 大众传播产业的产权集中》(*Who Owns the Media? Concentration of Ownership in the Mass Communication*),Benjamin Compaine 与 Douglas Gomery 合著的《谁拥有媒体? 大众传媒产业的竞争与集中》(*Who Owns the Media? Competition and Concentration in the Mass Media Industry*),Bagdikian Ben 的《媒体垄断》(*The Media Monopoly*),Alan B. Albarran 的《媒体经济学:理解市场、产业与概念》(*Media Economics:Understanding Markets, Industries, and Concepts*),Alan B. Albarran 与人合著的《全球传媒经济学:世界传媒市场的商业集中与整合》(*Global Media Economic:Commercialization Concentration and Integration of World Media Markets*),John. W. Dimmick 的《媒体竞争与共存:生态位理论的观点》(*Media Competition and Coexistence:The Theory of the Niche*),Alison Alexander 与 Rod Carveth 合著的《媒体经济学:理论与实践》(*Media Economics:Theory and Practice*),Annet Aris 的《媒介公司的增值管理》(*Value-creating Management of Media Companies*),Colin Hosins 与人合著的《传媒经济学:经济学理论在新媒体与传统媒体中的应用》(*Media Economics:Applying Economics to New and Traditional Media*),David Croteau 与 William Hoynes 合著的《媒体经济学:公司媒体与公共利益》(*The Business of Media:Corporate Media and the Public Interest*),Fink Conrad 的《报业战略管理》(*Strategic Newspaper Management*)Killebrew 的《媒体融合管理:新闻合作的路径》(*Management Media Convergence:Pathways to Journalistic Cooperation*)。

News Perspectives on Newspaper Ownership and Operation)、《媒体经济学：概念与问题》(*Media Economics: Concepts and Issues*)、《报纸出版产业》(*Newspaper Publishing Industry*)、《媒体公司的结构、运作与绩效》(*Media Firms Structures, Operations and Performance*)、《媒体公司的经济学及其融资》(*The Economics and Financing of Media Companies*)。① 罗伯特·皮卡特还与人合著大量关注媒体经济研究各个方面的研究论文。他的著述在全球媒体经济研究领域产生着广泛而深远的影响。仅以中国为例，其较早被翻译为中文出版的著作《媒体经济学：概念与问题》滋养着新老两代媒体学人。

媒体竞争的模式、媒体竞争与内容多样性、媒体市场结构与绩效、媒体竞争与政策规制、新旧媒体竞争、媒体对读者和广告资源的竞争、媒体垄断竞争、媒体竞争的策略等，是西方学者探讨媒体竞争现象时关注的主要议题。值得一提的是，以李秀珠等②为代表的几位中国台湾学者，对台湾地区媒体市场竞争、内容多样性和媒体绩效关系的研究在国际媒体经济研究领域独树一帜。十多年来，这些学者发表了一批关于台湾地区媒体市场竞争的研究论文，引起一定程度的关注。③

其一是媒体竞争的模式研究。20 世纪 70 年代后期，James Rosse 提出著名的报纸"伞状竞争"模型(umbrella model)，即所谓的"罗斯模式"(Rosse's model)。这可能是迄今为止最受学者们青睐的媒体竞争模型。该模式指出，即使城市数量不断减少，报纸竞争亦不会消失；不同出版周期报纸间的竞争，即使在同一地域上

---

① Picard, R. G. (1985). *The Press and the Decline of Democracy*. Westport: Greenwond Press. Picard, R. G., & Winter, J. P. (1988). *Press Concentration and Monopoly: New Perspectives on Newspaper Ownership and Operation*. Stanford: Ablex Publishing Corp. Picard, R. G. (1989). *Media economics: Concepts and Issues*. Thousand Oaks: Sage Publications. Picard, R. G., & Brody, J. H. (1996). *The Newspaper Publishing Industry*. Boston: Allyn & Bacon. Picard, R. G. (2002). *The Economics and Financing of Media Companies*. NY: Fordham University Press. Picard, R. G. (2002). *Media Firms: Structures, Operations and Performance*. Mahweh: Lawrence Erlbaum. Picard, R. G. (2005). *Media Product Portfolios: Issues in Management of Multiple Products and Services*. Lawrence Erlbaum Associates.

② 这些学者主要有：我国台湾地区公立交通大学传播研究所李秀珠、台湾地区公立政治大学广播电视学系刘幼琍与陈清河、台湾地区公立中山大学传播管理研究所李雅靖、台湾地区公立师范大学大众传播研究所陈炳宏。

③ 研究成果主要有：Lee, Y. (2007). Effects of Market Competition on Taiwan Newspaper Diversity. *Journal of Media Economics*, 20(2), 139-156; Li, S. C. S., Liu, Y. L., & Chen, C. H. (2007). Market Competition and Media Performance: Reexamining the Media Performance of the Cable Television Industry in Taiwan. *Journal of Media Economics*, 20(3), 189-210; Li, S. C. S. (2004). Market Competition and the Media Performance of Taiwan's Cable Television Industry. *Journal of Media Economics*, 17(4), 279-294; Chen, P. H. (2002). Who Owns Cable Television? Media Ownership Concentration in Taiwan. *Journal of Media Economics*, 15(1), 41-55; Li, S. C. S., & Chiang, C. C. (2001). Market Competition and Programming Diversity: A Study on the TV Market in Taiwan. *Journal of Media Economics*, 14(2), 105-119.

对新闻、读者和广告的竞争,亦相互叠加。过去20多年中,多个研究证实了该模式的有效性。[①] 知名媒体学者 Lacy 与合作者 Davenport 通过运用伞形竞争模式,发现尽管日报市场比美国其他产业有着更高的集中度和更低的竞争水平,但与此前的研究相比,两位学者发现县域报业市场的集中度较低,将来的竞争将会比较激烈。从1983年到1988年,美国报业的市场竞争和集中度并未增强。[②] 不过,近来 Janet Bridges 与同事的研究表明,20世纪70年代所提出的罗斯模式,由于当前报纸市场流动性的增强,有必要做出修正。[③]

其二是媒体竞争与媒体内容生产的多样性。媒体由于同时对读者(观众)和广告商进行争夺,这可能对媒体内容产生影响,尤其是内容的多样性。近20多年来,关乎媒体竞争与内容多样性的研究成为一个长盛不衰的议题。研究的内容颇为广泛,如适度与破坏性竞争对节目多样性的影响、竞争模仿与节目多样性、竞争模仿与节目个性、不同产业的媒体竞争与内容多样性、内容多样性概念的测度、新竞争者进入市场对节目多样性的影响。[④] 近来台湾地区学者李雅靖探索市场竞争对台湾报纸多样性的影响,研究使用 Simpson 的 *D* 指标作为测度量,发现在一家新日报进入市场后,报纸的整体市场多样性增加;然而,内容多样性却会降低。新报纸相对已有的报纸而言,提供着更高程度的内容多样性。[⑤]

其三是媒体市场的竞争、结构与绩效。在西方经济学学术传统中,一个基本假定是,竞争会影响到产业组织的经济行为。这一基本预设在媒体产业是否存在及其可能的表现,受到学者们反复检验。产业经济学领域经典的"SCP 范式"(structure-conduct-performance paradigm),是此类研究最常用的理论基础。比如,知名

---

① Lacy, S., Coulson, D. C., & Cho, H. (2002). Competition for Readers among U. S. Metropolitan Daily, Nonmetropolitan Daily, and Weekly Newspapers. *Journal of Media Economics*, 15(1), 21-40.

② Lacy, S., & Davenport, L. (1994). Daily Newspaper Market Structure, Concentration, and Competition. *Journal of Media Economics*, 7(3), 33-46.

③ Bridges, J. A., Litman, B. R., & Bridges, L. W. (2002). Rosse's Model Revisited: Moving to Concentric Circles to Explain Newspaper Competition. *Journal of Media Economics*, 15(1), 3-19.

④ Li, S. C. S., & Chiang, C. C. (2001). Market Competition and Programming Diversity: A Study on the TV Market in Taiwan. *Journal of Media Economics*, 14(2), 105-119; Van der Wurff, R., & Van Cuilenburg, J. (2001). Impact of Moderate and Ruinous Competition on Diversity: The Dutch Television Market. *Journal of Media Economics*, 14(4), 213-229; Lacy, S., & Vermeer, J. P. (1995). Theoretical and Practical Considerations in Operationalizing Newspaper and Television News Competition. *Journal of Media Economics*, 8(1), 49-61.

⑤ Lee, Y. C. (2007). Effects of Market Competition on Taiwan Newspaper Diversity. *Journal of Media Economics*, 20(2), 139-156.

学者 Lacy 与同事 Davenport 曾探讨美国日报市场的结构与竞争,[①]学者 Barrett 探讨有线电视的策略行为与竞争现象,[②]皆采用上述范式。我国台湾地区学者李秀珠等对台湾有线电视产业媒体绩效与媒体市场竞争的研究,亦是如此。[③]

其四是媒体集中化、垄断竞争与所有权。媒体是一个天然垄断产业,近些年来,随着西方各国放松规制和私有化浪潮的影响,使媒体集中化成为热点议题。大量研究,[④]如新技术(包括有线电视、互联网等)所引发的媒体间竞争及并购、媒体产业的纵向与横向集中、书籍出版业的集中化、电视新闻的进一步垄断等,皆与此主题有关。

虽然与国内媒体竞争的研究类似,西方的媒体竞争研究也重视实践性的路径,但研究更富于理论色彩,研究方法更为规范。在理论运用上,西方媒体经济研究远超国内水准。据知名媒体学者 Stephen Lacy 及合作者在 1990 年代中期对《新闻季刊》(*Journalism Quarterly*,即《新闻与大众传播季刊》的前身,1994 年易名)和 *Journal of Media Economics* 所刊载媒体经济论文的实证分析,尽管有近六成的论文尚为"无理论"的研究,但余下的四成有对理论的验证、创新和发展。[⑤] 这是难能可贵的。著名传播学者 David Weaver 与合作者的研究发现,从 1980 年到 1999 年的 20 年间,即使在大众传播领域最顶尖的 10 本学术期刊中,仅有四分之一的研究有明确的理论框架。[⑥] 当然,如果与中国媒体经济研究中理论的运用几近于零的

---

① Lacy,S. ,& Davenport,L. (1994). Daily Newspaper Market Structure,Concentration,and Competition. *Journal of Media Economics*,7(3),33-46.

② Barrett,M. (1996). Strategic Behavior and Competition in Cable Television:Evidence from Two Over built Markets. *Journal of Media Economics*,9(2),43-62.

③ Li,S. C. S. (2004). Market Competition and the Media Performance of Taiwan's Cable Television Industry. *Journal of Media Economics*,17(4),279-294;Li,S. C. S. ,Liu,Y. L. ,& Chen,C. H. (2007). Market Competition and Media Performance:Reexamining the Media Performance of the Cable Television Industry in Taiwan. *Journal of Media Economics*,20(3),189-210.

④ Chan-Olmsted,S. M. (1996). Market Competition for Cable Television:Reexamining Its Horizontal Mergers and Industry Concentration. *Journal of Media Economics*,9(2),25-41;Greco,A. N. (1999). The Impact of Horizontal Mergers and Acquisitions on Corporate Concentration in the U. S. Book Publishing Industry:1989—1994. *Journal of Media Economics*,12(3),165-180;Powers,A. (2001). Toward Monopolistic Competition in U. S. Local Television News. *Journal of Media Economics*,14(2),77-86;Chen,P. H. (2002). Who Owns Cable Television? Media Ownership Concentration in Taiwan. *Journal of Media Economics*,15(1),41-55.

⑤ 张明新:《西方媒体经济研究的理论性问题——兼论中国媒体研究的理论化》,待发表论文手稿。知名媒体学者 Lacy 及其同事(Lacy & Niebauer,1995)有类似观点。Lacy,S. ,& Niebauer,Jr. ,W. E. (1995). Developing and Using Theory for Media Economics. *Journal of Media Economics*,8(2),3-13.

⑥ Kamhawi,R. ,& Weaver,D. (2003). Mass Communication Research Trends:From. 1980 to 1999. *Journalism & Mass Communication Quarterly*,80,7-27.

状况比较，对照将更加鲜明。

多范式并存是西方媒体竞争（经济）研究的一大特点。理论范式大致有如下四种：经济学范式、管理学范式、媒体经济学范式和生态学范式。经济学范式主要采用宏观、微观经济学，尤其是产业经济学的概念，如需求、效用、外部性、市场失灵、公共福利、市场结构、绩效、垄断市场、市场行为（如定价）分析媒体经济现象。其中，具有代表性的如李秀珠等对台湾地区有线电视市场媒体绩效的研究、Van Kranenburg对荷兰细分化媒体市场的研究。[①]《媒体经济学：理解市场、产业与概念》（*Media Economics: Understanding Markets, Industries, and Concepts*）、《全球媒体经济学：世界媒体市场的商业集中与整合》（*Global Media Economics: Commercialization Concentration and Integration of World Media Markets*）、《媒体经济学：理论与实践》（*Media Economics: Theory and Practice*）、《媒体经济学：经济学理论在新媒体与传统媒体中的应用》（*Media Economics: Applying Economics to New and Traditional Media*）等论著，[②]皆属此范式下的媒体竞争研究。著名学者罗伯特·皮卡特的论著，大多亦是在经济学范式下探讨媒体竞争（经济）现象。

在管理学范式下，媒体竞争表现为一个管理学的问题。管理学是一门综合性、强调实用的学科，旨在探索产业和社会组织的管理活动、过程、基本规律和一般方法，用于解决组织的管理问题、指导组织的管理实践，以实现组织目标。表现在媒体竞争（经济）研究领域，即是对媒体的战略实施、人员调配、资源配置、研究开发、产品生产、制度规则及市场营销、竞争战略、资源获取、消费者分析、危机公关问题的关注。媒体经济研究的管理学范式中，竞争战略理论（competitive strategy theory）、战略集团理论（strategic group theory）等被用来解释媒体竞争现象。代表性论述如美国学者Chan-Olmsted及其同事采用产业内战略集团的相关理论和概念，研究多媒体视频节目市场的策略竞争现象，以及Chan-Olmsted对多媒体传媒产业

---

① Li, S. C. S., Liu, Y. L., & Chen, C. H. (2007). Market Competition and Media Performance: Reexamining the Media Performance of the Cable Television Industry in Taiwan. *Journal of Media Economics*, 20(3), 189-210; Van Kranenburg, H. (2002). Mobility and Market Structure in the Dutch Daily Newspaper Market Segments. *Journal of Media Economics*, 15(2), 107-123.

② Albarran, A. B. (1996). *Media Economics: Understanding Markets, Industries and Concepts*. Ames. Iowa State University Press. Albarran, A. B., & Chan-Olmsted, S. M. (Eds.). (1998). *Global media economics: commercialization concentration and integration of world media markets*. Ames: Iowa State University Press. Alexander, A., & Carveth, R. (2004). *Media Economics: Theory and Practice*. Mahwah: Lawrence Erlbaum Associates. Hosins, C., McFadyen, S., & Finn, A. (2004). *Media Economics: Applying Economics to New and Traditional Media*. Thousand Oaks: Sage Publications, Inc.

群策略竞争模型的探索。[①] 如下著作，包括《报业战略管理》(*Strategic Newspaper Management*)、《媒体融合的管理：新闻合作的路径》(*Management Media Convergence：Pathways to Journalistic Cooperation*)[②]，皆属于管理学范式下的媒体经济分析。至于其他偏向于媒体实务运作的著作，如《报业组织和管理》(*Newspaper Organization and Management*)、《报业媒体实践指南》(*The Newspaper Handbook*(*Media Practice*))，[③]更是管理学范式下媒体竞争(经济)研究的典型代表。

媒体经济研究范式，包括两种路径：一是以传统的学科理论，如经济学、管理学、传播学的概念工具和理论探索媒体经济(竞争)现象，产生独有的解释媒体经济(竞争)实践的理论论述；二是专门针对媒体经济(竞争)现象而提出具有一定解释力的理论。该研究进路主要包括产生于传播或媒体研究领域的理论模式，比如，用以解释报业竞争的"罗斯模式"[④]，更为传统的如"使用与满足模式"(uses and gratifications approach)、"二次售卖论"。如果将传播政治经济学的研究进路也视为媒体经济研究，不少相关著述亦将被涵盖在此研究范式中。上已述及的传播政治经济学理论泰斗达拉斯·斯麦兹的著作，还有《传媒垄断》(*The Media Monopoly*)、《媒体经济学：公司媒体与公共利益》(*The Business of Media：Corporate Media and the Public Interest*)等论著，[⑤]皆在此研究范式下。

在西方媒体经济(竞争)研究领域，生态学范式是一个相对弱小且新近的范式，以此展开研究的学者主要有 John Dimmick、Alan Albarran、Randle Ramirez、Feaster Kline 等人，其中 Dimmick 和 Albarran 已是颇受中国媒体学者认可的知名研究者。Dimmick 与其多位学生和同事采用此范式中的生态位理论(the theory of

---

① Chan-Olmsted, S. M., & Li, J. C. C. (2002). Strategic Competition in the Multichannel Video Programming Market: An Intraindustry Strategic Group Study of Cable Programming Networks. *Journal of Media Economics*, 15(3), 153-174; Chan-Olmsted, S. M. (1997). Theorizing Multichannel Media Economics: An Exploration of a Group—Industry Strategic Competition Model. *Journal of Media Economics*, 10(1), 39-49.

② Conrad, F. C. (1988). *Strategic Newspaper Management*. New York: Random House. Killebrew, K. C. (2004). *Management Media Convergence: Pathways to Journalistic Cooperation*. Ames Iowa: Iowa State University Press.

③ Rucker, F. W., & Williams, H. L. (1974). *Newspaper Organization and Management*. Ames, Iowa: Iowa State University Press. Keeble, R. (2005). *The Newspaper Handbook (Media Practice)*. London: Routledge.

④ Bridges, J. A., Litman, B. R., & Bridges, L. W. (2002). Rosse's Model Revisited: Moving to Concentric Circles to Explain Newspaper Competition. *Journal of Media Economics*, 15(1), 3-19.

⑤ Bagdikian, B. H. (1997). *The Media Monopoly (Fifth Edition)*. Boston: Beacon Press. Croteau, D., & Hoynes, W. (2005). *The Business of Media: Corporate Media and the Public Interest*. Thousand Oaks: Pine Forge Press.

the niche)及媒体研究领域的其他传统理论(如“使用与满足论”)相结合展开系列研究，①并出版了一部引人瞩目的著作《媒体竞争与共存：生态位理论的观点》(*Media Competition and Coexistence*：*The Theory of the Niche*)。接下来，我将对此范式下的媒体竞争(经济)研究做进一步叙述。

三、生态学作为媒体竞争分析的新视野

通过对西方媒体竞争研究面貌的勾勒，显示出此领域多范式并存、以量化取向为主、服务于媒体实践但注重理论建构与发展的鲜明特征。现在的问题是：如何结合中国媒体发展的实际，选择富有学理意义、实践价值与研究前景的分析范式，特别是选择相关的概念工具与理论架构，将其成功地应用于解析中国媒体的竞争。接下来，我将通过对媒体竞争研究多维学科视野及其适用性与局限的分析，引入媒体竞争(经济)研究的生态学范式，进一步阐述该范式对描述和解释当前中国媒体竞争现象的价值。

研究媒体间的竞争，从理论上看，源于经济学领域的企业竞争理论是最理想的选择。传统的经济学理论中有关完全竞争、垄断竞争、寡头垄断和完全垄断的基本思想，以及博弈论模式，是最典型的关于产业组织竞争的阐释。著名经济学家熊彼特的“动态竞争观”是现代竞争理论的标志性论述。动态竞争观摒弃传统观点中将完全竞争作为现实和理想的竞争状态，而将竞争视为动态变化的过程。熊彼特在

① 如：Dimmick, J., Chen, Y., & Li, Z. (2004). Competition between the Internet and Traditional News Media: The Gratification-Opportunities Niche Dimension. *Journal of Media Economics*, 17(1), 19-33; Albarran, A., & Dimmick, J. (1993). An assessment of utility and competitive superiority in the video entertainment industries. *Journal of Media Economics*, 6(2), 45-51; Dimmick, J. (1993). Ecology, economics and gratifications utilities. In A. Alexander, J. Owers, & R. Carveth (Eds.), *Media Economics* (pp. 135-136). Hillsdale, NJ: Laurence Erlbaum Associates; Dimmick, J. (1997). The theory of the niche and spending on mass media: The case of the “video revolution”. *Journal of Media Economics*, 10, 33-43; Dimmick, J., Kline, S., & Stafford, L. (2000). The gratification niches of personal e-mail and the telephone: Competition, displacement, and complementarity. *Communication Research*, 27(2), 227-250; Dimmick, J., Patterson, S., & Albarran, A. (1992). Competition between the cable and broadcast industries: A niche analysis. *Journal of Media Economics*, 4, 13-29; Dimmick, J., & Rothenbuhler, E. W. (1984). Competitive displacement in the communication industries: New media in old environments. In R. Rice (Ed.), *The new media* (pp. 287-304). Beverly Hills: Sage Publications; Dimmick, J., & Rothenbuhler, E. W. (1984). The theory of the niche: Quantifying competition among media industries. *Journal of Communication*, 4, 103-119; Dimmick, J., & Wallschlaeger, M. (1986). Measuring corporate diversification: A case study of new media ventures by television network parent companies. *Journal of Broadcasting and Electronic Media*, 30(1), 1-14; Dobos, J., & Dimmick, J. (1988). Factor analysis and gratification constructs. *Journal of Broadcasting and Electronic Media*, 32(3), 335-350.

媒体竞争分析：架构、方法与实证
——一种生态位理论范式的研究 18

《经济发展理论》一书中系统阐述了该观点，对现代竞争理论的产生有开创性作用。[①] 熊彼特论述道，竞争作为一个动态的过程，最重要的作用是推动创新与技术进步，而承担该功能的主要角色是大规模生产的企业。企业一方面要与原有旧技术、旧产品的企业竞争，另一方面受潜在竞争的威胁。从长期的动态过程看，由于竞争压力和运用新技术、新生产组织形式，大规模生产企业决定的"垄断价格"并不必然比竞争价格高，产量也并不比竞争产量少。[②]

此后的三四十年，即 20 世纪五六十年代，知名学者克拉克在"动态竞争观"的影响下形成"有效竞争观"这一现代竞争理论的完整理论体系。著名的"产业组织论"(industrial organization theory，IOT)于二战后在美国确立，与反托拉斯政策紧密相连，此种论述不断发展并形成理论体系。"产业组织论"的基本分析框架在 60 年代形成，由哈佛学派创建。进入 70 年代后，芝加哥学派的理论修正了竞争政策的方向，使产业组织与反托拉斯问题的研究方法和分析重点有很大改观。[③] 作为一门微观的应用经济学，"产业组织论"为竞争政策提供经济学根据，为媒体经济学者分析媒体竞争现象提供了一个较好的理论范式。

近 20 年来，西方经济学领域的竞争理论获得新发展，颇有代表性的是新奥地利学派的竞争理论、"可竞争市场理论"(theory of contestable markets)和"交易费用理论"(transaction cost theory)。以哈耶克自由主义经济思想为基础，新奥地利学派的代表人物米塞斯、哈耶克等对市场的调整功能给予极高评价，而对政府介入抱有极强的不信任感。强调竞争是信息不完全条件下"知识的发现过程"，"竞争与垄断相连时，竞争才达到最佳状态"[④]。可竞争市场理论在 20 世纪 80 年代由鲍莫尔等学者提出，是一种以多元产品厂商为分析对象的新的竞争市场理论。该理论主张，从长期看，在一个"可竞争市场"不存在超出正常标准的高额利润，强调范围经济和成本的弱增性。[⑤] "交易费用论"是以科斯、威廉姆森等学者为代表的新制度经济学的竞争理论，从节省交易费用的观点来考察经济制度，重视企业组织在市场中的作用。[⑥]

管理学的概念与理论对媒体经济(竞争)现象的观照，则有另一番景象。相比于经济学范式，管理学的概念和理论工具在媒体经济(竞争)研究中的运用尚为数

---

① 陈秀山：《现代竞争理论与竞争政策》，北京：商务印书馆，1997 年版，第 52 页。

② 熊彼特著：《资本主义、社会主义和民主主义》，北京：商务印书馆，1979 年版，第 126-134 页。

③ 吴小丁：《现代竞争理论的发展与流派》，《吉林大学(社会科学学报)》，2001 年第 2 期。

④ 哈耶克著/邓正来译：《自由秩序原理》，三联书店，1997 年版，第 50 页。

⑤ 明石芳彦著：《交易费用理论》，载于小西唯雄 编：《产业组织论の新潮流と竞争政策》，日本：晃洋书房，1994 年。

⑥ 吴小丁：《现代竞争理论的发展与流派》，《吉林大学(社会科学学报)》，2001 年第 2 期。

不多。常见的是媒体经济学者往往采用管理研究的诸多焦点话题,如战略实施、人员管理、资源配置、研究开发、产品生产、市场营销、消费者研究,分析此类现象在媒体经济领域的表现、问题与解决方案。在西方媒体经济学界,竞争战略理论、战略组理论较多被用来研究媒体竞争现象。管理学理论庞杂,被孔茨称为"管理理论丛林",但在探讨媒体竞争现象时,仅有少数可被用作分析的基础,如创新管理、竞争管理、知识管理。在某种程度上,此类理论对媒体竞争的解释力,可能不如微观经济学理论,如 SCP 范式、定价理论(pricing theory)。[①] 这在相当程度上源于经济学的分析更为规范和精准,而管理学的研究相对务实,更注重对媒体竞争实践的指导意义。

采用量化路径的媒体经济研究范式对媒体经济(竞争)进行研究,迄今为止成果尚不多见,已有成果的影响力也尚未显现。整体而言,各种竞争理论范式,尤其是其中的产业组织论对研究媒体竞争有极大的价值,成为不少媒体经济学者的首选。其他范式,因媒体经济与其他国民经济产业的差异,[②]如政府管制、媒体产业天然垄断性、媒体销售二重性,使得它们的适用性大打折扣。正因为如此,以经济学和管理学理论对媒体竞争(经济)现象作解释,应采用其他范式下的理论作为补充。

生态学作为观照媒体研究的一个学科视野,甚至是整体性的研究取向,近十多年来在相当程度上对媒体经济(竞争)的研究产生了一定的影响。媒体生态学(media ecology)[③]作为一个十分复杂且相对年轻的学术领域,在西方学界,其独特性表现在将研究重点放在研究传播技术本质或内在的符号(symbolic)和物质(physical)结构如何对文化导致的深远影响上,尤其关注媒介时代史学、"媒介作为环境研究"(或者"环境作为媒介")等问题。[④] 正如邵培仁教授所言:"媒介生态观念是当代媒介生态学在市场经济条件下为建立人-媒介-社会系统的和谐关系和实现媒介生态系统良性循环而做出的新的认识和理性思考。"[⑤]支庭荣则指出,媒体生态学是要用生态学以及其他与生态学相关的观点和方法,来探索和揭示人与媒介、社会、自然四者之间的相互关系及其发展变化的规律,深入推进人类学术史上"生态

---

① Shaver, M. A. (1995). Application of Pricing Theory in Studies of Pricing Behavior and Rate Strategy in the Newspaper Industry. *Journal of Media Economics*, 8(2), 49-60.

② 因为媒体产业涵盖诸多企业管理所不曾探索的内容,如政府对传媒的规制、对公共利益的考量、知识行业的特殊性。详细论述请参见:刘年辉:《报业核心竞争力:理论与案例》,北京:中国广播电视出版社,2006 年。

③ 近来国内学界已将英文表述"media ecology"更多译为"媒介环境学"。

④ 林文刚:《媒介生态学在北美之学术起源简史》,《中国传媒报告》,2003 年第 2 期;何道宽:《媒介环境学派的理论命题、源流与阐释》,《新闻与信息传播研究》,2008 年春季号。

⑤ 邵培仁:《论媒介生态的五大观念》,《新闻大学》,2001 年第 4 期。

学人文转向”的革命。[①]

然而,作为媒体研究者的学术自觉,中国媒体生态学的研究与西方尤其是北美学术界对技术、文化、符号和结构的着力关注不同,从一开始即侧重在媒体的生存发展方面,将媒体置于研究的中心地位。媒体的生存与经营管理,尤其是与媒体实践和新闻业务相关的诸多议题,是国内学者探索媒体生态现象的焦点议题。[②]最近10年来,国内不少学者对媒体生态研究兴趣浓烈,发表、出版了不少论著,其中较为知名的研究者有邵培仁、何道宽、崔保国、徐国源、谷鹏、支庭荣等。这种发展态势,诚如支庭荣撰文指出的:“最近几年,不断有媒介生态学的论著出版和发表。不少学者分别融入经营管理、产业经济、政治经济等种种不同的视角来探讨与媒介生态相关的问题。”[③]

生态学(ecology)与经济学有着极为密切的关系,在不少知名学者[④]看来,生态学是“自然的经济学”。尽管经济学家和生态学家关注的对象千差万别,但他们都关注资源的利用和对资源的竞争等在各自学科中的根本性问题。更进一步,正如John Dimmick所言,在一个学科中的不少概念,可在另一个学科中找到对应的概念,如生态学领域的生态位宽度和生态位重叠度,直接对应经济学领域的“投资组合分析”(protfolio analysis)和“可替代性商品”(substitutable commodities)。John Dimmick在其广为媒体研究者关注的著作《媒体竞争与共存:生态位理论的观点》一书的前言中写道:[⑤]

> 我在本书中使用生态位理论而不是经典经济学理论,尤其是公司理论的根本原因是,后者往往将竞争视为产业内的问题。实际上,如McCombs所言,媒体竞争却常常被认为是产业间的现象。生态位理论恰好为探寻媒体产业间竞争现象提供了有益的途径。我不是要用它来替换经典的经济学理论,而是要以它来研究传统经济学理论无法解释媒体竞争现象的那些问题。

与经济学和管理学的研究取向不同,生态学的研究进路更符合媒体行业的内在特征。在传统的媒体经济学领域,“竞争”(competition)的概念往往来源于产业

---

① 支庭荣:《从隐喻到思辨:一个学术种群成长的样本》,《中国传媒报告》,2008年第2期。

② 樊昌志:《媒介生态位与媒体的生机》,《湘潭大学社会科学学报》,2003年第6期。

③ 支庭荣:《从隐喻到思辨:一个学术种群成长的样本》,《中国传媒报告》,2008年第2期。

④ 如:Worster,D. (1994). *Nature's economy:A history of ecological ideas* (*2nd ed.*). New York:Cambridge University Press.

⑤ Dimmick,J. W. (2003). *Media Competition and Coexistence:The Theory of the Niche*. Lawrence Erlbaum Associates,Inc. ,Publishers:Mahwah,NJ.

组织经济学(industrial organization economics)的观点,即将竞争视为产业内的现象。[①] Picard 和 Albarran 等都在产业层次以公司理论考察竞争现象,如垄断、垄断竞争和完全垄断。[②] 还有不少学者从其他角度描述媒体市场竞争的特征,如价格制定、组织数量多寡、产业进入和退出壁垒,这被用于判断媒体产业的竞争力。在经典的经济学思想看来,一个有着竞争力的产业不需要以外在干预来提升产业绩效。显然,媒体产业与此种经典的经济学传统假定有着极大出入,比如,媒体产业往往需要政府规制来达到增进公共福祉的目标,媒体产业本身更是涵盖着利用多种类似资源的多个产业,[③]而不同的媒体产业往往满足消费者基本相似的信息和娱乐需求。

在《媒体竞争与共存:生态位理论的观点》一书中,John Dimmick 将"竞争"的概念界定为"生态相似性"(ecological similarity),或者说"媒体组织或产业使用的资源的相同或相似程度"(use of the same or similar resource by organizations or industries)。由于资源是有限的,当不同的个体(组织)和产业(种群)存在着生态相似性时,竞争便不可避免地出现。因此,从被生态单位所消费的资源的角度看,竞争等于是间接降低了各竞争者的资源获取程度。对竞争的此种定义,是一种资源利用的竞争(exploitation competition)概念。Dimmick 认为,这种定义方法与 Scherer 对竞争(rivalry)的定义方法,即"有意识的与其他公司争夺客户"(…a conscious striving aganist other business firms for patronage…)的思路较为接近。[④] 显然,在媒体产业中此种对"竞争"概念的理解,在逻辑上完全可行,而在经验层面更是不争的事实。

以生态学的视野定义"竞争"的概念是有用的,更是有益的。首先,传统的竞争概念和竞争理论,尤其是公司理论,无法回答一个媒体组织或产业在面临其他媒体组织或产业的竞争时,其生存、发展、繁荣和死亡的问题。[⑤] 其次,生态学的竞争概念,更有助于考察媒体与环境之间的关系,这里的环境包括社会环境、历史环境、人

---

① Owen, B. M., & Wildman, S. S. (1992). *Video economics*. Cambridge, MA: Harvard University Press.

② Picard, R. G. (1989). *Media economics: Concepts and issues*. Newbury Park, CA: Sage Publications; Albarran, A. B. (1996). *Media Economics: Understanding Markets, Industries and Concepts*. Ames: Iowa State University Press.

③ 这里的资源包括新闻内容资源、消费者和广告资源等,多个产业包括电视、报纸、广播、杂志、电影、新媒体等多个媒体行业内的"子产业"。

④ Dimmick, J. W. (2003). *Media Competition and Coexistence: The Theory of the Niche*. Lawrence Erlbaum Associates, Inc., Publishers: Mahwah, NJ. pp. 25-26.

⑤ Dimmick, J. W. (2003). *Media Competition and Coexistence: The Theory of the Niche*. Lawrence Erlbaum Associates, Inc., Publishers: Mahwah, NJ. p. 25.

媒体竞争分析：架构、方法与实证
——一种生态位理论范式的研究 22

文环境，特别是有助于考虑媒体的生存与发展所必需的各种资源，如内容资源、消费者和广告费用。下文中我将继续论及媒体产业内的各种竞争现象，如促销、价格战、独家新闻，尽管表现形式各异、程度不同，但从根本上说，总是围绕一些特定的资源维度而展开。各种呈现于表面的、具体的竞争现象，其更为深层的原因乃是源于对上述各维度资源的争夺。

"生态位"(ecological niche)是生态学领域的核心概念，生态位理论(The theory of the niche)是理论生态学研究的核心范式。作为一种抽象的理论建构，"生态位"连接着自然界和人类社会。该范式包含一系列有用的概念和命题，是对有关竞争、共存与合作等自然和社会现象普遍性法则的概括。Dimmick 认为生态位理论不仅是生态学领域的理论，而且是被用于描述和解释竞争和共存现象的有用工具。实际上，生态位的概念和生态位理论已被广泛运用于人类社会生活的多个领域，尤其是在经济学、管理学、组织研究领域。仅以国内学界的研究文献看，近年来已有数百篇甚至上千篇关于生态位理论在人类社会各领域应用的研究论文发表，生态位范式成为人们理解社会各领域组织和个体行为的有效工具。

然而，当前海外内学术界对生态学视野中媒体经济(竞争)现象的研究，还寥若晨星。对此，经济学者卢文浩有类似的感慨：[①]

> 媒介生态学的研究内容广泛，但是和媒体竞争相关的研究却是少之又少，尤其是国内在这方面的研究基本还属于一片空白。Dimmick 的研究虽然已经较为深入，但是还是没能建立起一个传媒业竞争分析的系统架构，并且趋于论说和描述，在结论中缺乏对现实问题的解决对策。

这凸显出生态学视野中媒体竞争(经济)研究理论和文献的贫弱，同时，也为本书的研究留下了宽广的生长空间。媒体竞争研究生态学进路的学术价值集中体现在它对媒体生态学研究对象与视野的拓展，以及媒体生态理论的创新、发展与积累上。特别地，本书的研究将在理论层面构建一个媒体竞争分析的阐释框架，以此作为基础，可用来分析媒体竞争的基本面貌、历史规律和发展态势。在实践层面，生态学的研究进路有利于媒体从业者，尤其是管理者从媒体产业和组织的资源环境出发，审视媒体的生存现状与发展态势，并为考察新旧媒体间的竞争、替代与融合提供有益的思路。

---

① 卢文浩：《中国传媒业的系统竞争研究——一个媒介生态学的视角》，北京：中国经济出版社，2009 年版，第 59 页。

四、本书的研究方法

本书的工作致力于研究媒体竞争的内在规律和现实表现。首先，笔者将建构一个系统的媒体竞争分析架构；在此基础上，考察当前中国媒体竞争的基本现状、发展轨迹和主要策略。在对该分析架构的运用中，也注重对其中部分理论假设的经验验证。

笔者主要通过对此前既有相关文献的客观分析和评价，特别是借助于理论生态学研究的基本思路，分别从媒体的生存和发展所必需的资源和竞争的层次这两个向度，建构一个系统的媒体竞争分析架构。更进一步，笔者对该架构中不同层级资源变量间的关系做出理论层面的阐释，发展出媒体生态位的“层级关联假设”，分别论述该假设的一般性模型和扩展性模型。在建构分析框架和发展理论模型的过程中，本书的论述特别注重以下两个方面。其一，以媒体竞争的历史和当前实践作为思考和论述的起点。比如，媒体到底为何竞争？竞争什么？竞争是如何发生的？对此类问题的回答是构建分析框架的原初动力和基本依据，搜罗和阅读此前媒体学者和从业者的相关文献，无疑为回答这些问题提供了便利。其二，以学界关于媒体经济研究的经典论述指导关键性的逻辑推导环节。为达此目的，本书在媒体竞争分析框架构建部分，采用的研究方法是文献分析与逻辑思辨。

在对分析架构的运用和验证部分，由于涉及不同资源维度和竞争的空间层次，本书分别采用与特定研究目的相适应的数据和资料采集方法。在受众的心理（需求、认知和态度）资源维度，采用问卷调查法搜集数据，以被访者自我汇报的数据信息为主。在媒体竞争的新闻内容资源维度，采用内容分析的方法，先选用合适的报道议题，然后限定被考察的媒体以及时间参数，以预先制作的编码表，通过编码工作获得所需的数据资料。在媒体的受众结构和广告资源维度，采用的是二手数据分析的方法。二手数据主要来源于各种权威统计数据，包括《中国工商行政管理年鉴》、《中国广告年鉴》、中国互联网络信息中心（China Internet Network Information Center，CNNIC）的研究报告、艾瑞咨询集团（iResearch）的调查报告，以及来自部分媒体组织市场运作的数据。

基于媒体生态位概念化的三个向度，即生态位宽度、生态位重叠度和生态位竞争优势，笔者对上述数据实施相应的分析。由于对三个生态位概念的测量结果直接反映出媒体在特定资源空间中的竞争态势，由此，本书得以多层次、多维度地展现当前中国媒体竞争的基本现状，并对媒体竞争的历史轨迹做出描述和解释。同时，通过对媒体组织层面所获取的数据的分析，本书的研究还对媒体生态位的“层级关联假设”一般模型中的部分内容进行经验层次的验证。

媒体竞争分析：架构、方法与实证
——一种生态位理论范式的研究 24

在运用上述媒体竞争分析架构考察中国媒体的竞争策略时，笔者主要采用个案式的研究方法。部分个案来源于其他研究者已公开发表的著述，其余个案则是笔者所采集的。这些个案在论述中被作为论据使用，主要目的是为辅助本书中的理论分析，同时也展现出上述媒体竞争系统分析架构的实践价值。

第二章　竞争现象的生态学阐释：生态位理论与媒体生态位

人类对竞争现象的认识，很大程度上得益于生态学者的理论研究发现，特别包括早期生物学家对生物物种活动规律的研究。在生态学的视野中，"竞争"总是与生物(物种或个体)对环境资源的利用密切相关，而且，竞争发生在多种不同的观察层次。这为人们分析产业组织，包括媒体组织或媒体产业的竞争实践提供了很好的启发意义。更为重要的是，媒体产业包括多种不同的子产业，各个子产业之间亦有相当激烈的竞争，激烈程度可能并不亚于各子产业内部，如在某个特定的时空中，广播和电视两种媒体子产业之间的竞争强度，可能更甚于广播业或电视业之内。当面临相似产业之间的竞争时，资源利用的竞争观超越了经典的竞争分析范式，特别是传统的"市场结构-市场行为-市场绩效"范式；而资源利用的竞争观用来研究媒体各子产业之间的竞争现象，往往更具适用性，也更具说服力。

任何产业或经济组织必须依赖环境中的资源(resource)以求得生存和发展，而资源往往是有限的，因此同一种群中的个体，必须分享资源方可存活。实际上，即使是不同的种群，也往往分享同样或类似的资源。个体或种群对环境资源的分享模式，即反映出它们在特定时空中的竞争态势。"生态位"(ecological niche)的概念，正是用来表征个体或种群的资源分享状况。在组织生态学者看来，生态位是理解组织对环境适应程度的核心概念。由于生态位的概念能在多个不同的向度被实证测度，这就为学者们以数量化的形式分析生物或产业组织种群内外的竞争提供了可能性。

第一节　生态学：资源利用的竞争观

在本节中，笔者首先对理论生态学中的一些基本概念如个体、种群、群落、环境、生态因子、竞争等进行阐述，尤其指出"竞争"(competition)是生物为争夺有限的资源而产生的相互间的影响，即资源利用性的竞争观。围绕着"生态位"的基本概念，生态学家发展出大量的相关概念和理论，用以阐释自然界的竞争现象和竞争机制。媒体业实际上是一个类生态圈；[①]媒体经济层面的问题，实际上是一个生态学的问题。在本书中，笔者将媒体视为现代社会中需要依赖特定的资源而得以生存和发展的社会组织，它们具有较强的产业性质。组织生态学运用"生态位"（ecological niche）的理论概念具体描述一个组织（种群）和其他组织（种群）存在竞争的特定资源空间。同时，生态位也是理解组织对环境适应的关键概念。鉴于媒体自身的生态特性和理论生态学与组织生态学的观照，使得本书选择以生态位理论范式探索媒体竞争现象具有了逻辑合理性。

一、理论生态学：竞争的概念及相关概念

生物的生存、成长、繁殖、活动，都需要一定的空间、物质与能量。生物在长期进化过程中，逐渐形成对周围环境某些物理条件和化学物质如空气、光照、水分、热量和无机盐类的特殊需要。各种生物所需要的物质、能量以及它们所适应的理化条件不同，此种特性被称为物种的生态特性。生态学（ecology）即是研究有机体及其与周围环境相互关系的科学。[②]

学术意义上"生态学"的概念表述，最初由德国生物学家海克尔（Haeckel）于1866年提出。海克尔在其动物学著作中如此定义"生态学"：研究动物与其有机及无机环境之间相互关系的科学，特别是动物与其他生物之间的有益和有害关系。美国著名生态学家 E. Odum 认为生态学是研究生态系统的结构和功能的科学。尽管在不同的时代，不同学者对生态学的研究对象和范畴的界定并不完全相同，但他们达成的普遍共识是，生态学是研究生物与环境之间相互关系及其作用机理的科学。[③]

亚里士多德的学生、公元前3世纪雅典学派首领赛奥夫拉斯图斯在其植物地理学的著作中，已提出类似今日植物群落的概念。从发展历史看，生态学的发展大致可分为萌芽期、形成期和发展期3个阶段。公元15世纪之前是生态学发展的萌芽期，古人在长期的农牧渔猎生产中积累人类社会最初的生态学知识；古罗马老普林尼的《博物志》和中国农学家贾思勰的《齐民要术》，均记载了古代人们素朴的生态学观点。大约从15世纪到20世纪40年代，是生态学缓慢而初步性的形成期。发展期是在20世纪50年代以来，生态学吸收了数学、物理、化学和工程技术科学

---

① 卢文浩：《中国传媒业的系统竞争研究——一个媒介生态学的视角》，北京：中国经济出版社，2009年版，第5页。

② 尚玉昌、蔡晓明 编著：《普通生态学》，北京：北京大学出版社，1992年。

③ 李振基、陈小麟、郑海雷、连玉武 编著：《生态学》，北京：科学出版社，2002年版，第1页。

的研究成果，向精确定量方向前进，并形成理论体系：和许多自然科学一样，生态学的发展趋势表现出由定性研究趋向定量研究、由静态描述趋向动态分析，然后逐渐向多层次的综合研究发展，与其他学科的交叉研究日益明显。[①] 尤为令人注意的是，20 世纪 40 年代以来众多学科，包括人类学、文化学、社会学、政治学和哲学、神学等，开始逐步以生态学观点探讨本学科的议题，并加入到对生态问题的思考中，此时生态学开始了其发展史上的"人文转向"。

生态学的研究在不同层次上进行，包括个体、种群(population)、生物群落(biotic community，or biocoenosis)和生态系统(ecosystem)。经典的理论生态学研究，最低层次是生物有机体，或个体。按研究的对象和范畴来看，这种层次的生态学研究属于生理学和生态学交界的边缘地带。[②] 在生态学的经典界定中，"个体"是具有独立的结构、对外部刺激发生反应、自主行使功能的生命系统，也称为生物体或生物有机体。个体是生命活动和生物存在的基本单位。[③] 媒体组织是生态学意义上媒体领域的基本单位，它们是"有生命力的"社会组织，同时，也是有经济诉求的产业组织。

"种群"是栖息在某一地域中同种个体组成的复合体或群体。种群在集群水平上形成一系列新的群体特征，这是个体层次上所没有的。[④] 根据群体特征的差异，一个种群可能包括多个亚种群。在学术研究中，生物学中的种群与经济学领域的"产业"概念具有相当的可比性，因为它们具有相似的内涵。在媒体产业中，在一定地域的所有报业组织，共同组成报纸种群。借鉴"亚种群"的概念，人们更是可将报纸种群进一步划分为不同的亚种群，如都市报种群、党报种群、专业报种群。

在理论生态学中，"生物群落"是栖息在同一地域中的动物、植物和微生物的复合体。与个体和种群的关系类似，当群落由种群组成为新的结构层次时，产生一系列新的群体特征，诸如群体的外貌、结构、动态、多样性和稳定性。比群落层次更高的概念是"生态系统"，它被定义为同一地域中的生物群落和非生物环境的复合体。[⑤] 与此对应，生态学通常包含着四个研究层次，即：个体生态学、种群生态学、群落生态学和生态系统生态学。

"环境"(environment)是理论生态学研究的核心概念之一。生态学意义上的环境是生物个体或种群周围一切事物的总和，包括空间和其中直接或间接影响该

---

① 尚玉昌、蔡晓明 编著：《普通生态学》，北京：北京大学出版社，1992 年。

② 李振基、陈小麟、郑海雷、连玉武 编著：《生态学》，北京：科学出版社，2002 年版，第 2 页。

③ 常杰、葛滢 编著：《生态学》，杭州：浙江大学出版社，2001 年版，第 26 页。

④ 李振基、陈小麟、郑海雷、连玉武 编著：《生态学》，北京：科学出版社，2002 年版，第 3 页。

⑤ 李振基、陈小麟、郑海雷、连玉武 编著：《生态学》，北京：科学出版社，2002 年版，第 3 页。

生物个体或群体生存和发展的各种因素。[①] 任何一种环境都包含着多种多样的因素，每种因素对生物起着或多或少、直接或间接作用。在环境中，对生物个体或群落的生活或分布起影响作用的因素，即"环境因子"(environmental factor)，又被称为"生态因子"(ecological factor)。生物生存所不可缺少的各种生态因子构成其生存条件。显然，对于媒体个体活种群而言，各种生态因子无疑是一种客观的存在。

生物为了利用有限的共同资源，相互之间产生的不利或有害的影响，即为"竞争"(competition)。理论生态学意义上的竞争有两种形式：资源利用性竞争(exploitation competition)和相互干涉性竞争(inference competition)，又分别被称为间接竞争和直接竞争。在相互干涉性竞争中，竞争者之间往往直接发生作用，如动物为争夺食物、配偶等发生的争斗。干涉性竞争，其实是资源利用性竞争在特定情境中的外在表现。在人类社会各领域，这两种竞争现象时时处处存在。譬如，在当今中国报纸的运作实践中，几乎所有的报纸都存在强烈的经济诉求，这意味着报纸存在对读者和广告资源的争夺，此即资源利用性竞争；而报纸相互之间进行的或明或暗的价格战、促销等行为，即为干涉性竞争。价格战和促销行为，就其实质来看，乃是受报纸对经济目标的追求所致，这在本质上是报纸对读者和广告资源的争夺。在本书中，笔者所关注的是媒体的资源利用性竞争。

竞争还可分为种内竞争(intra-specific competition)和种间竞争(inter-specific competition)两种方式。种内竞争发生在同物种的个体之间，而种间竞争发生在不同物种的个体之间。竞争效应的不对称性(asymmetry)是两种竞争的共同特点。所谓不对称性，是竞争各方受竞争影响所产生的不等同的后果。竞争具有调节种群数量的作用。种内竞争可以导致物种分化和物种形成。一般而言，种内竞争比较激烈，因为竞争个体之间在遗传上是等价的，具有相同的资源需求；种间竞争发生在不同物种需要某些共同资源的情形中，激烈程度取决于竞争者资源需要的相似度，也取决于环境中资源的匮乏度。与种间竞争相比，种内竞争的个体之间有时还保持着协调性，比如，有的物种能通过建立领域或等级来减少个体之间的竞争。[②]

为进一步阐明生物界的竞争机制，生态学家发展出"生态位"[③]的理论概念。"生态位的定义长期以来争论不休，以至生态位的定义相当多样化，足以辑成一本专集。"[④]通过对多种生态位概念的梳理，学者们达成的普遍共识是：生态位是指某

---

① 李振基、陈小麟、郑海雷、连玉武 编著：《生态学》，北京：科学出版社，2002 年版，第 7 页。

② 李振基、陈小麟、郑海雷、连玉武 编著：《生态学》，北京：科学出版社，2002 年版，第 120-123 页。

③ 在将 niche 翻译为中文时，有学者将其译为"生态灶"、"小生境"、"利基"，我国台湾地区的学者有时还将其译为"区位"。

④ 李振基、陈小麟、郑海雷、连玉武 编著：《生态学》，北京：科学出版社，2002 年版，第 141 页。

种生物利用食物、空间等一系列资源的综合状况，以及由此与其他物种产生的相互关系。生态位准确描述某个体或种群所需的各种生存条件。[①] 围绕着"生态位"的基本概念，生态学家发展出大量相关概念和理论，形成"生态位"的理论范式，用以阐释自然界的竞争现象和竞争机制。

通过对个体、种群、环境、资源、生态位、竞争的概念及其关系的逐一阐述，在某种意义上，可以认为，生态学是一种阐释自然界（特别是生物界）和人类社会竞争现象的哲学观。对于媒体竞争现象的研究，生态学的基本概念和理论正是极好的工具，这已成为不少媒体研究者的共识。[②] 笔者将在下文对此做详细阐述。

二、组织生态学：产业组织的竞争与环境适应性

作为理论生态学的一种应用，"组织生态学"（organizational ecology）是 20 世纪七八十年代开始在西方发达国家出现的一种关于组织行为、结构与演化研究的理论学说体系，[③]旨在分析和解释社会、经济和政治条件如何影响丰富和多样化的组织，阐明组织的构成随时间变化的现象。此领域的研究有助于人们理解特定类型的组织与组织群体的宏观行为和过程，掌握它们在长期演化进程中的基本特征和规律。

Hannan 和 Freeman 在 1977 年提出完整的组织生态学概念和研究框架，建立了可衡量产业组织个体发展、变迁和演化的数学模型。[④] 这两位美国知名学者认为，企业变迁（适应）和环境选择是"种群"（population）演化的主要路径，通过衡量种群内企业创建（进入）比率（founding rate），退出（死亡）率（mortality rate）来说明种群的涨落。他们将种群密度作为决定种群内企业生存条件的关键参量，提出种群内同时存在"竞争"和"合法化"两个过程，密度正是通过作用于这两个过程达到决定进入种群的企业生存率和死亡率高低的目的。Hannan 和 Freeman 亦论述组织与环境关系的适应性，提出"组织人口"的概念并从组织人口的不同层面加以分析，他们还初步提出组织人口的生态模型，阐述"竞争理论"和"组织小生境理论"。

组织生态学的研究对象既有营利组织，也有非营利组织。因此，以组织生态学作为理论基础分析媒体组织，在逻辑上是可行的。尽管组织生态学的研究内容极

---

① 李振基、陈小麟、郑海雷、连玉武 编著：《生态学》，北京：科学出版社，2002 年版，第 142 页。

② 如邵培仁等著：《媒介生态学：媒介作为绿色生态的研究》，北京：中国传媒大学出版社，2008 年版。

③ 彭璧玉：《组织生态学理论述评》，《经济学家》，2006 年第 5 期。

④ Hannan, M. T., & Freeman, J. (1977). Population ecology of organizations. *American Journal of Sociology*, 82(5), 929-964.

为丰富，方法也颇为多元，但它强调组织内在的适应性在市场外部选择下的生命率（出生、成长和死亡率）的定量研究。研究层面可以是组织个体、单一的组织种群、多种群或组织群落。组织生态学的核心是竞争和合法化的密度依赖过程，而竞争和合法化的相对强度随种群生命周期的变化是决定组织产生、成长和死亡率的关键性因素。① 组织生态学对环境的研究主要集中于社区内群落间的相互关系。社区内群落的关系被归纳为多种类型，如蚕食性竞争、完全竞争、部分竞争、互不干涉、寄生关系、共生关系。其他不少学科受组织生态学思想的启发，在研究中大量采用组织生态学的基本理念和理论工具。②

组织生态学的学术源头是社会学，通过借鉴生态学的方法研究社会问题而逐渐成型。由于组织生态的研究对象涉及许多学科，研究的方法、框架和成果具有普遍的借鉴意义，逐渐拥有了跨学科的影响力和发散力。通过借鉴生态学的研究方法和成果，同时融入各自学科的方法和观点，组织生态学最终发展成为一门名副其实的交叉学科，基本的理论阐释得到来自于报业、汽车、建材、酿酒、电信、家电等行业的实证支持。③

组织生态学运用"生态位"的概念描述一个种群组织和其他所有组织存在竞争的特定资源空间。不同种群的生存和发展对资源的需要可能完全相同、部分相同或完全不同。对于经济学家来说，产业组织的竞争由组织间的相互行为构成，这些行为是直接的、有意识的。④ 组织生态学研究者以对同种或类似资源的利用来划定"竞争"的范畴。当两个或多个组织在利用相同或相似的资源时，它们之间便产生

---

① 李文华：《基于生态位的企业竞争理论与实证研究》，北方工业大学博士学位论文，2005 年，第 22-23 页。

② Frank W G. (2002). Technological transitions as evolutionary reconfiguration processes: a multi-level perspective and a case-study. *Research Policy*, 31, 1257-1274. van Witeloostuijn, A. (2003). The ecology of law. *International Journal of the Sociology of Law*, 31, 55-67.

③ 如：Carroll, G., & Hannah, M. (1989). Density dependence in the evolution of newspaper organizations. *American Sociological Review*, 54, 524-541. Burton, M., Sorenson, J., & Beckman, C. (2002). Coming from good stock: Career histories and new venture formation. *Research in the Sociology of Organizations*, 19, 229-262. Sorenson, O., & Audia, P. G. (2000). The social structure of entrepreneurial activity: Geographic concentration of footwear production in the United States, 1940—1989. *American Journal of Sociology*, 106(2), 424-461.

④ Davis, D. M., & Walker, J. R. (1990). Countering the new media: the resurgence of share maintenance in primetime network television. *Journal of Broadcasting and Electronic Media*, 34, 487-493. Adams, W. J. (1993). Program scheduling strategies and their relationship to new program renewal rates and rating changes. *Journal of Broadcasting and Electronic Media*, 37, 465-474. Rogers, R. P., & Woodbury, J. R. (1996). Market structure, program diversity, and radio audience size. *Contemporary Economic Policy*, 14, 81-91.

竞争——即便这些组织可能根本没有意识到它们之间的竞争现实。在组织生态学研究者看来，来自环境，尤其是资源环境的力量比来自组织内部的力量对组织行为(特别是竞争行为)的影响更大。因此，一个组织能持续生存和发展，并不取决于组织内部运作的效率如何，而取决于该组织对环境的适应性(fitness)。

"生态位"是理解组织对环境适应程度的关键概念。生态位描述组织对资源的利用模式。当一个组织使用与另一个组织相同或类似的资源时，两者的生态位便存在着重叠，这意味着竞争的存在。当生态位重叠的程度不断加剧，两个组织间竞争的强度就会增加。因此，通过对组织如何使用环境资源的考察，组织生态学家得以分析组织的市场竞争状况和发展态势。①

任何组织都依赖环境中的资源(resource)存活，而资源往往是有限的(limited)。因此，同一以及生态位相近的所有种群中的个体必须分享资源，方可存活下去。如果种群数量的增长超出资源所能承载的能力，该种群和具有相近生态位的所有种群中的部分个体将面临死亡。因此，种群生态学家对在特定时间内，为何部分个体得以存活而另一部分则死亡的现象较感兴趣。在种群生态学家看来，那些组织个体得以存活的原因，很大程度上是它们能较好地适应环境。②

组织生态学家发现环境对组织行为、尤其是资源摄取行为的影响，这与自然环境对动物和植物的影响模式是相似的。于是，组织种群生态学的理论被用来解释组织与环境之间的关系。③ 承接上文对理论生态学基本概念和对竞争机制的解释，本书的研究也将组织生态学的基本思路运用于对媒体组织竞争现象的考察。

---

① Carrol, G. R. (1987). *Publish and perish: the organizational ecology of newspaper industries.* Greenwich, Connecticut: JAL Press, Inc. Dimmick, J. (1997). The theory of the niche and spending on mass media: The case of the "video revolution". *Journal of Media Economics*, 10, 33-43. Dimmick, J. (1993). Ecology, economics and gratifications utilities. In A. Alexander, J. Owers, & R. Carveth (Eds.), *Media Economics: Theory and Practice* (pp. 135-136). Hillsdale, NJ: Laurence Erlbaum Associates. Hannan, M. T., & Freeman, J. (1989). *Organizational Ecology*. Cambridge, MA: Harvard University Press. Freeman, J., & Hannan, M. T. (1983). Niche width and the dynamics of organizational populations. *American Journal of Sociology*, 88, 1116-1145.

② Carrol, G. R. (1987). *Publish and perish: the organizational ecology of newspaper industries.* Greenwich, Connecticut: JAL Press, Inc. Hannan, M. T., & Freeman, J. (1989). *Organizational Ecology*. Cambridge, MA: Harvard University Press. Freeman, J., & Hannan, M. T. (1983). Niche width and the dynamics of organizational populations. *American Journal of Sociology*, 88, 1116-1145.

③ Hawley, A. H. (1968). Human Ecology. In D. L. Sills (Ed.), *International encyclopedia of the social science* (pp. 328-337). New York: Macmillan. Aldrich, H. (1969). *Organization and environments.* Englewood Cliffs, N. J.: Prentice-Hall.

第二节 生态位：概念发展与理论范式

"生态位理论"(The theory of the niche)又称"利基理论"，或"区位理论"，作为理论生态学和应用生态学的基础理论，它已成为近20年来生态学研究的热点。[①]"有人甚至把生态学的研究定义为就是生态位的研究。"[②]生态位理论在解释自然界和人类社会的竞争现象、物种对环境的适应性、生态系统的多样性和稳定性、城市社会生态等诸多方面具有重要的指导意义。近年来，随着生态位概念包容性的增强，生态位理论已被经济学、社会学、城市规划学等学科采用，理论内涵正在不断地拓展。

一、"生态位"的基本概念及其发展

"生态位"概念最早的源头形成于1894年。当时美国密执安大学教授Steere在考察菲律宾群岛上鸟类分离而居的现象时，提出"生态位"的概念。因此，生态位最原本的意义涉及不同物种分离而居的现象。然而Steere并未对"生态位"的概念作进一步说明。[③]此后有多位学者，如Grinnell在1904年、Johnson在1910年分别使用"生态位"的表述，但皆未给予定义使之形成完整的概念。[④]首次对"生态位"做概念化工作的学者是生态学家Crinncell，他在1917年首次应用"生态位"来表示对栖息地再划分的空间单位，并定义生态位为："恰好被一种或一个亚种所占据的最后单位。"1924年，他又将生态位定义为生物种最终的生境单元。[⑤]

1927年，生态学者Elton将生态位的含义与种群间的竞争关系相联系起来。他认为一个物种的生态位表明它在生物环境中的地位及其与食物和天敌的关系，并将生态位定义为"物种在生物群落中的地位和角色"，强调彼此间的营养关系。[⑥]7年后的1934年，著名学者Gause采纳Elton的生态位概念，通过对草履虫的实验，发展出经典的"竞争排斥原理"(competive exclusion principle)。Gause认为

---

① 尚玉昌：《现代生态学中的生态位理论》，《生态学进展》，1988年第2期(第5卷)。

② 尚玉昌、蔡晓明 编著：《普通生态学》，北京：北京大学出版社，1992年版，第282页。

③ 朱春全：《生态位理论及其在森林生态学研究中的应用》，《生态学杂志》，1993年第4期(第12卷)。

④ 刘建国、马世骏：《扩展的生态位理论》，载于马世骏(主编)《现代生态学透视》(第72-89页)，北京：科学出版社，1990年版。

⑤ R. M. 梅 著/孙儒泳译：《理论生态学》，北京：科学出版社，1980年版。

⑥ 张光明、谢寿昌：《生态位概念演变与展望》，《生态学杂志》，1997年，第6期(第16卷)。

"生态位"是特定物种在生物群落中所占据的位置，即其生境、食物和生活方式；如果在一个群落中的两个物种受到同种资源的限制，必然有某一个物种将具有竞争优势，而另一个物种被排斥。①

1958年，知名生态学者Hutchinson对生态位的概念化发展做出革命性贡献。他从空间和资源利用方面考虑，提出比较现代的"多维超体积生态位"(n-dimensional hyper volume)概念。多维超体积概念为现代生态位理论的定量研究奠定了基础。Hutchinson认为，生态位是有机体与环境所有关系的总和，②他进而以此提出"基础生态位"(fundamental niche)和"现实生态位"(realized niche)的概念。③在Hutchinson看来，"基础生态位"是在生物群落中能为某一种群所栖息或利用的最大空间(即广义空间)；"实际生态位"是由于竞争对手的存在，种群实际占有的生态位。Hutchinson还认为，很少有一个种群能全部占领其基础生态位；由于竞争种群增加多，可能使某一种群的实际生态位愈来愈少。

Hutchinson的"超体积多维生态位"概念首次给生态位以数学上的抽象，解释了自然界中众多物种相互竞争而共存的生态分离现象，开辟了生态位定量研究的途径。然而，超体积生态位理论在实际应用中也有局限性，譬如，环境变量可能有很多(如阳光、水分、温度、食物)，而在实际测定时却十分困难。为避免这一难题，有学者建议将生态位的测量集中限定在少数维度，如此能精确地进行研究。

此后，生态位的概念又得到多位学者的相继阐发。比如，May将生态位概括为"某物种究竟怎样生活在地球上的诸生态因子"④，Grubb则视生态位为植物与所处环境的总的关系。⑤不论此前的研究者如何界定生态位的内涵，但在本质上，此概念所表达的是，生物个体或种群利用一系列资源的综合状况，以及由此与其他个体或种群所产生的相互影响关系。生态位准确描述某个体或种群所需要的各种生存条件。换言之，生态位是一个个体或种群生存条件的总集合体，或者说，是生物单位对环境适应性的总和。⑥

在生态位概念的发展进程中，中国学者马世骏等提出的"扩展的生态位"理论，弥补了此前有关生态位定义的不足，引起学界的关注。扩展生态位理论认为：在生

---

① 赵惠勋：《群体生态学》，哈尔滨：东北林业大学出版社，1990年版，第13-28页。

② 尚玉昌：《现代生态学中的生态位理论》，《生态学进展》，1988年第2期(第5卷)。

③ 赵惠勋：《群体生态学》，哈尔滨：东北林业大学出版社，1990年版，第13-28页。赵志模、郭依泉：《群落生态学原理与方法》，重庆：科学技术文献出版社重庆分社，1989年版，第81-89页。

④ May, R. M. (1975). Some notes on estimating the competition matrix. *Ecology*, 56, 737-741.

⑤ Grubb, P. J. (1977). The maintenance of species-richness in plant communities: the importance of the regeneration niche. *Biological Reviews*, 52, 107-145.

⑥ 尚玉昌、蔡晓明 编著：《普通生态学》，北京：北京大学出版社，1992年版，第283页。

态因子（包括环境因子和时间因子）变化的范围内，能被生态元[①]实际或潜在占据、利用或适应的部分，称生态元的“存在生态位”（existing niche）；其余部分，即不能被生态元实际或潜在占据、利用或适应的部分，称生态元的“非存在生态位”（non-existing niche）。[②] 关于扩展的生态位理论，笔者将在后文做进一步解释。

二、“生态位理论”对竞争现象的基本阐释

围绕着生态位的基本概念，通过不少学者的努力，发展出大量对生物界、自然界甚至对人类社会竞争现象和竞争机制进行解释的理论。某种意义上可以说，生态位概念是生态学的基石，而生态位理论是生态学的支柱。

在生态位概念化的历史上，“竞争排斥原理”（competition exclusion principle）是较早被发展出来的理论。俄罗斯微生物学家 Gause 在实验中发现：将双小核草履虫和大草履虫这两种原生生物置于同一环境中培养，并控制一定种类的食物，16 天后，培养基中仅有双小核草履虫存活，而大草履虫却消失了。Gause 对现场仔细观察发现，双小核草履虫在与大草履虫竞争同一食物时，数量增长比较快，将大草履虫赶出了培养基。Gause 在另一个实验中，将大草履虫与另一种袋状草履虫放在同一环境中培养，结果两者都能存活下来，且达到一个稳定的平衡水平。这两种生物虽然也竞争同一食物，但袋状草履虫占据食物中不被大草履虫利用的那部分。Gause 由此认为：大自然中亲缘关系接近的、具有同样生活习性或生活方式的物种，不能在同一环境中长期共存；如果在同一环境中出现，大自然将用空间将两者隔开。Gause 还认为生态位是特定物种在生物群落中所占据的位置，即其生境、食物和生活方式。如果出现在一个群落中的两个物种受到同种资源限制情形，且其中某一种具有竞争优势，那么另一个物种将被排斥。[③]

竞争排斥原理还表达了如下观点：物种之间的生态位愈是接近，互相间的竞争就愈激烈。在分类上属于同一属的物种之间，由于亲缘关系较为接近而具有较为相似的生态位，可以分布在不同的区域；如果它们分布在同一区域，必然由于竞争而导致生态位的逐渐分离。这种由于竞争导致的生态位分离机制在实证观察中得到反复证实。比如，May 和 MacArthur 的研究显示，环境空间变化引起物种的不

---

① “生态元”是在社会-经济-自然复合生态系统中进行生态学过程（如物质转化、能量转换、信息处理）的功能单元，它既可以是各个生物层次（如生物群落、种群、个体、器官、细胞），也可以是一些其他功能单元（如食品加工厂、缫丝厂、农户）。

② 李振基、陈小麟、郑海雷、连玉武 编著：《生态学》，北京：科学出版社，2002 年版，第 143 页。

③ R. M. 梅 著/孙儒泳译：《理论生态学》，北京：科学出版社，1980 年版。

同进化可能是由于对不同栖息地的偏好，为逃避竞争排斥提供了可能性。①

为准确测度生物个体或种群生态位的大小，生态学家发展出“生态位宽度”(niche breadth)的概念。生态位宽度是在环境的现有资源谱(resource spectrum)中，个体或种群能利用多少(包括种类、数量和均匀度)的一个指标。生态位宽度与生物的忍受性有关。如果某种生物对食物、栖息地、资源的忍受范围较广，那么它的生态位宽度就比较大。② 生态位宽度值的大小体现了种群在生物群落中的地位和作用。种群生态位宽度越大，它对环境的适应能力就越强，对各种资源的利用就较为充分，更可能在群落中处于优势地位。更大的生态位宽度，某种意义上也是更具竞争力的标志。生态位宽度是生态位理论最核心的概念之一。

在自然界，生物物种的生态位宽度并不是一成不变的。扩展的生态位理论显示，生态元可能只是占据、利用或适应其部分的存在生态位，因为生态位的存在和被利用具有时空特征。如图 2-1 所示。

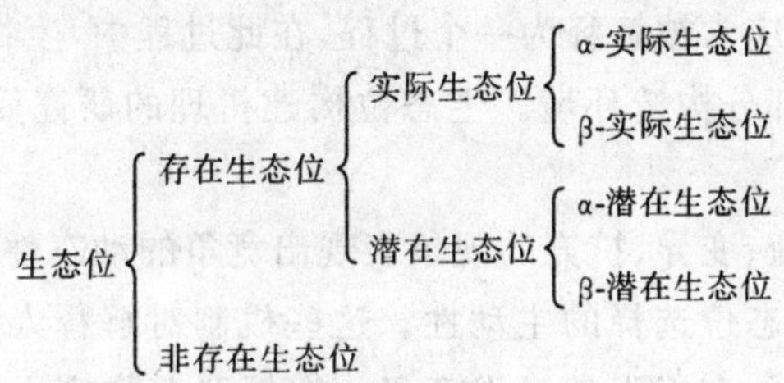

图 2-1 扩展生态位理论的生态位划分③

对于某个生物种群，存在于一定空间 s 和时间 t 内的生态位称为存在生态位(existing niche，EN)。实际生态位(actual niche，AN)是被种群 X 实际利用或占据的存在生态位。存在生态位如果只被种群 X 所利用，则是种群 X 的 α-实际生态位(alpha actual niche，α-AN)；若存在生态位被种群 X 同时也被其他种群所利用，称为种群 X 的 β-实际生态位(beta actual niche，β-AN)。在存在生态位中，那些没有被种群 X 所利用的部分叫做种群 X 的潜在生态位(potential niche，PN)。其中，既没有被种群 X 也没有被其他种群所利用的，称为其 α-潜在生态位(alpha potential niche，α-PN)；没有被种群 X 但被其他种群所利用的部分，是种群 X 的 β-潜在生态位(beta potential niche，β-PN)。在空间 s 和时间 t 内，不存在的生态位称为种群 X 的非存在生态位(non-existing niche)。

---

① May, R. M., & Macarthur, R. H. (1972). Niche overlap as a function of environmental variability. *Proceedings National Academy of Sciences USA*, 69, 1109-1113.

② 李振基、陈小麟、郑海雷、连玉武 编著：《生态学》，北京：科学出版社，2002 年版，第 144 页。

③ 李振基、陈小麟、郑海雷、连玉武 编著：《生态学》，北京：科学出版社，2002 年版，第 143 页。

生态位宽度的概念和扩展的生态位理论揭示出生态位变迁的必然性。除上述生态位分离机制，还存在着生态位的更新与变异、扩充与共存。比如，生态学者 Grubb 提出"更新生态位"的概念，更新生态位是生态位分化和平衡竞争概念的协调。在有限空间单元内，具有相似的生态学、生活型和其他特征的种群通过向小空隙的分化更新而共存，这种小空隙起着更新生态位的作用。① 种群的扩充与共存机制亦在自然界得到证实。② 研究者还发现，种间竞争也可导致竞争物种的生态位收缩，以减少竞争的程度。③

"生态位构建"的观点表达了生物种群主动选择生态位的现象。1996 年，生态学者 Odling-Smee 等从进化生态学角度提出"生态位构建"的概念。④ 所谓生态位构建，指生物个体或种群在可变的资源环境中，通过新陈代谢、物种进化选择并确定自身生态位的现象，这体现出生态位构建的机理。显然，物种的生态位构建不仅反映它与可变的环境特征间协同进化的规律，也表现出物种对可变环境的反馈机制。物种对环境的适应常被解释为一个过程，在此过程中，生物不仅对环境表现出适应性特征，也可以部分构造环境。生态位构建机理的研究受到生态学界的普遍重视。⑤

生态位分离、更新、变异、扩充的现象表现出竞争的动态性特征；生态位构建则表达了生物种群对生态位选择的主动性。这些机制对解释人类社会的竞争现象，尤其是产业组织的竞争有很强的启发意义。资深科普作家大卫·布林尼指出，生态学家和经济学家研究的往往是同样的课题，如资源的可利用度、供求关系、竞争以及为了获得某些利润而投入的成本。在自然界，付出的成本是能量和资源；而在人类世界，则要用金钱来偿付。⑥ 20 世纪 70 年代以来，生态学思想向经济管理领

---

① Grubb, P. J. (1977). The maintenance of species-richness in plant communities: The importance of the regeneration niche. *Biological Reviews*, 52, 107-145.

② Shmoda, A., & Ellner, S. (1984). Coexistence of plant species with similar niches. *Vegetation*, 58, 29-55.

③ 李振基、陈小麟、郑海雷、连玉武 编著：《生态学》，北京：科学出版社，2002 年版，第 140-146 页。

④ Odling-Smee, F. J., Laland, K. N., & Feldman, M. W. (1996). Niche construction. *The American Naturalist*, 147, 641-648. Laland, K. N., Odling-Smee, F. J., & Feldman, M. W. (1996). The evolutionary consequences of niche construction: a theoretical investigation using two-locus theory. *Journal of Evolutionary Biology*, 9, 293-316.

⑤ Li, Z. Z., Han, X. Z., & Li, W. L. (2006). Evolutionary dynamic model of population with Niche construction and its application research. *Applied Mathematics and Mechanics (English Edition)*, 27(3), 327-334.

⑥ [英]大卫·布林尼(David Burnie)著、李阳译：《进化论》，北京：生活·读书·新知三联书店，2003 年。

域渗透与融合。将生态学的思想、理论和方法应用于产业组织的研究，已成为一个世界性的前沿课题和研究趋势。国内外大量学者将生态位的基本思路运用于对产业组织竞争的研究。①

生态学家发展出"生态位重叠"的概念，以从实证度量上分析两个或两个以上的物种在生态位上的相似性。许多生态学家把两个或两个以上的物种对同种资源的共同利用程度作为生态位重叠的表征。比如，Pielou 于 1975 年提出资源"平均生态位重叠"的概念，并视之为资源位物种的多样性；②Hurlbert 在 1978 年定义生态位重叠为两个物种在同种资源上相遇的频率。③ 在这些生态学家看来，生态位的重叠既是生物种群之间竞争的起因，更是竞争强度的指标。生态位的重叠度高，意味着种群间的竞争程度更为剧烈。这是不同学者的研究达成的普遍共识。④ 生态位重叠作为衡量和表征竞争的起因和竞争剧烈程度的概念，在本书研究中起着至关重要的作用。

除了上述可精确度量的生态位宽度和重叠度外，还有生态位竞争优势、生态位适宜度的概念，也能在经验层面加以测度。"生态位竞争优势"(competition superiority)对于解释竞争现象有重要意义。生态位竞争优势的概念源自 Gause"竞争排斥"现象的经典实验。⑤ 从生态位宽度和重叠度的测量结果中，人们只能看出环境提供给生物个体或种群的资源数量、满足的相似性和竞争的激烈程度，却不能从中比较出两个或多个生物个体或种群间孰优孰劣。生态位竞争优势恰好弥补这个

---

① 这里仅列举部分具有代表性的研究：Baum, J., & Singh, J. (1994). Organizational niche and the dynamics of organizational founding. *Organization Science*, 5(4), 11-26. Hannan, M. T., & Freeman, J. (1989). *Organizational Ecology*. Cambridge, MA: Harvard University Press. Hannan, M. T., & Freeman, J. (1977). Population ecology of organizations. *American Journal of Sociology*, 82(5), 929-964. Hannan, M. T., & Carroll, G. R. (1992). *Dynamics of Organizational Populations: Density, Competition, and Legitimation*. New York: Oxford University Press. 钱言、任浩：《基于生态位的企业竞争关系研究》，《财贸研究》，2006 年第 2 期。单汨源、李果、陈丹：《基于生态位理论的企业竞争战略研究》，《科学学与科学技术管理》，2006 年第 3 期。邢以群、吴征：《从企业生态位看技术变迁对企业发展的影响》，《科学学研究》，2005 年第 4 期。

② Pielou, E. C. (1975). *Ecological diversity*. New York: John Wiley & Sons, p. 165.

③ Hurlbert, S. H. (1978). The measurement of niche overlap and some relatives. *Ecology*, 59, 66-77.

④ Dimmick, J. W. (2003). *Media Competition and Coexistence: The Theory of the Niche*. Lawrence Erlbaum Associates, Inc., Publishers: Mahwah, NJ. 梁嘉骅、葛振忠、范建平：《企业生态与企业发展》，《管理科学学报》，2002 年第 2 期。李振基、陈小麟、郑海雷、连玉武 编著：《生态学》，北京：科学出版社，2002 年版，第 140-146 页。

⑤ Gause, G. F. (1934). *The struggle for existence*. Baltimore: Wilkins and Wilkins.

缺陷。[①] 如果两个个体或种群之间的生态位重叠度大，而某一个体或种群的生态位竞争优势高，那么，更具优势的个体或种群将很可能取代或淘汰处于劣势的竞争者。[②]

为了衡量生物种群 α-实际生态位宽度与其环境的适宜度，中国学者李自珍等通过对已有各种生态位定义的分析，提出"生态位适宜度"(niche fitness)的概念[③]。他们定义生物种的"生态位适宜度"为：一个种居住地的现实资源位与其最适资源位之间的贴近程度，具体表征为拥有一定资源谱系的生物种对现实生境条件的适宜性。研究者通过对沙区不同配置格局植物梭梭、油篙和柠条水分生态位适宜度的研究，建立了生态位适宜度的数学模型。采用生态位适宜度的概念和模型，可以很好地研究生物对环境的适应性。

基于生态位概念的生物学考察拥有不少有趣的发现。比如，在进化过程中，两个在同一地方生存的物种由于种内竞争和种间竞争的作用，相互之间发生生态位的分离，这种进化趋势可从生物的"形状替换"(character displacement)现象得到证实。[④] 形状替换或特征替换，是亲缘种的形状趋异而超种的形状趋同的主要原因。[⑤] 与此相反，在没有(种间)竞争的情形下，物种将扩大其现实生态位(realized niche)，这种情形被称为"生态释放"(ecological release)[⑥]。

研究方法上，生态学家为了精确描述种群之间的竞争现象，尤其是描述竞争与种群增长的关系，通过给定种种起始和假设条件，发展出大量的数理竞争模型，尤其探讨模型中种群大小与物种稳定共存的关系。[⑦] 限于篇幅，此处不再赘述。

---

① Dimmick, J. W. (2003). *Media Competition and Coexistence: The Theory of the Niche*. Lawrence Erlbaum Associates, Inc., Publishers: Mahwah, NJ.

② 张意曼、陈柏宏：《从区位理论的观点探讨电子报与传统报纸在内容上的异同：以中时报系之电子报与报纸为例》，《传播与管理研究》(台湾)，2003 年，第 2 卷第 2 期，209-230 页。

③ Li, Z. Z., & Lin, H. (1997). The niche-fitness model of crop population and its application. *Ecological Modelling*, 104, 199-203. 李自珍、赵松岭、张鹏云：《生态位适宜度理论及其在作物生长过程中的应用》，《兰州大学学报(自然科学版)》，1993 年第 4 期(第 29 卷)。

④ 李振基、陈小麟、郑海雷、连玉武 编著：《生态学》，北京：科学出版社，2002 年版，第 153 页。

⑤ 亲缘种指亲缘关系密切的同域型(sympatry)物种(分布在同一地区的物种)，超种指亲缘关系密切的异域型(allopatry)物种(分布在不同一地区的物种)。亲缘关系愈密切，生态位就愈相似。亲缘种由于分布在同一区域，相互之间的激烈竞争在进化上导致生态位的分离和形状上的趋异；对于超种来说，它们是异域的，相互之间不存在竞争，因此它们的相似形状能表达出来，即形状趋同。

⑥ 李振基、陈小麟、郑海雷、连玉武 编著：《生态学》，北京：科学出版社，2002 年版，第 154 页。

⑦ 李振基、陈小麟、郑海雷、连玉武 编著：《生态学》，北京：科学出版社，2002 年版，第 90-114，141-172 页。

第三节　从生态位到媒体生态位：概念、理论与实证

生态位理论自产生以来，不仅渗透到现代生态学研究的诸多领域，成为生态学中最重要的理论范式，还日益广泛地应用于农业、工业、经济、教育等领域，形成强有力的理论分析和实践指导工具。特别是在企业管理中，正如部分学者指出的，运用生态位理论来研究企业间的竞争关系，不仅可丰富和弥补传统的企业竞争理论，更为重要的是，为现代企业仿照生态系统实现可持续发展提供了一个新的视角。①

一、媒体生态位的概念与研究的发轫

媒体生态位的研究发轫于美国传播学术界。生态位的概念被引入媒体研究领域，最早是在1980年代初期。当时，John Dimmick和Eric Rothenbuhler有感于新媒体技术的发展②导致的对既有媒体产业格局的冲击，认为没有任何现存的理论模式能对多种不同的媒体产业竞争、演变与发展进程做出解释。因此，他们采用生态位理论的观点，通过分析媒体广告收入的历史数据，考察新媒体技术演变背景下的多种媒体产业共存现象。③ 此后，Dimmick与多位合作者，包括Albarran，Randle，Ramirez，Feaster，Kline，Sikand，Dobos，Rothenbuhler等人，④进行了大量关于媒体生态位的研究。通过20多年的努力，Dimmick成为此领域最知名的学者，在他的身边也聚集了一批有志于从事此课题研究的学者。他的研究团队以生态位理论

---

① 单泊源、李果、陈丹：《基于生态位理论的企业竞争战略研究》，《科学学与科学技术管理》，2006年第3期。邢以群、吴征：《从企业生态位看技术变迁对企业发展的影响》，《科学学研究》，2005年8月第4期。

② 在当时的美国，新兴的媒体技术是有线电视、VCD和DVD等媒体。

③ Dimmick，J.，& Rothenbuhler，E. W.（1984）. Competitive displacement in the communication industries：New media in old environments. In R. Rice（Ed.），*The new media：Communication，research，and technology*（pp. 287-304）. Beverly Hills：Sage Publications.

④ 他们是全球范围内采用此路向进行媒体竞争分析的较为集中的一批学者，以Dimmick和Albarran最为知名。其中，绝大多数研究者是Dimmick的学生或同事，包括Albarran在内。

范式为基础，发表了一系列研究论文和其他著作，[①]并出版了一部名为《媒体竞争与共存：生态位理论》的著作，在全球范围内享受盛誉。

Dimmick 及其合作者对媒体生态位的研究，涉及有线电视和传统电视的广告资源竞争、消费者对媒体使用的满足评价、新媒体互联网和传统媒体的竞争关系、电子邮件和电话的竞争等多种议题。这些研究的基本假定是，生态位适宜于分析有着相同或相似资源需求的生态单位之间的竞争和共存；正是因为不同的媒体拥有基本相似的资源需求，所以，生态位理论同样适用于媒体（产业或组织）的竞争与共存研究。在这些研究中，Dimmick 和他的同事除了使用与生态位相关的概念[②]外，还使用经典的"使用与满足论"的需求概念，并用"漫射竞争"、"连续竞争"、"支配性地位"，"竞争替代"和"竞争排斥"等概念，来阐释媒体竞争的情形。

Dimmick 等人的研究主要从空间的含义（spatial terms）上使用生态位的概念。

---

① 主要包括如下研究论文：Ramirez, A. J., Dimmick, J., Feaster, J., & Lin, S. F. (2008). Revisiting Interpersonal Media Competition: The Gratification Niches of Instant Messaging, E-Mail, and the Telephone. *Communication Research*, 35(4), 529-547. Dimmick, J., Feaster, J., & Hoplamazian, G. (2008). *News in the Interstices: The niches of mobile media in space and time*. Paper presented at the annual meeting of the Association for Education in Journalism and Mass Communication, Marriott Downtown, Chicago, IL. Dimmick, J., Chen, Y., & Li, Z. (2004). Competition between the Internet and Traditional News Media: The Gratification-Opportunities Niche Dimension. *Journal of Media Economics*, 17(1), 19-33. Dimmick. J. W. (2003). *Media Competition and Coexistence: The Theory of the Niche*. Lawrence Erlbaum Associates, Inc., Publishers: Mahwah, NJ. Dimmick, J., Kline, S., & Stafford, L. (2000). The gratification niches of personal E-mail and the telephone: Competition, displacement, and complementarity. *Communication Research*, 27(2), 227-250. Dimmick, J. (1997). The theory of the niche and spending on mass media: The case of the"video revolution". *Journal of Media Economics*, 10, 33-43. Dimmick, J., Sikand, J., & Patterson, S. (1994). The gratifications of the household telephone: Sociability, instrumentality, and reassurance. *Communication Research*, 5, 643-665. Albarran, A., & Dimmick, J. (1993). An assessment of utility and competitive superiority in the video entertainment industries. *Journal of Media Economics*, 6(2), 45-51. Dimmick, J. (1993). Ecology, economics and gratifications utilities. In A. Alexander, J. Owers, & R. Carveth (Eds.), *Media Economics* (pp. 135-136). Hillsdale, NJ: Laurence Erlbaum Associates. Dimmick, J., Patterson, S., & Albarran, A. (1992). Competition between the cable and broadcast industries: A niche analysis. *Journal of Media Economics*, 5(1), 13-29. Dobos, J., & Dimmick, J. (1988). Factor analysis and gratification constructs. *Journal of Broadcasting and Electronic Media*, 32(3), 335-350. Dimmick, J., & Wallschlaeger, M. (1986). Measuring corporate diversification: A case study of new media ventures by television network parent companies. *Journal of Broadcasting and Electronic Media*, 30(1), 1-14. Dimmick, J., & Rothenbuhler, E. W. (1984a). Competitive displacement in the communication industries: New media in old environments. In R. Rice (Ed.), *The new media: Communication, research, and technology* (pp. 287-304). Beverly Hills: Sage Publications. Dimmick, J., & Rothenbuhler, E. W. (1984b). The theory of the niche: Quantifying competition among media industries. *Journal of Communication*, 34(1), 103-119. 在下文涉及这些论著的叙述中，笔者将不再做详细注释。

② 相关的概念有资源维度、竞争、生态位宽度、生态位重叠度、生态位竞争优势等。

这种空间的含义由生态位宽度、重叠度和竞争优势来反映。环境被概念化为一系列互不相同的资源。在特定的资源空间中，可能生存着一个或多个生态种群——由具有相似特征的个体组织所构成，比如，一个个电视台构成电视种群（对应经济学上的“产业”概念）。一个种群或产业的生态位是它在特定空间资源中的位置，或者说是它对资源的特定使用模式。更进一步，由于媒体所面临的是一个资源相对稀缺的空间，生态位宽度是对生态位区域的度量，在概念化层面，生态位宽度可以用种群使用的资源的绝对量和种类来衡量。据此，Dimmick 提出媒体的“资源窄用型”（specialist medium）和“资源宽用型”（generalist medium）概念。前者对资源种类的利用数量不多，程度也不高，后者利用多种类型资源，资源利用的程度也高。“资源窄用型”媒体的资源利用效率更高；然而，当环境发生巨大变化时，它们却更容易出现生存危机；与此相反，“资源宽用型”的媒体更容易应付环境的变化。在1990 年代的美国，广播媒体主要从地方市场中获得广告收入，因此，它的生态位宽度比较窄。与之相对的是电视，不仅依赖于地方市场广告，还从联播网（全国市场）广告和插播广告中获得收入，因此，电视拥有比较宽的广告资源生态位。

生态位重叠度衡量的是两个种群对某种或某几种资源竞争的激烈程度。在空间意义上，它是两个种群分享的那部分资源。生态位竞争优势度量的是两个种群对环境资源利用的优劣势地位。如果重叠度很高（或者说，竞争的强度很大），更占优势地位的种群可能会进一步夺取对手的生态位空间，甚至完全取代处于下风的竞争对手。生态位竞争优势，则可以从竞争的后果得到体现，①也可以从通过对schoener's alpha 值的计算来获得。作为结果，如果竞争者对竞争对手生态位空间的夺取是部分的而不是全部，这是“竞争替代”或“竞争置换”（competitive displacement）。否则，就是“竞争排斥”（competitive exclusion）。后一种现象极为少见。根据 Dimmick 的观察，在人类媒体发展史上，仅有一个竞争排斥的案例，那就是电影和广播对轻歌舞剧（vaudeville）的完全取代。竞争置换则是比较常见的现象。比如，电视在普及后夺取了不少原本属于广播媒体的广告资源。Dimmick 与 Rothenbuhler 的研究发现，当生态位的重叠度足够大时，广播和电视，以及报纸和电视都试图在资源利用上与竞争对手相区别以求得生存。作为这一现象的结果是，在 1960 年代，广播、电视和报纸成为各具特色的媒体。

殊途而同归。在中国，媒体生态位概念的提出是在 2001 年。尽管中国学者的研究主要是思辨和经验总结的方式，但也同样强调生态位概念的“空间”含义。邵培仁教授指出，媒体生态位是媒体所占有的特殊的时间和空间位置，在这个位置

① 比如，随着时间的推移，由于竞争对手的影响，某种群生态位宽度愈来愈窄。

媒体竞争分析：架构、方法与实证
——一种生态位理论范式的研究 42

上，每种媒体都有特殊的生存与发展的土壤和条件，而且，这一状态下的每种媒体也有特有的行为和作用。这种对媒体生态位的理解，既包括媒体特定的时间和空间位置，以及媒体发展所需要的资源和环境，还包括媒体系统的特殊功能和作用。① 此外，邵培仁还提出媒体生态的整体观、互动观、平衡观、循环观和资源观，以及传播生态位规律、食物链规律、生物种规律、最小量规律和适度性规律等观点。当年这两篇论述媒体生态观的论文，此后被中国学者广泛引用。

刘伯贤认为媒体生态位“概指某一媒介在媒介生态系统和社会结构形态中占据的位置及其担负的功能，其基本内涵主要集中在空间结构和角色功能两个维度”。这里所谓的“媒介生态系统”，是各类媒介与其运营环境共同组成的动态平衡统一体，构成要素是媒介系统、社会系统和受众系统，以及三者之间的互动关系。关于空间生态位，刘伯贤认为，主要是指空间结构意义上观照一媒介生态系统中所处的位置或方位，也可称为“结构位”；功能生态位，指某一媒介在媒介生态系统中所具有的属性和效能。②

媒体处在市场中就像生命个体处在“生境”中一样。樊昌志认为，所谓“媒介生态位”，是指“媒介种群”从“媒介生境”中取得的并能供给本“媒介种群”的各媒体使用的生存资源，包括受众资源和广告主资源。在一定时段中的某一个地域内，媒体生存的条件总是相对恒定的，即媒体的受众资源和广告主资源是相对恒定的，这主要取决于当地的经济发展水平、文化发达程度、受众的媒体接触习惯。换句话说，媒体的“生境”是确定的。媒体的生机来自于“媒介生态位”，“媒介生态位”中的媒介竞争主要表现为“媒介种群”内的媒体对该“媒介种群”的“媒介生态位”各位段的争夺。③

延续经典的生态位思想理念，卢文浩认为传媒业生态位是每个媒体种群对其生态位空间点的反应和效应。媒体种群的生态位是由外加“物理因素”（经济环境、政治环境、文化环境、技术环境）和传媒业生态圈内的“生物因素”（受众资源、广告资源、媒体种群的数量、媒体种群的特点）在某一特定时空的结合决定的，且决定媒体种群的应对反应和发展方向。④ 采用此种思路，卢文浩研究了中国传媒业的种间竞争状况。

---

① 邵培仁：《传播生态规律与媒介生存策略》，《新闻界》，2001年第5期。邵培仁：《论媒介生态的五大观念》、《新闻大学》，2001年第4期。

② 刘伯贤：《入世背景下的党报运营——一种媒介生态学的视角》，北京：中国传媒大学出版社，2007年版，第22-23、27、32页。

③ 樊昌志：《媒介生态位与媒体的生机》，《湘潭大学社会科学学报》，2003年第6期。

④ 卢文浩：《中国传媒业的系统竞争研究——一个媒介生态学的视角》，北京：中国经济出版社，2009年版，第20页。

许多学者在论述中肯定生态位思想对媒体经营发展的意义。他们普遍认为，生态位现象同样适用于媒体系统，可为解释媒体竞争提供借鉴，运用生态位原理进行媒体经营是明智的选择。[①] 然而，中国学者对媒体生态位的研究，除了卢文浩的研究外，[②]尽管同样坚持对生态位空间含义的着重强调，但他们对空间概念的理解相对宽泛，止步于概念层面的抽象演绎，难以在经验层间引导具体的实证性分析。

本书沿用对生态位空间内涵的理解，定义"媒体生态位"为：媒体利用生存环境中一系列资源的综合状况，和由此产生的与其他媒体的相互影响关系。在当前中国的媒体研究领域，已有一批研究者开始运用生态位理论探索媒体竞争（经济）现象。对媒体生态位的研究，意义是不言而喻的。如同组织生态学的研究对组织生存和发展的意义，对媒体生态位的研究，有助于人们从多个层次考察媒体竞争的基本态势、历史和趋向，也有助于考察资源环境是如何影响媒体的数量、竞争行为与历史演化的。

二、媒体生态位的理论与实证研究

海内外对媒体生态位的研究呈现出不同的图景。迄今，我国以生态位的观点研究媒体竞争（经济）现象的文献并不多。自 10 年前邵培仁先生发表本土传播学术界最早的两篇媒体生态研究文献以来，[③]国内传播学者曾就各种媒体的生态位现状与选择和竞争策略等问题进行研究，包括对报纸媒体生态位、电视节目生态位、广播的生态位策略、互联网和手机新媒体生态位现象、期刊生态位现象的分析研

① 严怡宁：《报纸媒体生态位及其新闻竞争力刍议》，《金陵科技学院学报（社会科学版）》，2005 年第 2 期。刘春花：《"生态位"的思考———媒体求变法则之一》，《新闻采编》，2004 年第 2 期。

② 至于他的研究，笔者将在本章下文和本书后面的章节再做介绍。

③ 邵培仁：《论传播生态规律与媒介生存策略》、《新闻界》，2001 年第 3 期；邵培仁：《论媒介生态的五大观念》、《新闻大学》，2001 年第 4 期。

究，这些研究主要发表于近四五年。[①] 在研究方法上，除卢文浩的研究外，学界更着重在宏观层面进行逻辑思辨式的研究，即使采用实证性资料，也较多采用媒体经营管理个案。

在我国内地学界，媒体生态学研究仍是“一块处女地”，“还正处在探索和成长时期，人们对媒介生态学的理解和认识还相当肤浅和狭隘”[②]，遑论以生态位的观点来探讨媒体竞争现象。整体上看，已有以生态位理论对媒体现象的分析，多是在宏观层面对媒体实践的论述，概念运用较不严谨，多为研究者个人的经验感悟，或是对某媒体个案的描述。至于研究的结论，一般难以跳出“媒体生态位不能雷同”、“不同媒体应拥有不同的生态位”、“媒体应根据生态位规律实行错位经营”的窠臼。用邵培仁先生的话来说，即是“往往从应用的目的出发，从一些媒介现象出发，面对一种新的理论，有点手足无措，慌不择路”[③]。

尽管生态位理论特别适合于用来探索媒体竞争现象，但在全球范围内，生态位理论仅在美国和我国港澳台地区被媒体研究者在经验层面加以检验；在我国内地，则仅有卢文浩一人以经验研究考察中国媒体业的种间竞争。[④] 美国是媒体生态位研究的发源地，美国学者不仅对媒体生态位予以实证测量，还以生态位观点对媒体竞争现象做出理论层面的建构和发展。在我国港澳台地区，有数位媒体学者曾以生态位理论探索媒体现象，代表性的学者包括李秀珠、郭贞、黄振家、彭玉贤、蔡佳如、张意曼和陈柏宏等人。

1. 广告资源生态位的研究

广告是媒体最为倚重的生存资源。在媒体生态位研究史上，广告资源最早受

① 严怡宁：《报纸媒体生态位及其新闻竞争力刍议》，《金陵科技学院学报（社会科学版）》，2005 年第 2 期。金妍：《从媒介生态位看都市类报纸的生存和发展》，《青年记者》，2006 年第 2 期。颜玮楠：《财经类电视频道媒介生态位初探》，《今传媒》，2007 年第 12 期。谢立文、欧阳谨文：《媒介生态位与电视新闻栏目创新》，《电视研究》，2004 年第 12 期。申启武：《媒介的生态位策略与广播频率的专业化设置》，《暨南学报（哲学社会科学版）》，2006 年第 2 期。申启武：《媒介竞争与生态位的选择——安徽安通广播运营策略分析》，《中国广播》，2005 年第 5 期。刘远军：《手机报的媒介生态位考察》，《新闻爱好者》，2008 年第 7 期。张志林、王京山：《网络媒介生态位初探》，《出版发行研究》，2005 年第 12 期。周红路、周文杰：《网络广告的媒介生态位》，《消费导刊》，2008 年第 1 期。王业明、杨晓训：《省级重点新闻网站的生态位》，《青年记者》，2008 年 1 月号。王京山：《从生态位原理看传统出版与网络出版的关系》，《河南大学学报（社会科学版）》，2007 年第 6 期。罗宁辉：《从画报生态位变化的历史轨迹探索画报发展规律》，《编辑之友》，2008 年第 4 期。刘玉清：《科技期刊的生态位与差异化生存之道》，《编辑学报》，2005 年第 3 期。赵金文：《“生态位”现象与期刊的定位策略》，《科技与出版》，2002 年第 6 期。

② 邵培仁：《媒介生态学：媒介作为绿色生态的研究》，北京：中国传媒大学出版社，2008 年版，第 62 页。

③ 邵培仁：《媒介生态学：媒介作为绿色生态的研究》，北京：中国传媒大学出版社，2008 年版，第 62 页。

④ Li, S. C. S. (2001). New Media and Market Competition: A Niche Analysis of Television News, Electronic News, and Newspaper News in Taiwan. *Journal of Broadcasting & Electronic Media*, 45(2), 259-276.

到关注。20世纪80年代，Dimmick与Rothenbuhler搜集了1928年到1982年美国五种媒体广告收入的数据，研究55年来媒体广告生态位的宽度与重叠度。两位研究者将广告收入分为全国性(national)广告、地方性(local)广告、插播(spot)广告或分类(classified)广告的收入。研究发现，在电视最初出现的1950年代，广播与电视的生态位重叠度极高；广播为了生存下去，提升了对地方性广告的利用程度，电视则取得更多的全国性广告收入。这是一种典型的“竞争替代”现象。在电视出现之前，广播是一个“资源宽用型”媒体，电视出现后，由于电视更具有竞争优势，部分占用了广播媒体的广告生态位空间；广播在成为一个“资源窄用型”媒体后，得以继续生存，出现与电视共存的局面。①

卢文浩曾对中国传媒业的种间竞争进行研究。他将媒体竞争宏观维度中的消费者支出和广告支出统一放在“媒体总收入”这一更加宏观的维度下进行分析。通过以《中国广告年鉴》和《中国传媒业发展报告》相应的统计数据为基础的分析，他发现从2004年到2008年，在收入资源维度上，电视和报纸都属于“通才型”(即“资源宽用型”)媒体，表现出比较宽的生态位和相互之间更大的重叠度；而广播属于“专家型”(“资源窄用型”)媒体，广告收入是它的唯一收入来源，生态位宽度保持不变(即始终 $B=1$)，且和报纸与电视的重叠度也比较低(见图2-2)。

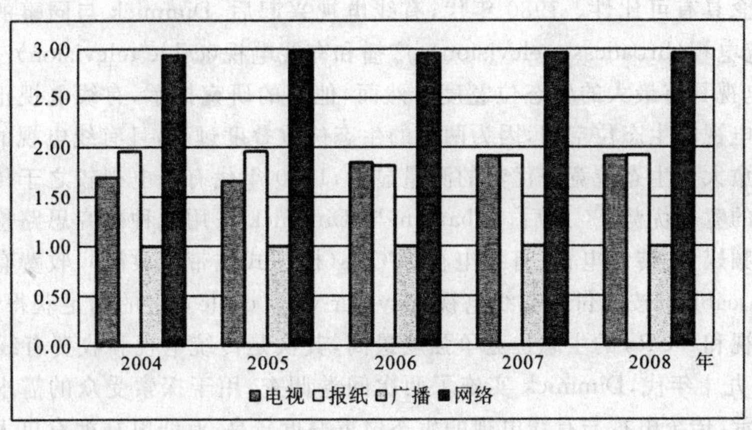

图2-2 四种新旧媒体的收入生态位宽度(2004—2008年)②

① Dimmick, J., & Rothenbuhler, E. W. (1984). Competitive displacement in the communication industries: New media in old environments. In R. Rice (Ed.), *The new media: Communication, research, and technology* (pp. 287-304). Beverly Hills: Sage Publications.

② 来源：据卢文浩《中国传媒业的系统竞争研究——一个媒介生态学的视角》一书中表28-30综合而得；该图中，收入生态位宽度 B 的取值范围为[1,3]。

当考察新旧媒体的收入竞争时，借助于对艾瑞咨询（iResearch）相应数据的分析，卢文浩认为，广告主广告支出收入和消费者支出收入的划分方法仍然适用，但网络交易平台收入是一种新兴的收入形式，传统媒体尚未介入这一业务领域。作为结果，如图 2-2 所示，在生态位宽度上，从 2004 年到 2008 年，在电视和报纸的生态位宽度完全不可能超过 2.0 的情形下，网络媒体的生态位宽度非常接近最大值（因为 B 的取值区间为[1,3]）。因此，卢文浩认为互联网是"超通才型"媒体。在电视、报纸和广播三种媒体中，网络与报纸的收入生态位重叠度最大，电视次之，最后是广播。

2. 受众的心理需求与满足机会

受众对媒体的需求是媒体赖以生存的基础，因而，媒体能满足受众的何种需求，以及能满足到何种程度，是媒体竞争的关键资源。受众的需求可能体现在诸多层面，包括使用满足的获得（媒体的效用感知）、满足的可能性。此种研究的思路往往与经典的"使用与满足论"（uses and gratifications）进行整合，以建构研究框架。Dimmick 认为"使用与满足"的研究传统涵盖这样的假设，即在满足受众需求的能力上，不同的媒体既有相似，又有不同。"满足"（gratification）的概念与经济学中的"效用"概念具有可比性。1980 年代，有线电视兴起后，Dimmick 与同事的研究发现，在传统电视（broadcast television）、广播和有线电视（cable television）三种媒体中，传统电视具有最大的生态位宽度。然而，他们的研究揭示，有线电视正在逐步蚕食传统电视的生态位空间，因为两者的生态位重叠度过高，且有线电视的生态位宽度愈来愈大。生态位竞争优势的测量显示，1980 年代有线电视较之于传统电视具有更强的竞争优势。[①] 此后，Albarran 与 Dimmick 采用此种研究思路检验受众在五种视频媒体[传统电视、有线电视、VCRs（模拟式磁带录放机）、收费有线电视（premium cable）、按次付费有线电视（pay-per-view cable）]上的满足获得情形，发现有线电视和 VCRs 的生态位竞争强度最高，其次是传统电视和收费有线电视。[②] 20 世纪八九十年代，Dimmick 实施了两次问卷调查，用于探索受众的需求。第一次调查显示，传统电视与有线电视的生态位重叠度较高，有线电视拥有更大的生态位宽度，且有线电视在多种资源维度上较传统电视拥有更强的竞争优势。第二次问卷调查得到了相似的结论。最终，Dimmick 认为有线电视将会愈来愈取代传统

---

① Dimmick, J., Patterson, S., & Albarran, A. (1992). Competition between the cable and broadcast industries: A niche analysis. *Journal of Media Economics*, 5(1), 13-29.

② Albarran, A., & Dimmick, J. (1993). An assessment of utility and competitive superiority in the video entertainment industries. *Journal of Media Economics*, 6(2), 45-51.

电视。[①]

信息传播技术的发展在塑造着人类交往的方式。但是，一方面，每种传播媒体有着不同的技术特征，另一方面，人们对新媒体技术的认知和接受往往是不均衡的。Ramirez 与 Dimmick 以实证方法探索人们对手机等四种人际交流媒体的评价。通过在理论上整合生态位理论、社会信息处理理论（social information processing theory）和电子媒体接近性理论（theory of electronic propinquity），两位研究者发现，IM（即时通讯媒体）拥有较大的生态位宽度，仅次于手机（cell phone）。IM 与电子邮件（E-mail）和手机有着较高的生态位重叠度，表明它们的竞争激烈，同时，它们与有线电话（landline telephone，LTP）的生态位重叠度最小。[②] 研究的结论是，在满足使用者的需求上，手机的竞争优势最大，其次是 IM 和电子邮件，最后是有线电话。研究者指出，IM 对电子邮件和有线电话存在"竞争替代"现象。

美国学者 Quint Randle 也以生态位理论分析传统的杂志和互联网对特殊兴趣群体心理需求的满足情形，发现相对于杂志而言，互联网提供着更大的心理满足生态位，且以更具优势的方式被销售。研究还发现，互联网在倾向于认知和任务导向的使用者中竞争优势更大，杂志则在倾向于情感和自我中心的用户中竞争优势更大。[③]

受众心理满足或媒体效用路向的生态位研究也在我国台湾地区展开。李秀珠（Shu-Chu Sarrine Li）通过对发生巨大变迁的台湾媒体产业的实证研究，发现电视新闻、广播新闻和报纸新闻对受众提供的"感知满足"（perceived gratification）方面存在着很强的竞争，尤其是在电视新闻和报纸新闻之间；而前者相对后者有着较高的生态位竞争优势。[④] 郭贞与黄振家曾在 1999 年和 2000 年以生态位理论作为分析基础，比较网路、型录与商店作为购物渠道之竞争优势。该研究采用生态位理论比较网路、型录与商店在沟通、通路与便利效益上的优劣，探讨三种行销渠道彼此之间的竞争与互补关系。通过两年的网上调查，该研究分别搜集 909 位（第一年）和 1 348 位（第二年）网路用户为受访者，其中 273 位为固定样本组（panel）受访者。研究发现，三种渠道之间彼此虽然有互补与竞争，但尚无一个渠道因竞争激烈而被

---

① Albarran, A., & Dimmick, J. (1993). An assessment of utility and competitive superiority in the video entertainment industries. *Journal of Media Economics*, 6(2), 45-51.

② Ramirez, A. J., Dimmick, J., Feaster, J., & Lin, S. F. (2008). Revisiting Interpersonal Media Competition: The Gratification Niches of Instant Messaging, E-Mail, and the Telephone. *Communication Research*, 35(4), 529-547.

③ Randle, Q. (2003). Gratification Niches of Monthly Print Magazines and the World Wide Web among a Group of Special-Interest Magazine Subscribers. *Journal of Computer-Mediated Communication*, 8(4), Retrieve August 2006 from http://jcmc.indiana.edu/vol8/issue4/randle.html.

④ Li, S. C. S. (2001). New Media and Market Competition: A Niche Analysis of Television News, Electronic News, and Newspaper News in Taiwan. *Journal of Broadcasting & Electronic Media*, 45(2), 259-276.

完全淘汰出局，也无任何一种渠道处于绝对领先地位。研究者认为网络是颇有潜力的明日之星，未来若能改善通路效益方面的缺失，将在竞争中胜出。商店购物与网路购物经验相似性比较低，自有其存活的空间；型录购物却有可能面临来自网路最严酷的竞争。①

3. 媒体内容维度的研究

媒体内容亦是媒体产业中一种关键的可用资源，因此，对各种不同媒体内容的研究有助于揭示媒体在个体和产业层次的竞争关系。李秀珠通过对内容生态位宽度和重叠度的考察，研究台湾地区卫星电视（satellite television）对电视网（television network）的影响。通过对台湾地区三家电视网七年来节目内容数据的采集和分析，李秀珠发现来自卫星电视的竞争使得电视网的生态位宽度变窄，迫使后者放弃不少节目样式而专注于其他质量更高的节目。研究还发现，卫星电视和电视网间的生态位重叠度极高。研究者由此预测，电视网如要继续生存下去，其内容生态位将愈加缩小，专注于更少量的节目内容。②

科技的发展可能对媒体的内容生产与呈现产生影响，由此改变媒体间的竞争态势。20 世纪 90 年代以来，卫星电视和网络技术对媒体的新闻运作产生了重要影响。卫星技术使电视得以全天候播出新闻节目，而网络重塑了报纸的形态，使得电子报为不少读者所接受。李秀珠等人基于媒体生态位的理论架构，分析电视新闻、电子报纸与传统报纸的生态位宽度、重叠度和竞争优势，以此检视三种新闻媒体内容资源的使用状况。他们发现，电视新闻与报纸的竞争最为激烈，报纸优于电视居于较佳地位。不过，研究者承认，仅从内容维度进行生态位的分析还远远不够，必须同时兼顾媒体的广告和受众这两种重要的资源。③

电子报和与传统报纸在内容上是否有异同？张意曼，陈柏宏基于电子报在台湾地区发展已久且当时网络泡沫化已甚为严峻的背景，以生态位理论的观点回答上述问题。研究的结果显示，电子报纸虽有一定发展，但成长缓慢，未能依靠其特有的技术优势发展出自身的道路。在内容生态位宽度与竞争优势上，传统报纸比

---

① 郭贞、黄振家：《以区位分析比较网路、型录与商店作为购物管道之竞争优势：一个跨年比较》，《新闻学研究》，第 72 期，第 1-26 页。

② Li, S. C. S. (1998). *The impact of market competition on the terrestrial television networks in Taiwan: The perspective of niche theory*. Paper presented at the annual meeting of the Chinese Communication Association, Taipei, Taiwan, ROC. Li, S. C. S. (2001). New Media and Market Competition: A Niche Analysis of Television News, Electronic News, and Newspaper News in Taiwan. *Journal of Broadcasting & Electronic Media*, 45(2), 259-276.

③ 李秀珠、彭玉贤、蔡佳如：《新传播科技对台湾新闻媒体之影响：从新闻内容之区位谈起》，《新闻学研究》（台湾），2002 年，总第 72 期，第 27-54 页。

电子报纸占有更大优势，而两者生态位重叠度也高。研究者指出电子报在内容特色的发展上，未来还有很长的一段路要走。①

4. 受众的时间和金钱支出

菲利普·M. 南波利认为，媒体行业与其他行业的不同之处在于，公众（经济学视野中的消费者、传播学意义上的受众）要花费大量的时间和金钱在媒体上，而且这些花费又与媒体行业相互作用，相互影响。② 消费者的金钱是媒体收入的重要构成部分。根据菲利普·M. 南波利的统计，虽然对电视和广播而言，消费者几乎完全不用为消费节目而付费，但对于杂志、报纸和有线电视网来说，来自消费者的内容付费收入占相应媒体行业收入的 40%。③ 据 Dimmick 的说法，目前关于消费者金钱支出的媒体生态位研究还是空白领域。

对媒体业而言，消费者的时间是一种比他们的金钱更重要的资源。因为时间是人类的一种稀有资源，所有的活动都需要它，且在同一时间里多种人类活动一般不能同时进行。在媒体消费中，一般来说，除了人们在收听广播（以及漫不经心地收看电视）时可以看报纸或杂志外，不同的媒体对受众时间资源的竞争比较强烈。卢文浩认为，媒体对时间资源的竞争，特别发生在报纸、杂志和图书之间，“因为任何一个人都没有办法同时阅读报纸、杂志或图书；但是，这些传统媒体又由于其生态位不完全重叠而没有产生置换竞争”。此外，消费者时间支出资源上的竞争还派生出了不同媒体间最重要的竞争——媒体收入竞争，特别是对其中的广告主广告支出，竞争尤为激烈。④

通过对央视-索福瑞（CSM）、《中国广告年鉴》和央视市场研究股份有限公司“全国城市居民调查”（CTR CNRS）数据的分析，卢文浩发现在 2005—2006 年，在中国，电视在时间资源维度占据主导优势，加剧了对报纸的时间资源的争夺，而报纸又在抢占广播的时间资源。不过，三种媒体都属于时间资源维度的“通才型”媒体。⑤ 当考察新旧媒体对消费者时间资源的竞争时，电视仍然占据主导地位，网络新媒体却有着最强的竞争力，并开始掠夺包括电视在内的所有传统媒体的使用时

① 张意曼、陈柏宏：《从区位理论的观点探讨电子报与传统报纸在内容上的异同：以中时报系之电子报与报纸为例》，《传播与管理研究》（台湾），2003 年，第 2 卷第 2 期：第 209-230 页。

② 菲利普·M. 南波利著、陈积银译：《受众经济学：传媒机构与受众市场》，北京：清华大学出版社，2007 年版，第 1 页。

③ 菲利普·M. 南波利著、陈积银译：《受众经济学：传媒机构与受众市场》，北京：清华大学出版社，2007 年版，第 11 页。

④ 卢文浩：《中国传媒业的系统竞争研究——一个媒介生态学的视角》，北京：中国经济出版社，2009 年版，第 102 页。

⑤ 在卢文浩的研究中，在时间资源维度，根据 CTR CNRS 的数据，全国被划分为七个大区，即东北市场、华北市场、华东市场、华南市场、华中市场、西北市场和西南市场，它们构成时间资源维度的次级维度。

间。在这一资源维度，广播的表现最弱，报纸其次。卢文浩预期，随着网络的进一步普及，将获得与电视相抗衡以争夺消费者时间的力量。

5. 已有研究评价

整体上看，除了上文提及的卢文浩的研究外，本土学界对媒体生态位的研究，尚处于相当初级的阶段。“不论是现象描述、应用分析还是理论建构，数量和质量都远远不够，需要越来越多的人和资源继续投入。”[①]西方学者，尤其是以美国学者 Dimmick 和 Albarran 等为代表的研究，不论在研究议题选择、理论建构、研究的视野与方法方面，确为中国学者的未来研究提供了极好借鉴。至于台湾地区学者的研究，主要是借用 Dimmick 和 Albarran 等人所构建的研究框架，考察当地媒体的竞争现象，尽管在理论建构和研究视野上有所局限，但在研究的规范性和系统性上，却值得内地学者借鉴。

然而，既有关于媒体生态位的理论和实证性研究，亦存在着不少局限性。首先，既有研究对传统媒体的研究力度远远不够。Dimmick 和 Albarran 的研究，更多关注各种新媒体与传统媒体对受众（用户或使用者）的竞争，在他们公开发表的 10 多篇研究报告中，绝大多数皆是如此。实际上，Dimmick 本人的兴趣正在于此，他对媒体的演化（revolution）和“竞争替代”效应，素来有更大兴趣。[②] 同时，他对各种人际传播媒体，以及各种娱乐性媒体的研究也较为看重，比如，他曾反复研究有线电视、录像机、电子邮件、手机、有线（传统）电话、移动媒体（mobile media），而对传统大众媒体的研究极为欠缺。

其次，已有研究主要关注媒体在满足受众需求层面的生态位，而忽略对媒体的受众、广告、内容等多个资源维度生态位的系统性考察。Dimmick 和 Albarran 等人所发表的研究报告，主要关注各种媒体在受众（用户或使用者）心理满足的寻求和获得层面的生态位竞争，而对受众和广告，尤其是内容维度的竞争，则关注较少，Dimmick 本人亦如是说。[③] 事实上，媒体在受众、广告和内容维度的竞争更为直接，是更加“可见”的（visible），因而更值得关注，需要更为细致的研究。至于消费者的时间和金钱花费这两个资源维度，既有文献显示，研究还远远不够，几乎是一

---

① 邵培仁：《媒介生态学：媒介作为绿色生态的研究》，北京：中国传媒大学出版社，2008 年版，第 62 页。

② Dimmick, J. W. (2003). *Media Competition and Coexistence: The Theory of the Niche*. Lawrence Erlbaum Associates, Inc., Publishers: Mahwah, NJ. CH 1. Dimmick, J. (1997). The theory of the niche and spending on mass media: The case of the "video revolution". *Journal of Media Economics*, 10, 33-43. Dimmick, J., & Rothenbuhler, E. W. (1984). The theory of the niche: Quantifying competition among media industries. *Journal of Communication*, 34(1), 103-119.

③ Dimmick, J. W. (2003). *Media Competition and Coexistence: The Theory of the Niche*. Lawrence Erlbaum Associates, Inc., Publishers: Mahwah, NJ. CH 4.

个空白领域。当然，其中最大的困难在于此类数据的获取相对不易，尤其是这方面长时段历史数据的获取，困难极大。

再次，既有研究对媒体各个资源维度生态位的具体考察还远为不够。比如，对媒体的广告资源，Dimmick 等人仅考察媒体在获取全国性、地域性及地方广告和分类广告上的数据，而缺乏对其他子维度，如广告费用的来源、广告主的性质维度，往往被他们所忽略，[①]当然，这可能是由于数据不能获取的原因。卢文浩对中国媒体种间竞争的研究，在考察媒体的广告收入时，将它与消费者支出一同考虑，但如此操作，却是相当粗略的。因为按照这种思路，媒体收入维度仅有两个次级资源维度：广告主支出和消费者支出。尽管这符合媒体运作的实际，但如此粗略的分析掩盖了大量更加深入的信息。因此，作者最终得到如下结论：电视和报纸是"通才型"媒体，广播是"专家型"媒体，而网络是"超通才型"媒体。这令人难以信服。另外，在受众资源维度，过往研究仅粗略论述宏观层面受众的金钱总花费、时间安排，未能就受众的人口学变量所划分的各子维度（如年龄、收入、教育结构）予以深入研究。[②] 对于媒体内容生态位的研究，也是如此。既然媒体的内容包括多个"用域"(domain)，那么对不同用域的研究便有必要，而不仅仅只关注新闻内容。退一步讲，即使是对新闻内容的关注，也可以考虑从新闻议题、表现形式等多个向度，进行更为细致的考察。

当然，最关键、也是最为重要的是，既有研究未能结合媒体竞争实践的现实特征建构一个整体性的、基于生态位理论范式的媒体竞争研究框架。尽管 Dimmick 在《媒体竞争与合作：生态位理论》一书中提出了一个相对宏观且完整的研究框架，但问题在于，该框架过于复杂，即使是作者本人，也未能对该框架中的各个概念给予具体的概念化和操作化界定。同时，Dimmick 也没有指出该框架中各个要素间的可能关系。[③] 最终，便未能发展出一套基于生态位理论的、解释媒体竞争规律的理论假设和命题。正是由于一个富有解释力的系统架构的欠缺，既有研究无法阐述媒体竞争的基本规律和现实状况。这正是本书的研究所要解决的问题。

---

① Dimmick, J. W. (2003). *Media Competition and Coexistence: The Theory of the Niche*. Lawrence Erlbaum Associates, Inc., Publishers: Mahwah, NJ. CH 3.

② Dimmick, J. (1997). The theory of the niche and spending on mass media: The case of the "video revolution". *Journal of Media Economics*, 10, 33-43. Albarran, A., & Dimmick, J. (1993). An assessment of utility and competitive superiority in the video entertainment industries. *Journal of Media Economics*, 6(2), 45-51.

③ Dimmick, J. W. (2003). *Media Competition and Coexistence: The Theory of the Niche*. Lawrence Erlbaum Associates, Inc., Publishers: Mahwah, NJ. CH 2.

第三章　媒体竞争的分析架构：生态位的理论范式

20世纪五六十年代，生态位理论逐步越过生态学的学科边界，被不少其他领域的研究者引入各自的研究中。在这种生态学"人文转向"的潮流中，"媒体生态位"的研究逐步浮现。在第二章中，我已对国外和我国，以及我国港台地区的媒体生态位研究做了详尽回顾。一方面，这种路向的研究本身并不多，国外和我国，以及我国港台地区的研究不论在议题、理论构建和方法层面，皆有差异；另一方面，已有的研究还相当零碎，缺乏一个整体性的坐标体系，也就是说，研究者无法在一个宏观的思维框架中定位自己的研究。

现在的问题是，当我们聚焦于媒体竞争这一课题时，如何以生态学的理论视野构建一个系统的分析架构？更进一步，如何将具有可操作性的生态位的概念嵌入该架构之中，以使我们的分析能在经验层面得以展开？本章的论述从生态学视域中媒体竞争的资源维度入手，同时，在不同的对象层次考察媒体的竞争实践；在此基础上构建一个媒体竞争的整体分析架构，并通过引入生态位的理论概念使得该架构的操作化得以实现。更进一步，基于该分析架构，提出竞争市场中媒体生态位的"层级关联假设"，阐明媒体多种资源维度间的关系。

第一节　生态学视域中媒体竞争的资源维度

在经典的理论生态学研究中，环境对生物个体或种群有至关重要的作用，任何一种环境都包含着多种多样的因素，每种因素对生物起或多或少、或直接或间接的作用。该环境由生物的生存所不可缺少的各种生态因子(ecological factor)构成。在组织生态学研究中，组织需要依赖环境中的资源(resource)存活，而资源往往是有限的(limited)。因此，同一(包括生态位相似的所有)种群中的个体必须分享资源，方可存活。因为在生态学的资源利用性竞争观中，所谓"竞争"，是源于个体或种群对有限资源的争夺。生态位这一用来描述个体或种群对环境资源使用模式的概念，正是用来解释在有限资源环境中，个体或种群如何展开竞争，以及如何进行合作和共存。

一个种群需要摄取的资源往往并不止一种而是多种，因此，“生态位”概念本身涵盖着多个资源维度（resource dimensions）。[①] 经典的生态学研究正是探讨生物如何利用环境中的物理、化学和营养条件，如空气、光照、水分、热量和无机盐类，才得以正常的生存、成长和繁殖；由于各种生物所需要的物质、能量及它们所适应的理化条件不同，不同的物种因此形成相互各异的生态特性。

一、竞争格局中的媒体资源维度

在产业组织理论中，种群是由具有相似特征的一系列组织个体所构成，譬如，所有的电视台构成电视种群。如果多个种群利用相同的资源，则它们组成一个“同位群”（guild，如电视、报纸、广播、杂志共同组成媒体“同位群”）。在同位群中，必然存在着组织个体和种群之间的竞争，因为它们都在使用相同的资源。

时间、空间、功能、营养等被传播学者认为是媒体所必需的环境资源。邵培仁教授认为在传统媒体中，同属时间生态位（time niche）的是广播和电视，但广播占据的是时间中以传播声音为主的频率空间生态位，电视占据的是时间中以传播声画为主的频道空间生态位。同属空间生态位（space niche）的是报纸、杂志与书籍，报纸占据的是空间中生产周期短（通常只有一天）的资源生态位，单篇文本的字数一般较短，书籍占据的是空间中生产周期长（通常要一年）的资源生态位，单篇文本的字数一般较长；而杂志的资源生态位则居报纸与书籍两者之间。[②] 另外，他对媒体的营养生态位和功能生态位亦有颇为精彩的论述：

> 从营养生态位（trophic niche）的角度分析，受众资源与广告资源是当代新闻媒介的基础生态位（fundamental niche），即受众资源与广告资源是当代新闻媒介的生存与发展所必须依赖的理论上的最大空间单位。乍看，三大新闻媒介似乎占据的是两个相同的基础生态位；细看，三大新闻媒介又都是以自身独特的功能生态位（functional niche）去争取两个相同的基础生态位中的分层

---

① Dimmick, J. (1997). The theory of the niche and spending on mass media: The case of the "video revolution". *Journal of Media Economics*, 10, 33-43. Dimmick, J., & Rothenbuhler, E. W. (1984). Competitive displacement in the communication industries: New media in old environments. In R. Rice (Ed.), *The new media: Communication, research, and technology* (pp. 287-304). Beverly Hills: Sage Publications. Dimmick, J., & Rothenbuhler, E. W. (1984). The theory of the niche: Quantifying competition among media industries. *Journal of Communication*, 34(1), 103-119. Pianka, E. (1983). Evolutionary Ecology (3rd Ed.). New York: Harper & Row. Ricklefs, R. (1979). *Ecology*. New York: Chiron Press. Hutchinson, G. E. (1978). *An Introduction to Population Ecology*. New Haven, CT.: Yale University Press.

② 邵培仁：《媒介生态学：媒介作为绿色生态的研究》，北京：中国传媒大学出版社，2008年版，第72页。

资源的。比如,报纸是通过提供文字信息(新闻与广告)争夺受众的视觉资源,广播是通过提供声音信息争夺受众的听觉资源,电视是通过提供声画信息来争夺受众的视听觉资源。事实上,也很少有哪个新闻媒介能够单独地垄断或占据全部基础生态位。在实际运作中,各大众媒介的营养生态位并不是截然分开的,而是重叠的、多维的、有所侧重的。报纸、杂志、书籍等印刷媒介和广播、电视等电子媒介的各自营养生态位就是交叉、重叠、有所侧重的;广播、电视中的报纸摘要,报纸中的广播、电视节目,就常吸引受众由此及彼或由彼及此,使媒介的营养生态位呈现出多维、交叉的态势。①

虽然不同的媒体,如报纸、电视、杂志、广播、书籍、电影,的确在时间和空间维度的表现各异,但这是由于不同的技术特征所致。当我们在生态学视域中考察媒体竞争现象时,时间和空间因素并非是有限的资源,因此,在这两个资源维度上不存在竞争。至于营养和功能维度,情形则完全不同。这里所谓的"营养",主要指受众和广告资源,它们无疑是稀缺的,媒体的确在争夺有限的受众和广告商的投入。至于所谓"功能",其实指涉的是不同媒体对受众(用户)需求的满足状况。邵培仁教授所说的"视觉资源"、"听觉资源"、"视听觉资源",究其根本,是媒体由于自身特征的不同而实现对受众(用户)不同需求满足的可能性。

Dimmick、Albarran、李秀珠等学者也在研究中关注媒体对不同资源的竞争,包括广告、受众及其需求。其实,邵先生对媒体资源生态位的理解相对宽泛,他所谓"基础生态位"的概念,更接近 Dimmick 和 Albarran 对媒体生态位维度的界定。也就是说,Dimmick 和 Albarran 等人将"基础生态位"的概念进一步分解为不同的资源维度,包括广告费用、受众的时间和金钱投入、受众满足的获得与评价。本书的研究采用生态学范式,主要关注有限的、稀缺的那部分资源(limited resources)。因为稀缺是经济学的逻辑起点,也是竞争的逻辑起点。因此,本书的思路与 Dimmick 和 Albarran 等学者对竞争格局中媒体资源的理解保持一致;然而,这并不意味着本书对每种资源维度的理解与他们完全相同。

那么,对竞争格局中的媒体,到底哪些稀缺性的资源最为重要?在中国,比较普遍的观点是:"媒介的日常市场竞争活动的展开是建立在节目资源、受众资源、广告资源三种资源基础上,媒介在市场经营活动的延伸最终也是围绕着三种资源整合利用而展开。"②这种观点在西方和我国台湾地区学者的过往研究中也得到体现。

① 邵培仁:《媒介生态学:媒介作为绿色生态的研究》,北京:中国传媒大学出版社,2008 年版,第 72 页。
② 纪宁:《媒介新动向》,沈阳:沈阳出版社,2001 年版,第 75 页。

不过，他们的研究更为细致，而且充满实证色彩。[①] 譬如：他们在研究受众资源时，既研究受众在各种媒体上的时间花费，也研究受众的金钱消费；在研究内容资源时，既研究媒体内容本身，也研究媒体内容的表现形式。除此之外，他们还结合"使用与满足论"，探究受众从媒体获得的心理满足。[②] 只是不同的学者，对各种资源的重视程度不同。Dimmick 通过多年的探索，建构起如图 3-1 所示的媒体生态位各资源维度的研究架构，我们将其称为"Dimmick 模式"。在该模式中，Dimmick 认为，对竞争格局中的媒体，存在六种异常关键的环境资源，包括满足的获得（gratification obtain）、满足机会（gratification opportunities）、消费者的金钱花费（consumer spending）、消费者的时间花费（time spent by consumers）、广告支出（advertising spending）和媒体内容（media content）。[③]

"Dimmick 模式"对"满足"（gratification）的定义和操作化方式源于传播学领域经典的"使用与满足"传统。据此前相关研究，[④]Dimmick 进一步区分了受众"满足的获得"和"满足的寻求"这两种心理状态，认为"满足的寻求"和"满足的获得"对所有媒体组织和媒体产业而言，皆是一种关键资源。"满足"（gratification）的概念与经济学领域的"效用"（utility）有相似性，因为它们表达了相似的人类心理状态和选择行为。[⑤] 受众在媒体上的时间和金钱花费，正是他们对某个或某种媒体有特定的满足寻求和满足获得的后果。[⑥] 受众的心理满足发生在不同的媒体"用域"（domain）。所谓"用域"，指媒体内容的不同部分，或者说媒体使用的模式。当前，媒体的主要"用域"包括新闻、娱乐、广告等，它们满足受众不同的心理需求。

---

① Dimmick, J. W. (2003). *Media Competition and Coexistence: The Theory of the Niche*. Lawrence Erlbaum Associates, Inc., Publishers: Mahwah, NJ. Li, S. C. S. (2001). New Media and Market Competition: A Niche Analysis of Television News, Electronic News, and Newspaper News in Taiwan. *Journal of Broadcasting & Electronic Media*, 45(2), 259-276. 张意曼、陈柏宏：《从区位理论的观点探讨电子报与传统报纸在内容上的异同：以中时报系之电子报与报纸为例》，《传播与管理研究》（台湾），2003 年，第 2 卷第 2 期：第 209-230 页。

② Dimmick 的诸多研究将其进一步分解为满足的寻求、满足的获得和满足的机会。

③ Dimmick, J. W. (2003). *Media Competition and Coexistence: The Theory of the Niche*. Lawrence Erlbaum Associates, Inc., Publishers: Mahwah, NJ. p. 29.

④ Palmgreen, P., Wenner, L., & Rayburn, J. D. (1980). Relationships between gratifications sought and obtainen: A study of television news. *Communication Research*, 7, 161-192.

⑤ Dimmick, J. W. (2003). *Media Competition and Coexistence: The Theory of the Niche*. Lawrence Erlbaum Associates, Inc., Publishers: Mahwah, NJ. p. 31.

⑥ Dimmick, J. W. (2003). *Media Competition and Coexistence: The Theory of the Niche*. Lawrence Erlbaum Associates, Inc., Publishers: Mahwah, NJ. p. 29.

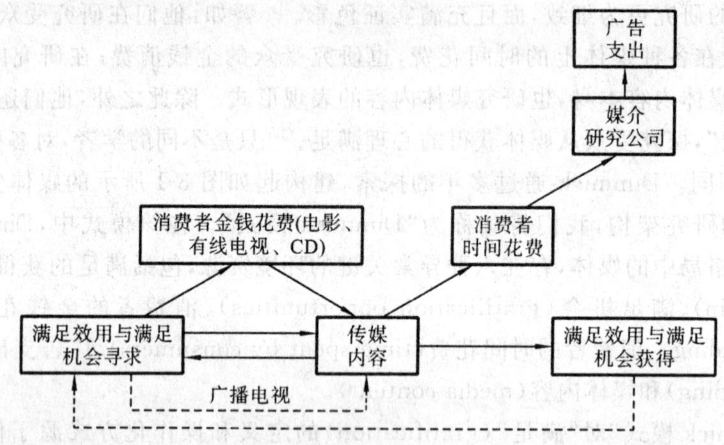

图 3-1　媒体资源维度的“Dimmick 模式”①

对受众(消费者或用户)而言,存在着特定的“满足寻求”并不意味着就能从特定的媒体上获得满足,因为还存在着“满足机会”(gratification opportunities)的问题。Dimmick 写道,“满足机会”的概念来自于 Carlstein 的著作《时间地理学》(*Time geography*),而后者“时间地理学”的概念基于这样一个简单但却最为关键的事实,即人们——不论是个人还是群体——在随着时间而变换地点。人类的时间是一种稀有资源,所有的人类活动都需要它,且在同一时间里多种人类活动一般都不能同时进行。由此,满足受众需求相关的机会在很大程度上取决于他们在时空维度上处于何时何地。电视一般都被放置在家庭中,这就决定了人们往往在晚间才能接触到。Dimmick 与 Wallschlaeger 认为,对于人们从媒体中获得的满足与时间使用的关系,新旧媒体之间的对比异常鲜明。传统媒体如报纸、电视和广播,往往需要人们有比较刚性的时间预算和安排,而新媒体却为人们提供更具弹性的选择,或者说人们对于时间消费的控制加强了。在这样的意义上,新媒体为人们提供更大的“满足机会”②。对受众来说,为他们提供着更大满足机会的媒体,无疑更具诱惑力,因此,更容易被消费者使用。Dimmick 认为受众的需求,如对满足的寻求,于媒体而言亦是一种可被测量的重要资源,同样可用生态位宽度、生态位重叠

---

① Dimmick, J. W. (2003). *Media Competition and Coexistence: The Theory of the Niche*. Lawrence Erlbaum Associates, Inc., Publishers: Mahwah, NJ. p. 29.

② Dimmick, J., & Wallschlaeger, M. (1986). Measuring corporate diversification: A case study of new media ventures by television network parent companies. *Journal of Broadcasting and Electronic Media*, 30 (1), 1-14.

度、生态位竞争强度来量化表达。①

根据 Dimmick 的观点，满足寻求和获得维度是根据不同的媒体“用域”而分解的。可以通过因素分析对每一用域的满足寻求和获得进一步确认。经典的“使用与满足”研究取向通过大量调查以确立受众使用媒体时的满足寻求与获得的维度。20 世纪 90 年代，Dimmick 及其合作者，以及我国台湾地区学者李秀珠等人的一系列研究发现，受众或用户使用媒体上的新闻内容，主要出于以下满足的寻求与获得：认知需求、情感需求、满足机会或可能性、效率与环境监测需求和互动性需求（受众可采取行动）。仅考察新闻内容，李秀珠对电视、报纸和网络新闻的研究表明，以下四种需求最为重要：认知需求、效率与环境监测需求、满足机会和主动性(proactivity)需求。这些可以基于具体需求项目的因子分析而得到。② 该研究发现电视和报纸间的竞争最为激烈，且电视比报纸更具竞争优势。Dimmick 等于 2001 年深入研究新旧媒体的“满足机会”，发现在互联网、有线电视、电视、日报和广播五种媒体中，网络拥有最大的“满足机会”生态位宽度。③

时间这一宏观维度不能被进一步分解，尽管对时间的测度有多重方法。金钱花费可被进一步分解为花费在有线电视、计算机、杂志、报纸等媒体上的各种类别。广告资源的次级维度，如对于电视而言包括插播(spot)广告、地方性(local)广告和全国性(national)广告；对报纸而言，则包括全国性广告、地方性广告和分类广告。④

媒体内容也是一种重要的资源。在媒体的各种资源维度中，内容被置于中心地位。对受众或消费者而言，媒体内容极为关键。不同产业的媒体组织，每年生产出大量的电视节目、唱片、报纸、杂志、书籍和网页，并销售给受众。然而，在 Dimmick 之前，极少有人将内容作为一种媒体资源进行研究。据 Dimmick 研究，在 2002 年之前仅有两位美国学者，Hellman 与 Soramaki⑤ 使用生态位的概念和度量

---

① Albarran, A., & Dimmick, J. (1993). An assessment of utility and competitive superiority in the video entertainment industries. *Journal of Media Economics*, 6(2), 45-51.

② Li, S. C. S. (2001). New Media and Market Competition: A Niche Analysis of Television News, Electronic News, and Newspaper News in Taiwan. *Journal of Broadcasting and Electronic Media*, 45(2), 259-276.

③ Dimmick, J. W., Chen, Y., & Li, Z. (2004). Competition between the Internet and Traditional News Media: The Gratification-Opportunities Niche Dimension. *Journal of Media Economics*, 17(1), 19-33.

④ Dimmick, J. W. (2003). *Media Competition and Coexistence: The Theory of the Niche*. Lawrence Erlbaum Associates, Inc., Publishers: Mahwah, NJ. pp. 32-33.

⑤ Hellman, H., & Soramaki, M. (1994). Competition and content in the U. S. Video market. *Journal of Media Economics*, 7(1), 29-49.

方法分析媒体内容。学界对媒体内容的资源维度的生态学研究尚甚少。[①]

经济学领域将时间作为资源的观念，对理解媒体竞争无疑是重要的。Dimmick 指出，尽管消费者在媒体上的时间花费对媒体经济学者来说，并不是一个关键的关注点，但时间本身素来被认为是一种重要资源。在媒体领域，受众规模的测度量——广播电视中的收视/收听率、印刷媒体的发行量和网站的点击量——是受众时间花费的一种替代性测量(surrogate measures)。显然，从广告商的角度看，这也是受众愿意花费在广告内容上的时间。媒体广告购买的花费，正是基于这种理念。由此，受众的时间花费便具有了经济价值。[②] Dimmick 引用 Kline 的如下评论：[③]

> 在传媒经济学领域，最受关注的一种消费者资源是个人愿意为某一传媒产品所花费的金钱数量。事实上在许多情形下，相对于金钱花费而言，更多的可能是没有时间为该传媒产品而花费。

对图 3-1 中各媒体资源维度，Dimmick 除了对各个构成要素做出如上阐释外，还对图中各箭头所代表的“转换过程”(translation process)做出解释。Dimmick 解释道，这种转换过程，只是说明在各个资源维度的利用形态上存在一定关联，但各个资源维度的生态位测度，却是完全分开测量的。正是这种转换过程，使得在资源稀缺的情形下，能增进资源利用的可得性(resource availability)。为了说明不同资源维度上的这种转换过程，Dimmick 进一步解释如下：[④]

> 比如，媒体受众的满足寻求，是媒体通过各种研究技术，如调查、焦点组研究或者观察何种内容在受众中更受欢迎，或者运用专业判断(甚至是直觉)而加以估测的；而这种关于受众需求的判断，被“转换”为——尽管可能是不完美的——媒体内容，如流行歌曲或者电视剧。受众或消费者寻求他们认为可满足自己需求的内容，将媒体内容转换为需求的满足，而这种满足可能符合或者不符合受众或消费者的预期。在需要为媒体内容付费的情形下，受众不仅将媒介内容转换成满足的获得，还将其转换为媒体内容的花费。在消费广播电视节目的情形中，受众不需付费，受众的收视或收听被转换为媒体研究机构的

---

① Dimmick, J. W. (2003). *Media Competition and Coexistence: The Theory of the Niche*. Lawrence Erlbaum Associates, Inc., Publishers: Mahwah, NJ. p. 36.

② Dimmick, J. W. (2003). *Media Competition and Coexistence: The Theory of the Niche*. Lawrence Erlbaum Associates, Inc., Publishers: Mahwah, NJ. p. 33.

③ Dimmick, J. W. (2003). *Media Competition and Coexistence: The Theory of the Niche*. Lawrence Erlbaum Associates, Inc., Publishers: Mahwah, NJ. p. 32.

④ Dimmick, J. W. (2003). *Media Competition and Coexistence: The Theory of the Niche*. Lawrence Erlbaum Associates, Inc., Publishers: Mahwah, NJ. p. 34.

收视或收听率这一时间的测度量，而最终以广告公司为中介，转换为广告商在各种媒体上的广告投放。

此外，该转换过程可能发生在个人、家庭或更为复杂的组织层面。Dimmick 对上述转换过程的总结如下：不论是简单还是复杂的转换，这个过程决定每一生态位维度资源的水平，最终所解决的问题是提高资源利用效率。①

二、本书研究的媒体资源维度

在对媒体资源的基本判断上，本书的研究和 Dimmick 的研究保持一致，但对各种资源的具体理解和操作化，本研究有进一步的发展和探索。

其一，广告作为媒体所倚重的最关键资源，无疑值得关注。对于从计划经济模式过渡到市场经济体制的中国媒体，广告收入的意义和影响自然不言而喻。然而，一个国家或社会的广告费用总支出相对于国内生产总值(GDP)而言，是相对稳定的。在西方发达国家，成熟的广告市场规模占 GDP 的比例约为 3%～4%。因此，可以认为广告资源是相对有限的，或者是短缺的。近 30 年来的中国，广告支出占 GDP 的比重，如图 3-2 所示，尽管从 1980 年到 2008 年间广告支出占 GDP 的比例上涨了 26 倍，但即使在比例最高的 2003 年，也不过 0.918%的比例。

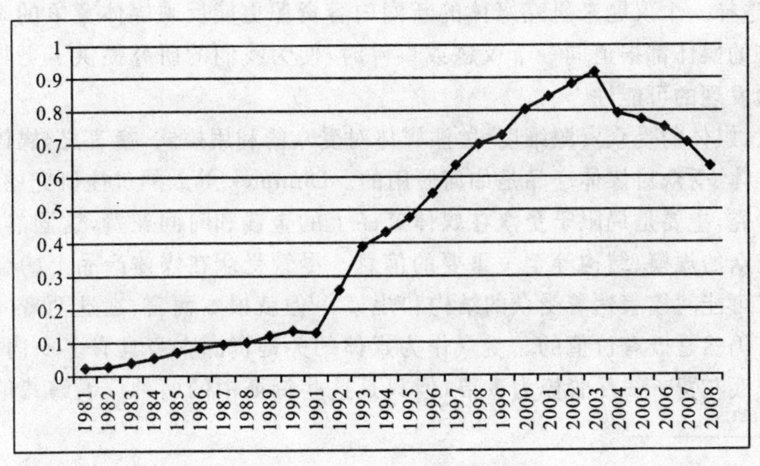

图 3-2 1981—2008 年中国广告费用占当年 GDP 比重(%)②

① Dimmick, J. W. (2003). *Media Competition and Coexistence: The Theory of the Niche*. Lawrence Erlbaum Associates, Inc., Publishers: Mahwah, NJ. pp. 34-35.

② 仲辉、柏群：《中国广告业 60 年发展研究》，载于中国广告年鉴编辑部：《中国广告年鉴(2009)》，北京：新华出版社，2009 年 12 月第 1 版，第 350 页。

不同的媒体,不论是在产业还是组织层面,皆在竞争广告这种至关重要且稀缺的资源。在媒体生态位研究史上,广告是最早受到关注的资源维度;然而,人们对生态学视野中的媒体广告竞争的认知还远不充分。在 Dimmick 的模式中,他将广播电视的广告资源维度划分为三种次级维度:点市场、地方性市场和全国性市场。他的这种理解和操作方式存在缺陷,这不仅是因为广告资源本身的重要性,还因为仅以覆盖面为标准粗略地将广告资源划分为三种类型,可能掩盖媒体竞争广告资源过程的多样性特点。比如,广告必然来源于多种不同的行业(可能有数十种),且不同行业的广告投入可能随着宏观经济走势的变迁而发生改变,如果我们以此为标准来考察媒体的广告资源竞争状况,则可能得到更加有趣的结果。

其二,"内容"资源维度关注媒体对各种内容资源的使用,以及和其他媒体所形成的关系模式。此前有关媒体内容资源维度的研究极少;学界对媒体内容资源维度所知甚少。[①] 本书对内容资源维度给予特别关注。由于媒体的内容本身包括多个"用域"(domains),它们分别满足受众不同的心理需求。本书的研究着重考察"新闻内容"这一次级内容资源维度。对新闻内容,本研究主要考察新闻报道体裁、主题和表现方式。尽管这几个变量曾为两位台湾地区研究者在探讨电子报与传统报纸内容的异同时所关注;[②]但与他们的研究不同,我主要通过对一个大型新闻事件[③]媒体报道的考察来探索媒体在内容生态位上竞争的现状。相对于常规性的新闻报道,选择一个议题来研究媒体的新闻内容资源更能反映媒体竞争的态势。因为当所有的媒体都报道同一个议题或事件时,便为我们的研究提供了更具比较意义的经验发现的可能性。

其三,媒体的受众资源维度,关注媒体对受众的利用模式,换言之,媒体拥有何种受众群体、受众对媒体产品是如何使用的。Dimmick 等人的过往研究中,对受众维度的研究,主要是局限于受众在媒体产品上的金钱和时间花费,这固然重要,却忽略了受众的规模、结构等至关重要的信息。尽管受众在媒体产品上的金钱和时间花费有可能间接表达着受众的结构和规模,[④]但就根本而言,在这两者间做出明确的区分仍然是极有价值的。受众作为媒体的关键资源本身具有多面向的特征,时间和金钱花费——尽管极为重要,但只是这些特征中的两种。了解其他面向的

---

① Dimmick, J. W. (2003). *Media Competition and Coexistence: The Theory of the Niche*. Lawrence Erlbaum Associates, Inc., Publishers: Mahwah, NJ. p. 36.

② 张意曼、陈柏宏:《从区位理论的观点探讨电子报与传统报纸在内容上的异同:以中时报系之电子报与报纸为例》,《传播与管理研究》(台湾),2003 年,第 2 卷第 2 期,第 209-230 页。

③ 本书相应部分的研究具体采用的是 2008 年北京奥运会新闻报道。

④ 比如,单纯从受众的时间花费的角度来看,当我们研究受众的规模(甚至是结构)时,后者其实暗含了这样的预设,即他们都在相应的媒体上花费了一定的时间,而不论时间的长短。

特征，比如受众的规模、年龄结构、生活方式，一方面体现了多面向的受众特征，另一方面，也揭示出了比时间和金钱花费更为深刻的信息。因此，研究中需要兼顾这多种不同的受众资源测量模式。

其四，受众需求无疑是重要的资源。“Dimmick 模式”对受众“满足的寻求”和“满足的机会”如此重视，原因正在于此。然而，Dimmick 的研究忽略了受众在选择具体的媒体来满足自己的需求时，可能面临无数种选择；此时，受众对媒体的基本认知和评价，[①]可能对他们的选择产生影响。譬如，某人希望了解当天发生的一个重大新闻事件(存在“满足的寻求”)，此时，他或她可在电视、报纸、广播、互联网四种媒体中进行选择(对四种媒体而言“满足的机会”都存在，尽管高低有别)，但很可能因为他或她对某种或某个媒体的认知较高和评价较好，而最终付诸特定的媒体选择与使用行为。因此，在分析受众需求的同时，也应同时考虑对他们的媒体认知和评价进行研究。

鉴于上述分析，本研究认为，应该关注的媒体资源维度如图 3-3 所示。

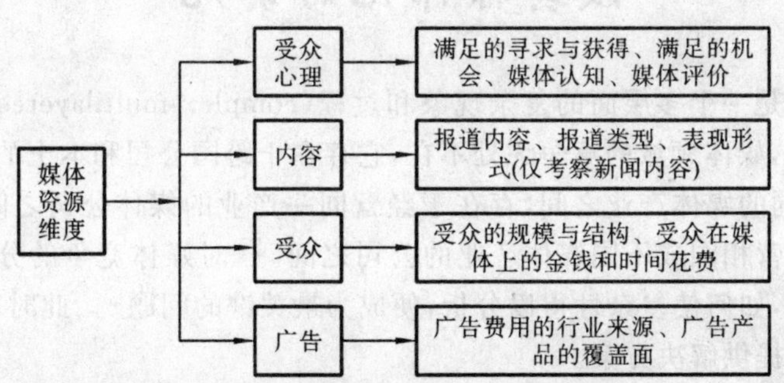

图 3-3 竞争格局中的媒体资源维度

图 3-3 所示的竞争格局中的媒体各资源维度，还可以进一步被细分为更多的次级维度。譬如，在受众心理维度，还可以考察受众在日常生活中注意力在各种或各个媒体上的分配问题。在内容资源维度，还可以考察新闻报道的布局；当我们的分析范畴超越新闻内容时，也有必要考察媒体上的内容多元性、不同媒体新闻内容的共享等问题。

不少媒体学界和业界人士认为，其他类型的资源，包括行政资源、人才资源、资金资源等，对媒体的运作也是极为重要的。在中国现行的传媒体制下，媒体市场无

---

① 此处的“认知”，主要是指受众或用户对某种，特别是某个媒体的了解程度，正是这种了解，可能影响他们的媒体选择行为。譬如，在当今中国，许多年轻人对各种社会性媒体(如微博客、SNS)的了解和使用比较充分，这很可能影响到他们直接从这些新兴的媒体中获取新闻信息。“评价”，主要指受众或用户对媒体整体形象、可信度等方面的主观判断。

媒体竞争分析:架构、方法与实证
——一种生态位理论范式的研究 ……………● 62

形资源的稀缺是媒体竞争的最重要因素。所谓的无形资源,主要由市场许可和政策支持构成。[①] 这些建立于意识形态和政策倾斜基础上的行政资源,无疑会对媒体竞争的过程和结果产生影响。然而,当我们的研究对象是国内的媒体市场时,这个因素并不重要,因为绝大多数媒体面临同样的行政环境,也就是说,行政资源其实是一个常数,对几乎所有媒体的约束完全相同。至于资金资源,一方面,许多媒体对于资金资源的渴求,并非出于新闻和其他类信息业务活动的需要;另一方面,在中国媒体产业,资金作为一种重要生产要素的流动,不是由市场行为完成,而是在政府主管部门主导下进行。[②] 因此,资金不应该成为媒体竞争分析过程的关键资源。至于人才因素,它的价值已通过媒体内容维度得到完全体现;所以不需要在分析媒体竞争时,专门对这一资源进行考察。

第二节 媒体竞争的多层次分析架构及其操作化的实现

媒体竞争是一个多层面的复杂现象和过程(complex multilayered process)。[③] Dimmick 认为,媒体领域的竞争无处不在,它存在于跨国公司和本土的媒体组织之间,存在于不同的媒体产业之间,存在于经营同一产业的媒体公司之间,也存在于地方市场上经营相同或不同媒体产业的公司之间。[④] 对媒体竞争的分析因此异常复杂而多样化,如何使复杂性得以分析,便成为最关键的问题[⑤]。此时,多层次的分析方法能为此提供解决方案。

一、生态学视域中的媒体竞争分析架构

从媒体所依赖的资源层次看,Dimmick 认为竞争分析共有四个层次,即"宏观

---

① 强月新:《我国传媒市场运行机制研究》,武汉大学博士学位论文,2004 年。

② 卢文浩:《中国传媒业的系统竞争研究——一个媒介生态学的视角》,北京:中国经济出版社,2009 年版,第 132 页。

③ Dimmick, J. W. (2003). *Media Competition and Coexistence: The Theory of the Niche*. Lawrence Erlbaum Associates, Inc., Publishers: Mahwah, NJ. CH2.

④ Dimmick, J. (2005). Media Competition and Levels of Analysis. In A. B. Albarran, S. M. Chan-Olmsted, & M. O. Wirth. (Eds.), *Handbook of Media Management and Economics* (pp. 345-362). Lawrence Erlbaum Associates.

⑤ McPhee, W. (1963). *Formal theories of mass behavior*. New York: Free Press.

维度之间”(between macro-dimensions)、“宏观维度之内”(within macro-dimensions)、“微观维度之间”(between micro-dimensions)和“微观维度之内”(within micro-dimensions)。所谓“宏观维度之间”层次的分析，是研究不同的媒体在不同宏观资源维度上的竞争状况，或者说该种资源的利用模式。显然，有的媒体比较重视某一种或某几种宏观资源，其他媒体则可能更为重视另外类型的宏观资源。“宏观维度之间”的分析层次为研究者提供了相对开阔的视野。“宏观维度之内”的分析层次，是比较不同的媒体对某一宏观资源维度的利用模式。这种分析为深入理解不同的媒体在某一特定宏观资源轴上的位置提供了必要手段。

图 3-4 显示的是 2007 年和 2008 年中国 5 种媒体产业的广告营业总额。在 2007 年，电视媒体的广告总收入最高，接近 443 亿元人民币，报纸其次，322 亿元，再是广播，接近 63 亿元，杂志和网络最少，分别为 26 亿元和 25 亿元。2008 年，虽然各种媒体的广告额有所上升，但仍是类似的广告资源分布模式：电视约 502 亿元，报纸 343 亿元，广播 68 亿元，杂志和网络分别是 31 和 28 亿元。上述结论说明，在 5 种媒体中，电视对广告资源的利用最为充分，报纸对广告的利用水平与电视较为接近；最不善于利用广告资源的媒体是网络和杂志。但是，这并不能说明 5 种媒体对其他维度资源的利用状况如何。此处的分析是基于广告资源的宏观维度，且跨越了不同的媒体类型，按照 Dimmick 的层次划分，这属于“宏观维度之间”的分析。

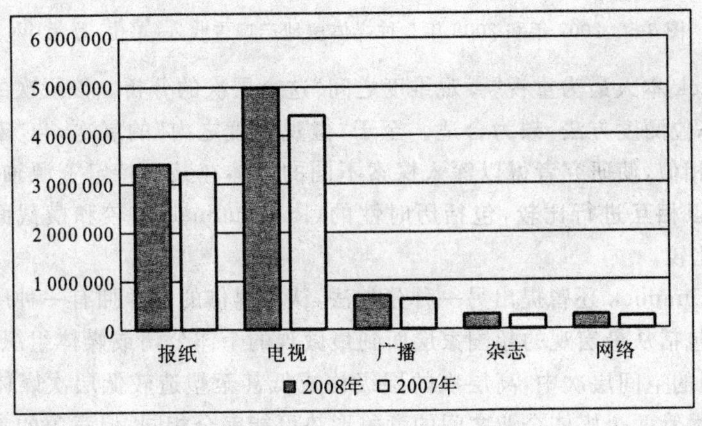

图 3-4 2007 年和 2008 年中国 5 种媒体的广告收入(单位：万元)[①]

① 资料来源：中国工商行政管理年鉴编辑部：《中国工商行政管理年鉴(2009)》，北京：中国工商出版社，2010 年 5 月，第 753 页；中国工商行政管理年鉴编辑部：《中国工商行政管理年鉴(2008)》，北京：中国工商出版社，2009 年 8 月，第 723-724 页。

倘若我们进一步研究2007年和2008年5种媒体某一种具体的广告资源的收入状况，则属于“微观维度之内”的研究。图3-5显示的是这两年5种媒体的房地产广告收入状况。2007年，报纸从房地产行业获得了最多的广告收入，接近59亿元人民币，其次是电视，约27亿元，广播、杂志和网络分别是4.4亿、2.8亿和2.5亿元。2008年，尽管报纸和电视仍然获得了几乎绝大部分的房地产广告费用，但网络媒体(4.8亿元)对房地产广告资源的利用程度超越了杂志(2.7亿元)。由于这里的分析是基于广告资源中的一种类型，且跨越了不同的媒体产业，因此，这是一个“微观维度之内”的分析。

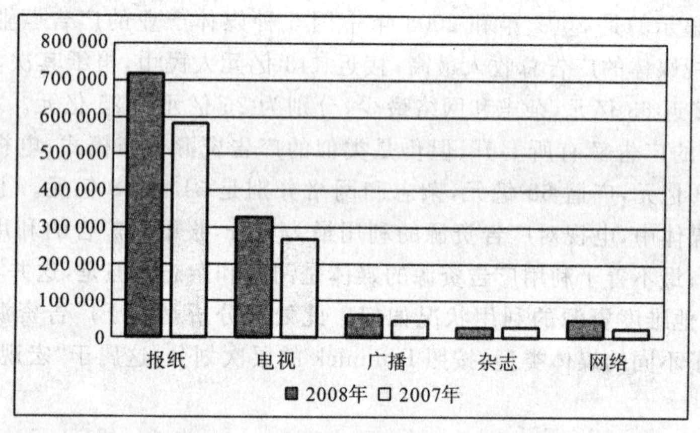

图3-5　2007年和2008年5种媒体房地产广告收入(单位：万元)①

Dimmick本人最为重视“微观维度之间”这个层次的分析。该层次的分析采用经典的生态位测度方法，颇为合适。至于“微观维度之内”的层次，与“宏观维度之内”的分析相似，使研究者得以深入探索不同的媒体在某一特定资源轴上的位置，尤其是，可以相互进行比较，包括历时性的(longitudinal)比较和横截面的(cross-sectional)比较。

此后，Dimmick还曾提出另一种分类法，认为媒体的竞争拥有一种层次结构系统的特征，包括从最宏观的超国家层面到最微观的个体公司或媒体组织层面；在这种从高到低的空间层次中，高层次的层级构成低甚至塑造较低层次媒体组织运行的环境。“尽管两个媒体企业之间的竞争形势可能完全相同，但竞争的参数常常由更高层级的竞争所决定。举例来说，国家内部产业与产业之间的竞争都发生在国

① 资料来源：中国工商行政管理年鉴编辑部：《中国工商行政管理年鉴(2009)》，北京：中国工商出版社，2010年5月，第753页；中国工商行政管理年鉴编辑部：《中国工商行政管理年鉴(2008)》，北京：中国工商出版社，2009年8月，第723-724页。

家制定的媒介政策以内，这些媒介政策既为媒介发展提供机会，同时也强行制约媒介企业的行为。"Dimmick 理解的超国家层次，为世界范围或特定地域如欧洲、亚洲或北美的媒体企业制定最初的政策设置参数或限制条件，以此作为基本的竞争规则。国家层级是一个将媒体政策设置为企业和产业竞争参数的环境，其中包括国家的经济状况如广告等可用资源和以这些资源进行竞争的强度。当不同的媒体产业在使用相同或相似的资源时，产业间的竞争就会发生；产业间竞争发生在不同的媒体产业之间，特别是当一个新兴产业出现的时候。在产业层级上的竞争，是产业内部的竞争，市场结构和战略集团（strategic group）①的竞争是很好的刻画手段。最低层次的竞争，则发生在单一市场（即产业内部）的媒体企业之间。②

与这种对媒体竞争空间层次的理解相似，卢文浩在研究中国传媒业的系统竞争状况时，认为媒体的竞争表现为"系统竞争"的特征。所谓的"系统竞争"，即"传媒业中的不同主体为争夺相关稀缺资源而形成的整体关系，其中包括群落竞争、种间竞争和种内竞争三个层次，这三个层次联系紧密，相互影响，共同指向了传媒业的整体发展"③。在卢文浩看来，群落竞争是宏观层面的竞争，是"中国传媒业整体与跨国传媒集团的竞争"，种间竞争是中观层面的，"指传媒业不同子媒体之间的竞争，如传统媒体内部电视媒体与报纸媒体的竞争，新媒体与传统媒体之间的竞争"；种内竞争则是微观层次的，"来自各传媒子产业内部同种媒体之间，如电视与电视的竞争，互联网和互联网的竞争"。卢文浩认为，通过对这三个层面的系统划分，我们可以更加清晰有效地对传媒业的竞争情况进行深入的分析。④

事实上，如同自然界的生物可能在个体、种群、群落和生态系统层次上竞争食物一样，媒体竞争也必然发生在不同的空间层次。媒体在不同空间和资源层次发生的竞争，可以综合起来考察。在空间层次，如果我们的考察局限于国家及以下层次，那么，这种综合的分析思路将产生 4×4＝16 个分析层次。表 3-1 呈现的正是资源和空间交叉组合所得到的竞争分析层次。

---

① 战略集团由产业内部一系列推行相同或相似战略的公司构成。Dimmick 认为，在美国，报刊业有日报和周报两种战略集团。

② Dimmick, J. (2005). Media Competition and Levels of Analysis. In A. B. Albarran, S. M. Chan-Olmsted, & M. O. Wirth. (Eds.), *Handbook of Media Management and Economics* (pp. 345-362). Lawrence Erlbaum Associates.

③ 卢文浩：《中国业的系统竞争研究：一个媒介生态学的视角》，北京：中国经济出版社，2009 年 12 月，第 22 页。

④ 卢文浩：《中国业的系统竞争研究：一个媒介生态学的视角》，北京：中国经济出版社，2009 年 12 月，第 21 页。

表 3-1 媒体竞争的多种分析层次

	宏观维度间	宏观维度内	微观维度间	微观维度内
个体/超组织	个体＊宏观维度间	个体＊宏观维度内	个体＊微观维度间	个体＊微观维度内
战略集团	战略集团＊宏观维度间	战略集团＊宏观维度内	战略集团＊微观维度间	战略集团＊微观维度内
产业/种群	产业＊宏观维度间	产业＊宏观维度内	产业＊微观维度间	产业＊微观维度内
国家/群落	群落＊宏观维度间	群落＊宏观维度内	群落＊微观维度间	群落＊微观维度内

表 3-1 中“资源”的含义其实是“宏观—微观”二分法，并不是对具体资源维度的分类，如受众心理、内容、受众、广告资源。如果我们考虑到这四种资源类别，即使在任意一种宏观资源维度仅考察一种微观资源维度，那么表 3-1 中的分析层次将不再是 16 个，而是 16×4＝64 个。无疑，这将是最为全面、系统的媒体竞争分析架构，穷尽了所有的分析层次。它的意义是不言自明的，正如 Dimmick 所写：“在不同的生态位分析层次上展开分析是极为必要的，对于不同的研究问题，将得到不同的结果；如此，将有助于丰富和加深我们对生态位现象的认识。”①

然而，上述对媒体竞争的理解，是建基于一种线性的、机械式的思路。实际上，不论是在生态学视野里，还是在媒体运作实践中，竞争绝不仅仅只是这种封闭的、单线条的模式，而是相对开放的、相互嵌套的结构类型。比如，在最低的竞争层次，即媒体个体组织层次，如果要分析某城 A 报和 B 报的广告资源竞争，这属于“个体＊宏观维度内”的分析。显然，仅仅将两家报纸的广告收入总额进行比较，并不能提供该城 A、B 两报在广告资源维度竞争的面貌。此时，还需要更多其他的信息，因为 A、B 两报的广告资源竞争发生在特定的市场环境中，更明确地说，发生在特定的竞争结构之中。在横向面，这种结构首先体现在 A、B 两报分别与其他的报纸、电视、杂志等媒体个体之间存在广告资源的竞争；同时，在纵向面，也体现在 A、B 两报的竞争受制于报纸产业内部本身的结构状态，比如，相对于电视媒体，报纸可能对广告资源的利用效率更低，而相对于杂志媒体，报纸的利用效率要高。

图 3-6 从直观上阐明了两报广告资源竞争的网络结构。图中仅对部分竞争关系做了标记，因为任意两家媒体之间，理论上讲，都存在竞争关系。双向箭头意在说明竞争关系是相互的。其中，A 报和 B 报之间的横线相对较粗，因为两报是我们考察的对象。其他的媒体，相互之间也存在竞争关系，但由于有的竞争是在产业之内，如 A、B、C 三家报纸，以及 F 和 G 杂志，因此用实线箭头标识，不同产业的媒体

① Dimmick, J. W. (2003). *Media Competition and Coexistence: The Theory of the Niche*. Lawrence Erlbaum Associates, Inc., Publishers: Mahwah, NJ. p. 41.

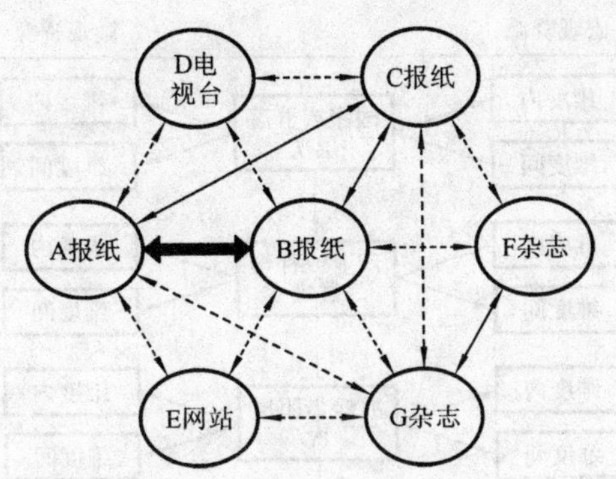

图 3-6 某城 A、B 两报广告资源竞争的结构

间的竞争关系，则采用虚线箭头。该图仅仅对竞争的横向面，即个体层次结构进行了说明，没有涉及纵向面，即 A、B 两报广告资源竞争的战略集团层次、产业层次和国家层次。①

二、媒体竞争分析架构的操作化路径

由于表 3-1 对媒体竞争分析层次的表达相对抽象，为使之更直观以便于理解，将其用图形加以显示（图 3-7 所示）。图中左右两侧，分别是资源维度，即微观和宏观层次的各种资源，不论是在哪种层次，皆有维度内和维度间两种情形。然后，考虑四种空间层级，则产生竞争的 16 种分析层次。在空间层面，高层级的环境会影响甚至制约低层级的竞争态势。不过，这并不是本书研究最终所得到的媒体竞争分析架构，因为这并未考虑进 4 种重要的媒体资源。如果考察受众需求、内容、受众和广告 4 种宏观资源，然后考察每种宏观资源中的一种微观资源，如此便至少有 64 种分析层次。这是一个相对完整的媒体竞争分析架构。

以产业层次的广告资源竞争为例，若要考察电视和报纸产业的广告资源竞争，那么，若首先考虑宏观维度，可以在维度内和维度间进行。对这两个媒体产业广告资源（仅一种资源）利用状况的考察，是维度内的研究；分别对两个媒体产业的广告和其他资源的比较性分析，是维度间的研究。维度间的研究结果，可能电视媒体对广告资源的利用较为擅长，但对受众需求资源的摄取相对较弱，而报纸可能正好相反。同样，如果在微观维度，也可在维度内和维度间进行分析。如果对两个媒体产

① 在这里，“国家层次”具体表现为政府对报纸广告资源利用的基本规定、政策和法规；“产业层次”，体现为报纸产业在媒体甚至整个文化产业中摄取广告资源的相对地位和角色；“战略集团层次”体现为 A、B 两报的战略指向性，如 A 报可能是党政机关报，而 B 报可能是都市报，它们推行不同的战略。

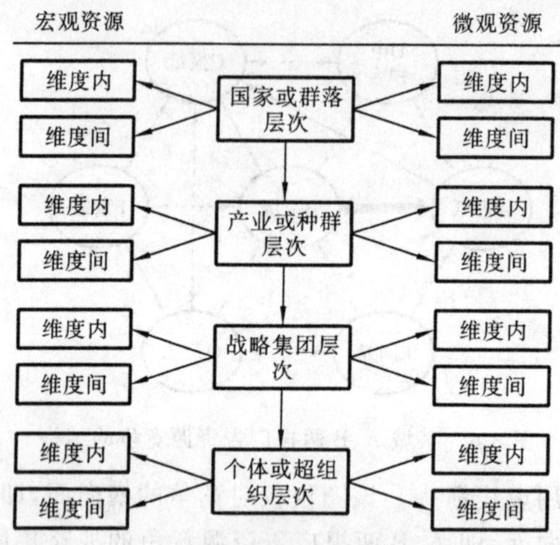

图 3-7 媒体竞争的分析层次

业某种广告来源（如房地产广告）进行考察，是维度内的分析；如果对两个媒体产业多种广告来源（如房地产广告和药品广告）进行考察，则是维度间的分析，这是最重要的一种分析层次，因为能揭示深入的信息。在《媒体竞争与共存：生态位理论》一书中，Dimmick 本人最为重视的正是"微观维度间"层次的研究。图 3-8 显示的，正是这两种媒体产业在广告资源维度上的竞争分析架构。它包括 4 个分析层次。事实上，图 3-8 所展示的，仅仅是 4 种资源维度中的一种，也仅仅是 4 种空间维度中的一种。因此，媒体竞争的系统分析架构包括许多个分析层次。

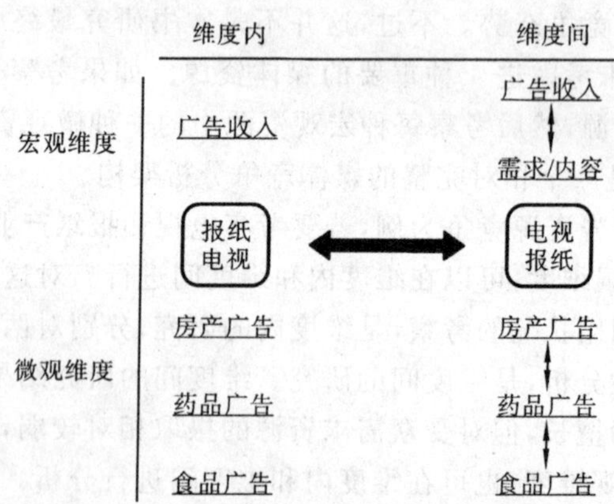

图 3-8 报纸和电视产业层次广告资源竞争分析架构

不过，即使是图 3-8 的表达已在概念上相当明确，但还需要在经验层次进行具体的考察。为达此目的，必须选择具有可操作性的理论概念进一步实施研究。在这里，“生态位”是最理想的选择。因为生态位的概念本身所包含的是一种“空间”的意义，在不同的资源维度，不同媒体对资源的利用状态，所表达的正是竞争的内涵——生态位宽度体现的是媒体对空间资源利用的绝对量和种类，生态位重叠度衡量的是两个种群对某种或某几种资源竞争的激烈程度，生态位竞争优势呈现的是竞争的结果，或者说竞争的发展态势。[①]

这里以图 3-8 中的架构为例进行说明。如果研究在宏观维度内、宏观维度间和微观维度内实施，一般不进行生态位的测定，因为这些层次的资源往往不被进一步细分。最后一种分析层次，即微观维度间的分析，也就是最为重要的分析层次。2008 年中国报纸和电视媒体的广告收入分别是 3 221 927 万元和 4 429 522 万元人民币。图 3-9 显示的两种媒体在产业层次的微观广告资源维度的分析结果。尽管可以从该图中了解到两种媒体在每种具体的广告行业来源的收入多少，但是，这种分析本身不能带来更多信息。比如，哪种媒体对广告资源的利用更加多样化？两种媒体在产业层次的广告竞争激烈到什么程度？[②] 两种媒体中的哪种在利用广告资源时更具有优势？对这些问题都不能回答。

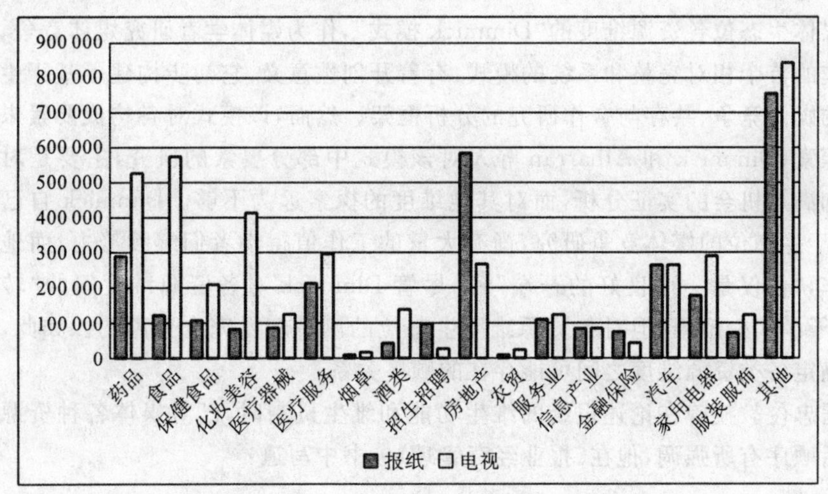

图 3-9　我国报纸和电视媒体 2008 年的广告收入行业来源[③]

① Dimmick, J. (1997). The theory of the niche and spending on mass media: The case of the "video revolution". *Journal of Media Economics*, 10, 33-43.

② 特别是当和其他媒体产业的广告收入一起考虑时，如需要同时考虑广播的广告收入，三种媒体对广告资源的竞争，哪两种媒体的竞争更为激烈。

③ 中国工商行政管理年鉴编辑部：《中国工商行政管理年鉴(2009)》，北京：中国工商出版社，2010 年 5 月，第 753 页。

媒体竞争分析：架构、方法与实证
——一种生态位理论范式的研究 ………… 70

对理论概念“生态位”的测量可以回答这些问题，具体的分析过程和结果将在后文详细介绍。由于生态位的概念本身是用来描述自然界生物种群对生存资源的使用和竞争的，因此，用它来分析媒体对广告(还有新闻内容、受众需求、受众的时间和金钱资源等)资源的利用和竞争，也是合适的。生态位概念的测量超越了人们的直观理解，对(微观维度)资源利用的多样性、相似性和比较优势的测算，既相当精确，也能以量化的标准进行比较分析，因此，能为分析媒体之间的竞争态势和竞争规律提供准确的描述和深刻的解释。

第三节　媒体资源生态位的“层级关联假设”

在每种关键资源的维度上，都可进行竞争生态位的考察。由于媒体的运作，在逻辑上是基于受众(媒体消费者)的需求，然后生产他们所需要的内容产品，进一步使得他们付诸消费行为，最终生产出“受众产品”[1]以获得广告商的青睐而赢得广告收入。这就似乎暗含了一种各种资源维度之间的先后顺序模式。

媒体生态位各资源维度的“Dimmick 模式”，作为媒体学者研究媒体竞争、共存与合作的首个相对完整和系统的模式，有着开创性意义，它初步构建了基于生态位理论的媒体竞争、共存与合作研究的分析框架。然而，该模式对各构成要素未给予细致探索，Dimmick 和 Albarran 等人对该模式中部分要素的研究，主要是对满足寻求和满足机会的实证分析，而对其他维度的探索远为不够。Dimmick 自己也认为，基于生态位的媒体竞争研究，尚有大量的工作值得学者们继续努力，而他本人的工作，“仅仅是一个良好的开端”[2]。尽管 Dimmick 对各资源维度间的“转换过程”给予了实例解释，但对各资源维度生态位的测量却是完全分离的。如此，我们无法确定各类资源维度之间可能存在的顺序关系。

屠忠俊教授曾在论述报纸的维生功能和维生机制时，已对媒体各种资源利用的先后顺序有所强调，他在《报业经营管理》一书中写道：[3]

报社持续有效的履行对外功能输出职责，是报社作为一个社会组织的生

---

① 菲利普·M. 南波利认为，消费者、媒体组织和受众测量公司一同制造出受众产品，这一产品是受众市场的核心要素。具体请参见：菲利普·M. 南波利著、陈积银译：《受众经济学：传媒机构与受众市场》，北京：清华大学出版社，2007 年版，第 1-23 页。

② Dimmick, J. W. (2003). *Media Competition and Coexistence: The Theory of the Niche*. Lawrence Erlbaum Associates, Inc., Publishers: Mahwah, NJ. p. 126.

③ 屠忠俊：《报业经营管理》，武汉：华中理工大学出版社，1999 年版，第 2 页。

命力的外在表现。社会组织生命力的内在根据，则在于为自己创造生存条件，并向其自身反馈。在社会组织的诸多功能中，创造维持自身生存、成长、发展的各种必需条件的功能被称为“维生功能”；实现维生功能的组织活动机制则被称为“维生机制”。报社既然是一个具有生命力的社会组织，就必然需要具备这样的维生功能和维生机制。

报纸必须先有自身的维生机制，即拥有维持自身生存、成长、发展的各种必需条件，也就是各种必需的资源，然后，才能履行自身在社会系统中的角色。如果说屠忠俊教授对“维生机制”的论述还比较隐晦的话，那么，支庭荣在《媒介管理》中的一段叙述为此做了更多的注脚：①

媒介是一种“注意力经济”的产物，具体表现在首先将内容传送给消费者，从而引起消费者群体及广告客户和广告代理公司的注意，最终从广告市场上得到回报。

基于上述逻辑，本书的研究假设媒体资源的生态位存在一种顺序模式，即所谓“层级关联”模式。该模式认为，不同资源维度之间存在着上游资源维度对下游资源维度的决定或影响关系。具体的内涵是：媒体的受众心理（或需求）生态位决定或影响内容生态位，内容生态位进一步决定或影响受众生态位，最终受众层面的生态位决定或影响广告资源的生态位。显然，这与自然界生物个体或种群对环境中各重要生态资源的利用情形不同。在后种情形下，各资源维度间并没有如同媒体产业中各资源维度间的这种相互决定或影响的关系，本书因此将其称为媒体生态位的“层级关联假设”。

显然，本书所构建的媒体生态位“层级关联假设”，是对屠忠俊教授所言的媒体“维生机制”的一种生态意义的阐释，即媒体对环境中各类资源的利用模式及其在各类资源维度利用中的相互关系。除了上游对下游资源的决定或影响关系，在逻辑上，下游对上游资源维度亦存在着一定的反馈。在本书的研究中，这种反馈表现为下游维度资源利用的状态对上游资源利用的潜在影响，比如，媒体当前对广告资源的利用状态，可能会影响到其所拥有的受众数量和结构。受本书研究的目的和篇幅所限，笔者在本书中将不对这种反馈机制进行理论和经验层面的考察。

为了使上述逻辑关系更加直观明了，本书的研究进一步提出媒体生态位“层级关联假设”的“一般模型”和“扩展模型”。一般模型如图 3-10 所示。该模型只包括四个媒体资源维度，即受众心理、受众、媒体内容和广告资源。相对于“Dimmick 模

---

① 支庭荣：《媒介管理》，广州：暨南大学出版社，2004 年版，第 57 页。

式”，它要相对简化，简化对理论的建构具有重要意义。[①] 其次，该模式对四个资源维度生态位间的关系给出陈述，媒体受众心理生态位决定或影响内容生态位，后者决定或影响媒体受众生态位，受众生态位最终影响或决定广告资源生态位。接下来，我将通过进一步阐述模型中各要素的内涵，以及各要素之间关系生成的理论和逻辑基础。

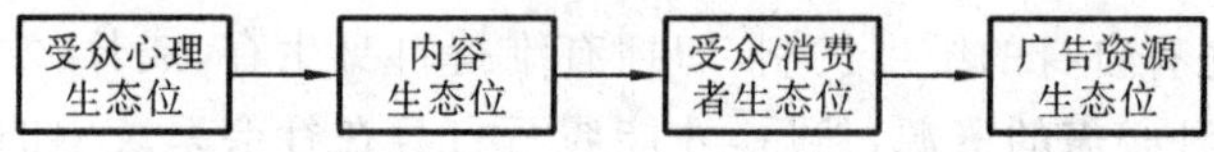

图 3-10　媒体生态位“层级关联假设”的一般模型

媒体生态位“层级关联假设”一般模型中的受众心理生态位与内容生态位间的关系，“Dimmick 模式”中的“转换关系”模式已做了较好的解释。实际上，在媒体市场竞争已愈来愈激烈的中国，媒体经营者对受众心理的把握早已提上日程，并成为媒体日常经营和运作的核心要义。[②] 因此，由受众心理生态位决定媒体内容生态位的因果关系，不论在逻辑上还是经验层面，是不证自明的。

媒体对新闻内容资源的利用模式能否导致相应的受众资源利用状况，这不能完全从理论上做出解答。然而，在媒体的实际运作和管理实践中，诸如“媒介产品必须适应受众市场”、“媒介产品定位分析”、“媒介产品开发分析”，早已被奉为圭臬。邵培仁教授在《媒介管理学》一书中写道：“受众市场的构成是复杂多样的，它对媒介产品的需求是多层次的、多元化的。媒介产品能否适应受众市场的客观需要，关系到媒介能否开展有效的市场营销，进而影响到媒介在市场竞争中的优势地位。”[③]显然，从媒体从业者的角度来看，由媒体的内容生态位进而推导受众的生态位，这种思路是合乎逻辑的；不过，这种假设有待于进一步的实证检验。

由媒体的受众生态位决定媒体广告资源的生态位，这种因果关系是由媒体的“二元产品市场”及其“双重出售”的特殊售卖方式所决定的。“广告主愿意购买广告版面，是因为广告版面上可以刊登他们‘欲读者知’的广告，并借助报纸新闻版面的吸引力，借助报纸的发行渠道，达到‘让读者知’的目的——读者在这里被广告主看到是自己的商品或服务的潜在购买者。”而至于广播、电视，则“把这种双重出售方式推向极端”[④]。

由于所有媒体的运作总是位于特定的政治、经济、文化环境中，因此，媒体生态

---

① Chaffee, S. H., & Berger, C. R. (1987). What communication scientists do? In C. R. Berger & S. H. Chaffee (Eds.), *Handbook of communication science* (pp. 99-122). Newbury, CA: Sage Publications.

② 支庭荣：《媒介管理》，广州：暨南大学出版社，2004 年版，第 77-94 页。

③ 邵培仁：《媒介管理学》，北京：高等教育出版社，2002 年版，第 253 页。

④ 屠忠俊：《报业经营管理》，武汉：华中理工大学出版社，1999 年版，第 17 页。

位的“层级关联假设”的一般模型，并不具备跨文化与跨社会的解释力。实际上，一般模型只是适用于一种相对理想的状态，即自由竞争的市场经济条件。为使该模型更具有解释力，本书的研究进一步发展出“层级关联假设”的“扩展模型”（见图3-11）。在这一模型中，笔者加入“政治/政策因素”和“文化/传统因素”。当我们需要在超国家或超文化层面对媒体竞争进行比较性的分析时，加入这两个变量是必要的。

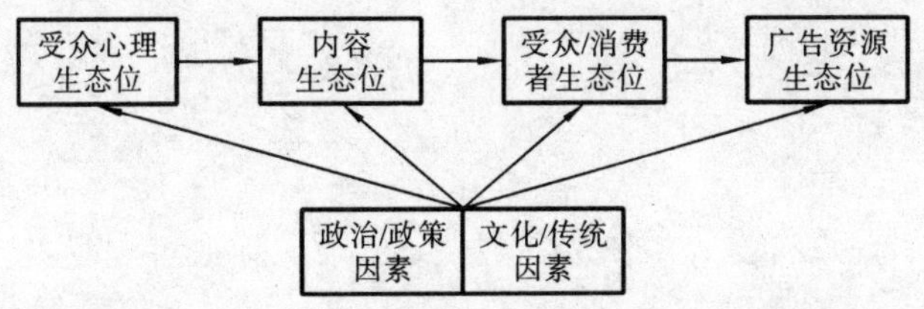

图 3-11　媒体生态位“层级关联假设”的扩展模型

当前，中国媒体的双重本质属性和“事业单位企业化管理”的管理体制，以及由此造成的媒体“条块分割”的局面，[①]必然会极大地影响媒体对各种资源的利用状况。此外，来自文化或传统的各种可能因素，尤其是文化和精神产品的消费习惯，有可能影响媒体各资源维度的实际利用状况。这即是媒体生态位“层级关联假设”扩展模型所要表达的涵义。

本书将在后文对媒体生态位“层级关联假设”一般模型的部分要素进行实证层面的分析。在理论上，我们可以根据该模型的提示，对媒体竞争的规律进行阐释。譬如，在媒体产业层次，可在理论层面做出如下假设。

（1）拥有更宽受众心理或需求（认知）生态位的媒体，将为受众（消费者）提供更宽生态位的内容，由此，该媒体将拥有更宽生态位的受众（如在年龄维度、教育结构维度），并拥有更宽生态位的广告资源。

（2）两种媒体如果在受众心理或需求（认知）维度的生态位重叠度较高，那么两者内容维度的生态位重叠度也将较高，而在受众维度的生态位重叠度也高，并最终导致在广告资源维度的生态位重叠度高。

（3）两种媒体中，倘若一种媒体相对另一种在受众心理或需求维度具有更高的生态位竞争优势，那么前者在内容维度的生态位竞争优势将更高，进而在受众维度的生态位竞争优势更高，最终在广告资源维度的生态位竞争优势也高。[②]

---

① 李良荣：《新闻学概论》，上海：复旦大学出版社，2001 年。

② 这里的假设并未考虑到四个宏观资源维度中，微观资源的划分标准问题。比如，在受众资源维度，可能并不是以年龄或教育水平为标准，而是以消费形态为标准划分的受众生态位，才会影响广告资源生态位。

当然，在其他分析层次，如媒体个体组织层次、战略集团层次或群落层次，我们也能由媒体生态位"层级关联假设"的一般模型推导出相应的理论假设。倘若需要在多个国家或社会之间进行比较性分析，则需采用"层级关联假设"的扩展模型作为理论推导的基础以考虑政治、文化等因素的影响。

第四章　媒体竞争的经验层面：媒体生态位测量

生态位概念的定量测量是生态学家普遍重视的一种方法，它有利于进行群落中生物个体或种群资源利用能力及资源利用优劣势地位的研究。本章首先对生态位概念测量做简略叙述，特别对生态位的三种概念：生态位宽度、生态位重叠度和生态位竞争优势做详细论述，并借用生态学研究的成果给出计算方法。然后，对媒体在受众心理（需求、认知和评价）、内容、受众和广告四种资源维度上的生态位测量做具体阐释。接下来，我将根据既有研究文献，将它们划分为两种类型的测量，即离散型和连续型两种测量方法。最后，论述过往研究文献中媒体生态位测量的既有经验和问题，提出如何就媒体生态位测量的不足，给出思路和方法层面的创新意见。

第一节　生态位概念的一般性测量

第三章阐述了生态位概念的发展与演变历程。尽管上百年来，存在几乎无数的生态位定义，但在本质上它所表达的是：生物个体或种群利用一系列资源的综合状况，以及由此与其他个体或种群产生的相互关系。它描述某一个体或种群所需要的各种生存条件。20 世纪五六十年代以来，尤其是随着生态位概念的不断发展，生态位测度的研究也成为现代理论生态学的研究热点之一。

与生态位概念化的上百年历史相比，生态位实证测度的研究不过半个世纪的历史。1957 年，著名生态学家 G. E. 哈钦森（Hutchinson）建议用数学语言和抽象空间来描绘生态位。如果一个物种只能在一定的温度、湿度范围内存活，摄取食物的数量就有一定的限度；如果将温度、湿度和食物数量这三个生态因子作为参数，该物种的生态位便可在一个三维空间中进行描述。如果再添加其他生态因子，必须得增加坐标轴，改三维空间为多维空间，所划定的多维体可看作是对生态位的抽象描绘，哈钦森称之为“基本生态位”。Hutchinson 这种对生态位概念化的思路被

媒体竞争分析：架构、方法与实证
——一种生态位理论范式的研究 76

称为生态位的“多维超体积”(n-dimensional hyper volume)模式。[1] 该模式表明，生物在环境中受多个而不是两个或三个资源因子的供应和限制，每个生态因子对物种都有一定的适合度阈值；在所有这些阈值所限定的区域内任何一点所构成的环境资源组合状态上，物种均可生存繁衍，所有这些状态组合点共同构成该物种在环境中的多维超体积生态位。但是，在自然界中，因为各物种相互竞争，每一物种只能占据基本生态位的一部分，Hutchinson 称这部分为“实际生态位”。多维超体积概念为现代生态位理论定量研究奠定了基础。

此后，生态位测度的研究逐步走向成熟，国内外许多学者提出多重生态位的测度公式，初步揭示了物种生态位的特征，极大丰富着生态位的理论研究。在生态位实证测量的大量文献中，生态位宽度(niche breadth)、生态位重叠度(niche overlap)、生态位相似性比例、生态位体积(niche volume)，受研究者普遍关注，尤以生态位宽度和重叠度两个概念最受重视。[2] 这两个概念被认为是物种多样性及群落结构的决定因素，既反映种群对资源的利用能力及其在群落或生态系统中的功能位置，也反映所在群落的稳定性。因此，对生态位宽度和重叠度的定量测量，素来是生态位理论研究的重要内容。此外，对相关概念实证测度的具体运用中，源自 Gause“竞争排斥”现象经典实验的“生态位竞争优势”概念，也受到众多生态学者的关注。

一、生态位宽度

生态位宽度又称为“生态位广度”、“生态位大小”，是生态位特征的最重要指标之一。生态位宽度表征任何一个生物个体或种群在环境的现有资源谱(resource spectrum)上综合利用各种资源的能力和多样化程度。它不仅与物种的生态学和进化生物学特征有关，与种间的相互适应与相互作用有密切联系，还与生物的忍受性有关。如果某种生物个体或种群对食物、栖息地、资源的忍受范围较广，那么，该个体或种群的生态位宽度也就较大。[3] 从竞争的意义上看，生态位宽度表达着生物

---

① Hutchinson, G. E. (1957). Concluding remarks. *Cold Spring Harbor Symposium Quantitative Biology*, 22, 415-427.

② Thompson, K., & Gaston, K. J. (1999). Range size dispersal and niche breadth in the herbaceous flora of central England. *Journal of Ecology*, 87, 150-155. 王刚、赵松岭、张鹏云等：《关于生态位定义的探讨及生态位重叠计测公式改进的研究》，《生态学报》，1984 年第 2 期(第 4 卷)。黄英姿：《生态位理论研究中的数学方法》，《应用生态学报》，1994 年第 3 期(第 5 卷)。张文军：《生态学研究方法》，广州：中山大学出版社，2007 年版。

③ 李振基、陈小麟、郑海雷、连玉武 编著：《生态学》，北京：科学出版社，2002 年版，第 144 页。

个体或种群在多大的范围中与竞争对手争夺环境中的生存资源。

生态位宽度越大，表明生物个体或种群对环境的适应能力越强，对各种资源的利用越充分，在群落中可能将处于优势地位，尤其是在环境资源出现变迁的时刻。较早给出生态位宽度定义的学者VanValen将其界定为："在有限资源的多维空间中，为一物种或一群落片段所利用的比例。"Rovghgarden进一步定义为："物种在某一资源轴上获得其大多数资源(95%)的区间长度。"①E. P. Smith定义生态位宽度为："在生态位空间中沿某些直线生态位的全部距离。"②R. J. Putman和S. D. Wratten的定义是："有机体利用已知资源幅度的测度。"③上述定义皆显示出"生态位宽度"概念的原本意义。在现有资源谱中，仅能利用一小部分的生物称为"狭生态位"物种，而能利用大部分的生物被称为"广生态位"物种。

Hutchinson提出生态位的"多维超体积模式"后，循此思路，知名生态学家Levins将"生态位宽度"确定为"任何生态位轴上，包含该变量的所有确定为可见值的点组成部分的长度"④。中国学者王刚认为生态位宽度是物种y和n个生态因子的适应或利用范围。⑤ 近年来，随着生态位研究的不断深入，生态位宽度的内涵也不断发生变迁；但在本质上，生态位宽度主要反映种群对资源的利用程度和对环境适应的状况。基于对生态位概念的不同理解，国内外学者提出不少生态位宽度测度方法。

早期提出生态位宽度测度方法的出发点，多是基于多样性的量度思路，用群落内物种多样性指标代替任意有机体利用资源的多样性。常用计算生态位宽度的公式有Levins公式、Golwell和Futuyma公式、Feinsinger和Spears公式、余世孝公式等数十种。这些公式的建构是基于对生态位的不同定义方法，而每种定义方法是基于各种生物物种结构与功能的差异和种群的生态学特性差异。⑥

大量文献表明使用范围最广、频率最高的生态位宽度测度公式是Levins公式与Shannon-Wiener的多样性指数公式。⑦ 基于Levins公式的生态位测度，可通过

---

① 杨效文、马继盛：《生态位有关术语的定义及计算公式评述》，《生态学杂志》，1992年第2期(第11卷)。

② Smith, E. P. (1982). Niche breadth, resource availability and inference. *Ecology*, 63, 1675-1681.

③ Putman, R. J., & Wratten, S. D. (1984). *Principles of ecology*. Berkeley: University of California Press.

④ Epp, G. A., & Aarssen, L. W. (1989). Predicting vegetation patens from attributes of growth in grass land species. *Canadian Journal of Botany*, 67, 331-352.

⑤ 王刚：《生态位理论若干问题探讨》，《兰州大学学报》，1990年第2期(第26卷)。

⑥ 张文军：《生态学研究方法》，广州：中山大学出版社，2007年版，第104-112页。

⑦ 张光明、谢寿昌：《生态位概念演变与展望》，《生态学杂志》，1997年第6期(第16卷)。

计量个体或种群在资源状态间分布的一致性而得到，表达式如下：[①]

$$B = \frac{1}{\sum_{j=1}^{n} p_j^2} \tag{4-1}$$

上式中：B 为 Levins 生态位宽度；p_j 为使用资源状态 j 的个体数比例，或资源谱中资源种类 j 的比例，$j=1,2,\cdots,n$；$\sum_{j=1}^{n} p_j = 1$，n 为资源总个体数。$1 \leqslant B \leqslant n$。在这里，$B$ 是 Simpson 指数的倒数。当 $p_j = 1/n$，即使用每种资源状态的个体数比例或每种资源的使用量占总体资源的比例相等时，B 的取值达到最大值 n，表明种群的资源利用最泛化；而当种群中的所有个体仅仅利用一种资源状态时，B 的取值达到最小，此时 $B=1$，表明种群的资源利用最专化。显然，Levins 公式对于丰富的资源利用状态有更大的权重。[②]

二、生态位重叠度

"生态位重叠"是对两个或两个以上生物个体或种群生态位相似性的量度。许多生态学家将两个或两个以上种群对一种资源的共同利用程度视为生态位的重叠度。1978 年，Hurlbert 定义生态位重叠为两个物种在同一资源位上相遇的频率。[③]某种意义上，生态位的重叠是生物种群之间竞争的起因；生态位重叠度高，意味着它们之间的竞争剧烈。生态位重叠的概念在种间关系、群落结构、种群多样性及种群进化方面的研究均有广泛应用，是解释自然群落中种间共存和竞争机制的基本方法。通过对种群间生态位重叠的研究，可量化再现两个或多个物种对资源的共同利用程度、分享的数量和稳定生活机制。[④]

与对生态位宽度的测度公式类似，生态位重叠的测量公式与对生态位重叠度概念的不同定义方法有关。比如，Pielou"平均生态位重叠"的概念表达了资源位上种的多样性，[⑤]而 Hurlbert 定义生态位重叠为两个种在同一资源位上的相遇频率。[⑥] 总体来看，由于生态位重叠反映的是生物种群对资源的竞争程度，尤其是对

① 张文军：《生态学研究方法》，广州：中山大学出版社，2007 年版，第 105 页。

② Levins, R. (1968). *Evolution in changing environments*. Princeton, NJ: Princeton University Press.

③ Hurlbert, S. H. (1978). The measurement of niche overlap and some relatives. *Ecology*, 59, 66-77.

④ 钟章成 主编：《常绿阔叶林生态系统研究》，重庆：西南师范大学出版社，1992 年版，第 333-364 页。

⑤ 杨效文、马继盛：《生态位有关术语的定义及计算公式评述》，《生态学杂志》，1992 年第 2 期（第 11 卷）。

⑥ Hurlbert, S. H. (1978). The measurement of niche overlap and some relatives. *Ecology*, 59, 66-77.

某种特定资源状态的共同利用程度，或者是两个物种与生态因子联系上的相似性，因此，多数测量公式在形式上与相似性测度类似。

常用计算生态位重叠度公式有：MacArthur-Levins 公式、Pianka 公式、Levins 公式、百分比生态位重叠公式、Morisita 公式、简化 Morisita 公式、Horn 公式、Hurlbert 公式。[①] 最常用的生态位重叠度计算公式为 Levins 公式，表达式如下：

$$O_{i,j}=\sum_{h=1}^{n}(p_{i,h}-p_{j,h})^2 \tag{4-2}$$

式中：i、j 分别代表两个种群；h 代表生态位所使用的资源种类；p 代表所用该资源的比例；$O_{i,j}$ 代表种群 i 所使用的资源 h 之比例减去种群 j 所使用的资源 h 之比例的平方和，即生态位重叠度。$0\leqslant O_{i,j}\leqslant 1$，$O_{i,j}$ 越小，表明 i 和 j 这两个种群之间的竞争越是激烈；当 $O_{i,j}=0$ 时，两个种群之间的竞争达到最激烈状态；当 $O_{i,j}=1$ 时，两个种群之间完全没有竞争。

三、生态位竞争优势

"生态位竞争优势"对解释竞争现象有重要意义。从生态位宽度和重叠度的实证测量中，只能看出环境提供给生物种群的资源数量、满足的相似性和竞争现状，却不能比较出两者之间孰优孰劣，生态位竞争优势恰好弥补此一缺陷。[②] 显然，如果两个种群的生态位重叠度高，同时某一种群的生态位竞争优势更大，则更具优势的种群将很可能取代或淘汰处于劣势的竞争者。[③]

1974 年，生态学者 Schoener 提出一种被称之为"阿尔法"的生态位实证度量公式。此即生态位竞争优势测量公式。与生态位重叠度的对称测度不同，Schoener 公式是非对称的，使得研究者从公式计算结果可知，在被考察的两个种群中，到底哪个更具有竞争优势，或者说，到底哪个种群是当前的胜利者。通过对长时段生态位竞争优势的考察，有助于研究者推测可能将要发生的竞争替代或排斥现象。Schoener 公式的表达式如下：[④]

---

① 张文军：《生态学研究方法》，广州：中山大学出版社，2007 年版，第 108 页。

② Dimmick, J. W. (2003). *Media Competition and Coexistence: The Theory of the Niche*. Lawrence Erlbaum Associates, Inc., Publishers: Mahwah, NJ.

③ 张意曼、陈柏宏：《从区位理论的观点探讨电子报与传统报纸在内容上的异同：以中时报系之电子报与报纸为例》，《传播与管理研究》（台湾），2003 年，第 2 卷第 2 期，第 209-230 页。

④ Schoener, T. W. (1974). Some methods for calculating competition coefficients from resource utilization spectra. *The American Naturalist*, 108, 332-340.

$$\alpha_{AB}=\frac{T_B}{T_A}\left[\frac{\sum_{K=1}^{K}(f_{AK}/f_K)(f_{BK}/f_K)}{\sum_{K=1}^{K}(f_{AK}/f_K)^2}\right] \tag{4-3}$$

在式(4-3)中：α_{AB} 代表以种群 A 的资源使用为基准，种群 B 对于 A 的生态位竞争优势值；T_A 或 T_B 代表在特定时点上，种群 A 或 B 对总资源的(总)使用量；f_{AK} 或 f_{BK} 代表 A 或者 B 在 K 种资源上的使用量；f_K 代表两个种群在第 k 种资源上的总使用量。如果要考察电视(A)和报纸(B)媒体在产业层次谁更具广告资源维度的竞争优势，若以广告资源的行业来源作为划分标准，假设共有 10 个行业来源的广告收入，那么，T_A 或 T_B 分别代表两个媒体产业的广告总收入，f_{AK} 或 f_{BK} 分别有 10 个取值(因为微观广告资源维度有 10 个)，分别代表两个媒体产业在每种微观维度的广告收入，$f_K=f_{AK}+f_{BK}$。

上文是生态位概念的三个不同向度，即生态位宽度、重叠度和竞争优势的概念界定和具体测量方法。在概念层面，生态位宽度表达生物个体或种群对资源的利用模式，或者说其与竞争对手在多大范围内争夺资源，即竞争的模式；生态位重叠度，表明成对的生物种群之间，对资源竞争的强度到达何种程度；生态位竞争优势表明两个或多个竞争者在竞争资源时的优劣势地位如何。生态位概念测度的一般步骤如下：

(1) 根据研究的需要选择分析对象或层次(个体、战略组、种群或群落)和资源维度(一般是宏观资源维度，可以被进一步划分为不同的资源类型)；

(2) 在上述步骤中选择的资源维度上设定 n 种资源状态，每种资源状态可以是数值或区间；同时，设定 m 个生物种群；

(3) 测定种群 i 在资源状态 j 下的利用数量 x_{ij}，$i=1,2,\cdots,m$；$j=1,2,\cdots,n$；根据这一结果，可以绘制资源状态矩阵；

(4) 根据上述式(4-1)、(4-2)和(4-3)，可分别得到生态位三个向度的测度结果。①

还要指出的是，尚有不少生态位研究的相关概念，如生态位适宜度、生态位相似性比例、生态位分离和生态位体积等也是量化描述生态位现象的重要概念。比如，中国学者李自珍等提出生态位适宜度(niche fitness)，此概念被定义为：一个种居住地的现实资源位与其最适资源位之间的贴近程度，具体表征拥有一定资源谱

① 张文军：《生态学研究方法》，广州：中山大学出版社，2007 年版，第 104 页。

系的生物种群对其现实生境条件的适宜性。[①] 此外，生态位相似性比例，是在一个资源序列中两个物种利用资源的相似程度，一般可用 Colwell & Futuyma 公式计算。[②] 这些生态位概念的测度也有比较广泛的应用。

第二节 媒体生态位的实证测量

将上述生态位概念实证测量的原理和方法运用于媒体研究领域，便可对媒体竞争现象进行生态位的量化分析。在此领域，美国学者 Dimmick，Albarran，Randle，Ramirez，Feaster，Kline，还有我国台湾地区学者李秀珠、郭贞、黄振家等，已经做了不少研究，其中以 Dimmick，Albarran 等人的贡献为最早。

Hutchinson 的生态位“多维超体积模式”表明生态位的测度沿着多种资源维度进行。在第三章中，笔者对媒体的四种宏观维度和多个微观维度的生态资源进行了论述。根据本章第一节对生态位三种向度的测量方法，我们可以沿着每一资源维度得到三个生态位计量值。然后，将被考察的种群在每个资源维度上的结果加以综合，将清晰展现出媒体在多个资源维度的竞争景象。

然而，媒体的生态位测度与自然界生物种群生态位的测度方法并不完全相同，在具体的操作层面也有待进一步发展和创新。这在一定程度上源于媒体部分资源维度的特殊性。根据 Dimmick 的观点，[③]因受众在媒体上花费的时间和金钱是连续型变量，而且无任何资源状态的展现，因此，无法用生态位测度方式进行研究。关于受众心理（需求、认知和评价）生态位的测量，由于研究者无法观察到媒体在该资源维度上的利用模式，而只能采用问卷方式询问受访者，因此，采用李特克量表(Likert Scale)式的定距测度是最佳方法，而此种测度与生态学者对生态位的测量方法也不同。至于媒体内容生态位的测量，正如 Dimmick 所说，由于媒体内容构成的复杂性（如有多个“用域”，domain），迄今，这方面的测量不仅成果极少，而且研

---

① Li，Z. Z.，Zhao，S. L.，& Zhang，P. Y. (1993). Niche fitness theory and application in crop growth system. *Journal of Lanzhou University* (*Natural science*)，29，219-224. Tang，H. R.，Li，Z. Z.，& Wang，G. (1994). Niche fitness and its application in oasis population. *Journal of Lanzhou University* (*Social Science*)，22(3)，145-171. 李自珍、李文龙：《黄土高原半干旱地区农田水肥条件对作物生态位适宜度和产量的影响》，《西北植物学报》，2003 年第 1 期（第 23 卷）。李自珍、黄子琛、唐海萍：《沙区植物种的生态位适宜度过程数值模拟》，《兰州大学学报（自然科学版）》，1996 年第 2 期（第 32 卷）。

② 孙儒泳、李博、诸葛阳等：《普通生态学》，北京：高等教育出版社，1993 年版，第 108-110 页。

③ Dimmick，J. W. (2003). *Media Competition and Coexistence*：*The Theory of the Niche*. Lawrence Erlbaum Associates，Inc.，Publishers：Mahwah，NJ.

究的水平尚处于初级状态。[①]

接下来的各章节中，笔者将对媒体生态位进行多次量化测度，主要包括以下资源维度：(a)受众心理的满足寻求和满足机会；(b)媒体新闻内容的报道体裁、主题和方式；(c)媒体受众的年龄结构；(d)媒体广告收入的行业来源，共7个资源维度。

一、媒体生态位的类别测量

本书中共有7个资源维度的生态位被测量。其中，媒体新闻内容的报道体裁、主题和方式，媒体受众的年龄结构，媒体广告收入的行业来源，这五种生态位是类别测量。至于受众心理的满足寻求和满足机会，采用量表性质的测量。对于生态位的类别测量，笔者在下文中将以媒体广告资源维度为例，做具体说明。

Dimmick在实证研究中将当今美国广播电视广告分为三种类型：全国性联播网广告（national or network）、地方广告（local）和插播广告（spot or national spot）。[②] 这三种不同的广告类型，构成美国广播电视媒体的微观广告资源维度，或者说，宏观广告资源维度上的三种状态。接下来，我将结合这种资源维度具体说明生态位宽度、重叠度和竞争优势这三种生态位概念度量的过程。

生态位宽度表达（生物或产业组织）种群对资源的利用模式。一个电视台或广播台对广告资源的利用，可能只使用一种广告资源，也可能有两种或三种；若两家电台即使利用广告资源的种类和总数量完全相同，但如果每种广告类型的份额（百分比）不同，那么两者在广告资源维度上的生态位宽度也将不同。根据式4-1，生态位宽度值 B 的最小值为1，在这种情形下，仅有一种类型的广告资源被电视台或者广播台利用；当三种广告资源皆被使用且每种资源所占的份额完全相等时，B 达到最大值($B=3$)。显然，如果某电视台或广播台的 B 值很小，它属于“资源窄用型”媒体（specialist media），如果很大，则是“资源宽用型”媒体（generalist media）。某种意义上，生态位宽度的量化数值 B 表明种群资源利用的多样化水平；进一步说，生态位宽度表明种群与对手竞争资源的模式，或者说，采用的策略。

生态位重叠度是两个种群分享相同资源的程度，反映竞争的激烈程度。生态位重叠度高，意味着两个种群的生态相似性（ecological similarity）高，资源利用的

① Dimmick, J. W. (2003). *Media Competition and Coexistence: The Theory of the Niche*. Lawrence Erlbaum Associates, Inc., Publishers: Mahwah, NJ. 张意曼、陈柏宏：《从区位理论的观点探讨电子报与传统报纸在内容上的异同：以中时报系之电子报与报纸为例》，《传播与管理研究》（台湾），2003年，第2卷第2期，第209-230页。

② Dimmick, J. W. (2003). *Media Competition and Coexistence: The Theory of the Niche*. Lawrence Erlbaum Associates, Inc., Publishers: Mahwah, NJ. pp. 47-48.

模式(resource utilization patterns)非常相似，或者说，生态差异(ecological difference)很小。图 4-1 展示的是有部分生态位重叠的两个种群。倘若资源并非极大丰富，或者说资源是稀缺的，那么，生态位重叠度的测量结果即是种群之间竞争激烈程度的直接指标。

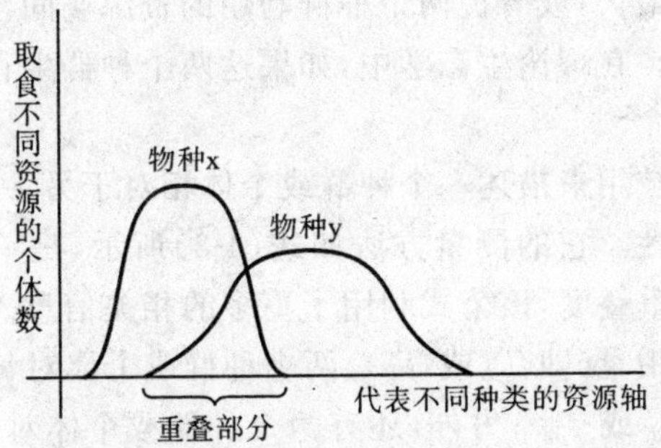

图 4-1 生态位重叠

计算生态位重叠度的式(4-2)与 Dimmick 的研究中所采用的生态位重叠度计算公式是一致的。式(4-2)中，$O_{i,j}$ 是两个种群 i 和 j 之间的生态距离，p_i 是种群 i 在特定资源维度(如广告资源)上对某种类资源的利用量占所利用的总体资源的比例，h 表示在该特定资源维度上不同类别的资源，如上文中，广播电视的广告资源类别包括全国性联播网广告、地方广告和节目插播广告三种，因此，h 的最大取值为 3。

现在，假定要计算某城两家相互竞争的电视台甲和电视台乙对广告资源竞争的激烈程度，假设电视台甲在上述三类广告上的收入分别是 1/3，1/3 和 1/3，而电视台乙分别是 1/2，1/4 和 1/4，那么，可采用如下方式求得两个电视台的生态位重叠度：

$$O_{甲,乙}=\left(\frac{1}{3}-\frac{1}{2}\right)^2+\left(\frac{1}{3}-\frac{1}{4}\right)^2+\left(\frac{1}{3}-\frac{1}{4}\right)^2=0.042$$

因为 $O_{甲,乙}$ 的取值已比较接近 0，而 O 的取值区间是[0，1]，这说明甲、乙两家电视台生态位重叠度的值已比较接近极小值。由于生态位重叠度的取值与竞争的激烈程度成反比，较小的重叠度的值反映两家电视台生态位重叠较大。很明显，$O_{甲,乙}$ 愈是趋近于 0，两家电视台的生态位重叠愈大，竞争就愈是激烈。

需要说明的是，$O_{甲,乙}$ 的值越小表明生态位重叠越大，这种反向的指代可能令人不解。实际上，正如 Dimmick 所言，[①]也许较大的 $O_{甲,乙}$ 值代表更大的生态位重叠在数学表述上更为简单，理解起来也更为直观；但是，这种成反比例的表达实际

① Dimmick，J. W. (2003). *Media Competition and Coexistence：The Theory of the Niche*. Lawrence Erlbaum Associates，Inc.，Publishers：Mahwah，NJ. pp. 50-51.

上更符合“生态位重叠度”概念本身的涵义，因为它的原意本来就是生态位的空间距离。当生态位重叠度的值(不是重叠)很大，表示两个种群之间的空间距离较大，使用不同的资源，即生态位的重叠小。假设一种极端情形，当生态位重叠度的值为零时，表明两个种群占据完全相同的生态空间，它们的资源使用模式完全相同，那么它们生态位的重叠最大，或者说两个种群利用的资源空间没有距离。显然，这意味着最为激烈的竞争。在理论生态学中，如果这两个种群生存于同一个地域，此种情形不会持续太久。

生态位竞争优势被用来描述一个种群或个体相对于另一个种群或个体在资源利用能力方面的优越性。它的测量方法如式(4-3)所示，是一种非对称性的测量。相对于生态位宽度和重叠度，该公式利用了更多的相关信息。譬如，两个种群或个体对总资源的平均使用量(即 T_A 或 T_B)、两个种群或个体对每种微观资源(或资源类型)的使用量，即 f_{AK} 或 f_{BK}；另外，还有两个种群或个体对每种微观资源的总使用量。

假设在同一区域的两家电视台，对广告资源的使用如表 4-1 所示的模式。实际上，这正是上文中所计算的生态位重叠度的那种情形——电视台甲在三类广告上的收入分别是 1/3，1/3 和 1/3，电视台乙分别是 1/2，1/4 和 1/4。

表 4-1 一种假定的两家电视台的广告资源使用状况 (单位：万元)

电视台	全国联播网广告	地方广告	节目插播广告	合计
甲	100	100	100	300
乙	150	75	75	300
合计	250	175	175	600

据表 4-1 中的数据，可由公式 4-3 计算甲、乙两家电视台分别在广告维度生态位的竞争优势。其中，$T_{甲}=0.5$(或 300 万元)，$T_{乙}=0.5$(或 300 万元)，[①] $f_1=250$，$f_2=175$，$f_3=175$；此外，甲、乙两家电视台对三种广告资源类型的使用量分别是：$f_{甲_1}=100$，$f_{甲_2}=100$，$f_{甲_3}=100$，$f_{乙_1}=150$，$f_{乙_2}=75$，$f_{乙_3}=75$。将这些数据代入式(4-3)，可以得到如下结果：

$$\alpha_{甲,乙}=0.921$$

$$\alpha_{乙,甲}=1.030$$

因为 $\alpha_{乙,甲}$ 的取值大于 1，这说明，相对于甲电视台而言，乙电视台的广告资源生态位竞争优势更大。甲电视台对乙电视台的这种竞争优势，即 0.921，其实和乙

① 因为式(4-3)中的 $T_{甲}$ 和 $T_{乙}$ 分别作为等式右端分子和分母的部分，两者是比值关系，具体将广告收入的百分数还是广告收入的绝对数值代入计算公式，不影响最后的结果。

对甲的竞争优势(1.030)，差别微乎其微。因此，可认为两家电视台在生态位竞争优势上并没有太大差别，乙电视台的广告生态位竞争优势很小。

因为正好可以用这些数据计算甲、乙两家电视台的生态位宽度，接下来，回到前文对生态位宽度的测量上来。其中，$p_{甲_1}=1/3$，$p_{甲_1}=1/3$，$p_{甲_1}=1/3$；$p_{乙_1}=1/2$，$p_{乙_1}=1/4$，$p_{乙_1}=1/4$。根据式(4-1)，甲、乙电视台的生态位宽度分别为：

$$B_{甲}=3.00$$

$$B_{乙}=2.67$$

这表明，两家电视台的生态位宽度都比较大，即都利用了三种类型的广告资源，但由于$B_{甲}$大于$B_{乙}$，这说明两家电视台对广告资源利用的模式不完全相同。由上述所有数据，可以得到甲、乙两家电视台在广告资源维度上的生态位测量结果：

(1) 两家电视台的广告资源利用幅度都比较宽，但甲电视台(3.00)要稍宽于乙电视台(2.67)，表明前者在更大资源范围内与对手展开广告资源的竞争；

(2) 两家电视台广告资源生态位的竞争很激烈，生态位的重叠很大，或者说，生态位的相似性很高，生态位重叠度的值为0.042；

(3) 两家电视台的广告生态位竞争优势相差不大，甲电视台对乙电视台的竞争优势为0.921，而乙电视台对甲电视台的竞争优势为1.030，乙比甲拥有稍强的广告资源竞争优势。

这是一种假定的情景，在媒体竞争实践中，情形要远比这种情景复杂得多。首先，电视台的数量远不止两家，广告资源数量一般也不止三种；其次，宏观层面的资源维度也不止一种，至少还需要分析受众的需求和认知、内容和受众资源，才能得到相对全面的竞争图景；其三，两家电视台的竞争，必然受到更高层次竞争环境的制约，如电视产业的规制政策、电视产业的竞争力。诸如此类，不一而足。这使得媒体竞争的研究，不仅是多层次、多维度的，同时也是极其复杂的。

二、媒体生态位的定距测量

上文曾提及，受众“满足寻求”和“满足机会”两个微观维度上的生态位测量是量表尺度的。产生这种测量方式的原因，很大程度上取决于“媒体环境”的问题。正如 Dimmick 所言，[①]媒体种群包括各种媒体产业和组织，而媒体环境在很大程度上由受众构成，他们希望从媒体产品中获得需求的满足。在实质上，受众需求的满足所表达的涵义与产业组织(Industry organization)研究中“效应”(utility)的概念

① Dimmick, J. W. (2003). *Media Competition and Coexistence: The Theory of the Niche*. Lawrence Erlbaum Associates, Inc., Publishers: Mahwah, NJ. p. 78.

是完全对应的。在这种意义上，Dimmick 指出，"媒体的满足-效用生态位"(gratification-utility niche of a medium)是某一特定媒体所能满足受众需求的广度、在满足受众需求上与其他媒体的重合程度，以及相对其他媒体而言，在满足受众需求上的相对优势，可分别以生态位宽度、重叠度和竞争优势来表达。[①]

因为不能直接观察到，便不能根据上文所给出的三个公式计算受众需求的生态位。但是，Dimmick 认为受众的心理状态可经由问卷调查而得到，通过实证研究，以及通过对大量需求或满足题项(item)的因子分析(factor analysis)，可确定受众需求的微观维度，并进一步计算各微观维度的生态位。通过询问受众有何种需求，然后询问某种媒体对其需求的满足程度，可确定受众需求生态位的宽度。能在更大程度上满足受众需求的媒体，是受众需求这一资源维度上"宽用型"媒体，否则是"窄用型"媒体。受众需求的生态位宽度可采用式(4-4)来计算[②]。

$$B=\sum_{n=1}^{N}\frac{\left[\dfrac{\left(\sum_{k=1}^{K}GO_n\right)-Kl}{K(u-l)}\right]}{N} \tag{4-4}$$

式中：u 和 l 分别代表受众需求量表的最高和最低分值(如五点李克特量表的两个端点 5 和 1)；GO 为受访者对某一特定需求从该媒体上满足程度的具体评价的值(rating，比如，可能是五点里克特量表的 3)；N 为使用该媒体的受访者人数；K 为受众需求某一特定维度的量表项目(item)数；n 和 k 表明分别从 1 开始，一直计算到 N 和 K 结束。如果采用五级李克特量表，量表最大值为 5，最小值为 1，且将 GO 用来表征为某一特定维度的需求满足的评价，则式(4-4)被简化为式(4-5)。

$$B=\sum_{n=1}^{N}\frac{GO_n-K}{4KN} \tag{4-5}$$

很显然，当所有受访者在需求满足量表上的评分是量表的最大值时(此时所有的 $GO=5$)，那么 B 达到最大值，即 1。这意味着该媒体能完全满足受众的需求，此时它拥有最广的受众心理生态位宽度。与此相反，当所有受访者在需求满足量表上的评价是量表的最小值(此时所有的 $GO=1$)，B 将达到最小值，即 0。这意味着该媒体没有在任何程度上满足受众相应的需求，此时它拥有最窄的受众心理生态位宽度。

---

① Dimmick, J. W. (2003). *Media Competition and Coexistence: The Theory of the Niche*. Lawrence Erlbaum Associates, Inc., Publishers: Mahwah, NJ. p. 78.

② Dimmick, J. W. (2003). *Media Competition and Coexistence: The Theory of the Niche*. Lawrence Erlbaum Associates, Inc., Publishers: Mahwah, NJ. p. 79.

受众需求满足生态位的重叠度可采用式(4-6)来计算。①

$$O_{i,j}=\frac{\sum_{n=1}^{N}\sum_{k=1}^{K}\sqrt{\frac{(GO_i-GO_j)^2}{K}}}{N} \tag{4-6}$$

式中：i 和 j 分别是两种媒体 i 和 j；GO 的含义同上，即受访者对某一特定需求从该媒体上满足程度的具体评价的取值；N 为使用该媒体的受访者人数；K 为受众需求某一特定维度的量表项目数；n 和 k 则表示分别从 1 开始，一直计算到 N 和 K 结束。

如果最终计算所得的重叠度的值很小，那么，意味着两个媒体在满足受众需求上的生态相似性很高，或者说，竞争的激烈程度很高。如果 $O_{i,j}$ 的取值达到最小，即 0，此时两个媒体受众需求满足的生态位完全重叠，或者说，生态位相似性达到最大，也即生态位空间完全一致，竞争达到最激烈状态。当所有受访者对媒体 i 需求满足的评价达全部为 u，对媒体 j 需求满足的评价达全部为 l，此时 $O_{i,j}$ 达到最大值，为 $u-l$。$u-l$ 所表达的含义是，媒体 i 完全能满足受众需求，而媒体 j 不能在任何程度上满足他们的需求。

然而，需要注意，当 $O_{i,j}$ 达到最小值，即为 0 的时候，对结果的解释却不能大意，必须仔细查看受众对媒体 i 和 j 所能满足其需求评价的均值。因为当受众对媒体 i 和 j 的评价不论是皆为高，或者皆为低，或者只要是平均值相同时，$O_{i,j}$ 都有可能达到最小值 0。

与上述对其他维度生态位竞争优势的测量类似，受众需求满足生态位的竞争优势测度，可以传达如下信息，即在两种(个)媒体之中，到底哪种(个)媒体在满足受众需求时的竞争优势更大。计算公式如下：②

$$S_{i>j}=\frac{\sum_{n=1}^{N}\sum_{k=1}^{K}(m=_{i>j})}{N} \tag{4-7}$$

$$S_{j>i}=\frac{\sum_{n=1}^{N}\sum_{k=1}^{K}(m=_{j>i})}{N} \tag{4-8}$$

式(4-7)测量的是媒体 i 对媒体 j 受众需求满足生态位的竞争优势，而式(4-8)测量的是媒体 j 对媒体 i 受众需求满足生态位的竞争优势。式中：N,K,n,k 的指

---

① Dimmick, J. W. (2003). *Media Competition and Coexistence: The Theory of the Niche*. Lawrence Erlbaum Associates, Inc., Publishers: Mahwah, NJ. p. 79.

② Dimmick, J. W. (2003). *Media Competition and Coexistence: The Theory of the Niche*. Lawrence Erlbaum Associates, Inc., Publishers: Mahwah, NJ. pp. 80-81.

代与式(4-6)的相同；$m=_{i>j}$为在受众需求满足量表的 k 个项目(item)中，受访者对媒体 i 的评价大于对媒体 j 的评价的差值和，$m=_{j>i}$所代表的含义则恰好相反。

下面通过一个例子进一步说明。在这个假定的情境中，拟测量的受众需求满足维度是通过新闻得到认知需求满足。假定该量表是由 3 个项目构成的复合测量(分别以 g_1，g_2 和 g_3 表示，且量表上、下限分别是 5 和 1)，假定在电视和报纸两种媒体之间，考察哪种媒体对受众通过新闻实现认知需求满足的生态位竞争优势更大。其中：TV 和 NP 分别代表电视和报纸；m_{TV} 和 m_{NP} 分别代表受访者对媒体满足特定需求(即 g_1，g_2 和 g_3 中的一种或几种)的评价大于另一媒体相应需求的评价的差值之和。一种假定的受众需求满足生态位竞争优势计算数据见表 4-2。

表 4-2 一种假定的受众需求满足生态位竞争优势计算数据

	TV-g_1	TV-g_2	TV-g_3	NP-g_1	NP-g_2	NP-g_3	m_{TV}	m_{NP}
1	3	3	2	3	2	3	1	1
2	4	3	1	2	3	3	2	2
3	4	4	3	3	2	4	3	1
4	3	3	4	4	1	2	4	1
5	4	4	2	5	2	1	3	1
…	…	…	…	…	…	…	…	…
N	…	…	…	…	…	…	…	…

在问卷调查过程中，研究者得到的数据是 TV-g_1，TV-g_2，TV-g_3，NP-g_1，NP-g_2，NP-g_3，而 m_{TV} 和 m_{NP} 需要通过进一步分析方可得到。① 穷尽所有受访者的回答，可以得到电视对报纸和报纸对电视在满足受众通过新闻实现认知需求满足的生态位竞争优势。具体的分析方法，可通过相对传统的数据分析技术，如 t 检验(t-test)来比较两种媒体在满足受众需求上的竞争优势到底是何者为显著的(significant)高。

这仅仅是一种假想的情景，实际操作中的复杂度要高出很多。首先，受访者的数量一般会超过 100、200 甚至至 400 人。其次，需求满足本身涵盖多个维度(第五章将继续讨论)，每个维度可能有多个项目，同时，要考虑可能并不只有报纸和电视两种媒体，而还有广播、杂志、网络；如果是研究某地的媒体竞争，那么，可能将要考虑的媒体有七八家，此时情形就变得较为复杂。

---

① 此处 m_{TV} 和 m_{NP} 是根据对 TV-g_1，TV-g_2，TV-g_3，NP-g_1，NP-g_2，NP-g_3 的进一步分析得到的。如，m_{TV} 等于受访者对电视满足特定需求的评价高于报纸相应评价的差值加总，m_{NP} 等于受访者对报纸满足特定需求的评价高于电视相应评价的差值加总。

第三节 媒体生态位测量的已有经验与创新

一、媒体生态位测量的已有经验

以 Dimmick、Hellman、李秀珠等为代表的一批媒体学者，已对媒体生态位有所研究。在他们已发表的报告中，对媒体的广告资源、内容资源和受众需求维度做了部分研究。在内容维度，正如 Dimmick 所言，内容首先应该被分为不同的“用域”(domain)，[①]正如人们可以很容易感知到的，媒体上的内容极为丰富，新闻仅是其中一部分。不过，即使在新闻“用域”，既有关于媒体新闻内容生态位的研究也是极为欠缺的。

据笔者的详尽搜索，迄今为止仅有如下有代表性的研究关乎媒体新闻内容的生态学探讨。

(1) Hellman, H., & Soramaki. M. (1994). Competition and content in the U.S. Video market. *Journal of Media Economics*, 7(1), 29-49.

(2) Dimmick, J. W. (2003). *Media Competition and Coexistence: The Theory of the Niche*. Lawrence Erlbaum Associates, Inc., Publishers: Mahwah, NJ. CH 4.

(3) Li, S. C. S. (2001). New Media and Market Competition: A Niche Analysis of Television News, Electronic News, and Newspaper News in Taiwan. *Journal of Broadcasting & Electronic Media*, 45(2), 259-276.

(4) 张意曼，陈柏宏. 从区位理论的观点探讨电子报与传统报纸在内容上的异同：以中时报系之电子报与报纸为例[J]. 传播与管理研究，2003，2(2)：209-230.

(5) 李秀珠，彭玉贤，蔡佳如. 新传播科技对台湾新闻媒体之影响：从新闻内容之区位谈起[J]. 新闻学研究，2002，总第 72 期：27-54.

上述五个研究中，后三个研究对媒体新闻内容生态位的测量更为细致，也更为合理。比如，在第一个和第二个研究中，仅仅从单一维度考察媒体新闻内容，即只

---

① Dimmick, J. W. (2003). *Media Competition and Coexistence: The Theory of the Niche*. Lawrence Erlbaum Associates, Inc., Publishers: Mahwah, NJ.

考察新闻主题或新闻形式(如硬新闻、特写、人情味新闻、暴力新闻、幽默和新闻图片[①]);而后三个研究,则具有从多个维度探索媒体新闻内容的优点。李秀珠、彭玉贤、蔡佳如的研究,从媒体新闻内容的报道方式、报道主题、新闻丰富性[②]、互动性[③]四个维度探索新闻内容的生态位。张意曼和陈柏宏二人的研究,关注到报道类型和报道主题两个维度。因此,对新闻内容生态位的研究,尤其是实证层面的测量,不仅需要实现多维度、多侧面的研究,更需要在思路和方法上进行创新。

在既有研究中,受众这一关键的资源维度极少被注意到。既有研究往往将受众需求维度等同于受众本身。比如,Dimmick 的许多研究,[④]对受众心理维度的测量不可谓不精准,亦不可谓不全面,却混同了受众和受众心理需求这两个不同的概念。即使是在对自己此前研究做全面回顾的著作《媒体竞争与共存:生态位理论》一书中,Dimmick 仍未能明确提出将受众本身作为一个核心维度予以研究,尤其是进行实证层面的探索,而只是表明,研究受众在媒体上的时间和金钱花费是必要的。中国学者卢文浩专门针对受众的时间花费进行媒体生态位的研究。他采用来自 CSM、CTR-CNRS 和《中国广告年鉴》的二手数据,将全国划分为 7 个大区,即东北市场、华北市场、华东市场、华南市场、华中市场、西北市场和西南市场,它们构成时间资源维度的 7 个次级维度,以此为依据测算各种媒体在受众时间维度的生态位宽度、重叠度和竞争优势。[⑤] 显然,这种处理方法是欠妥当的。因为受众的时间支出,是不能按照地域来划分的;相反,倒是可以按照他们所消费的特定内容,即"用域"(domain)来进行分解。

将受众在媒体竞争中的重要性加以强调,对进一步认识媒体是如何利用受众资源是大有裨益的;尤其是,如果我们的考察是多侧面、多维度的,那么,最终的分析将具有更重要的意义。譬如,媒体通过在内容上的精心设计和安排,如果意欲使

---

① Dominick, J., Wurtzel, A., & Lometti, G. (1975). Television journalism vs. show business: A content analysis of eyewitness news. *Journalism Quarterly*, 52(2), 213-218.

② 根据三位作者的观点,所谓报道丰富性是新闻是否用各种影像声光呈现,如果仅以文字出现,则媒体丰富性低;如果以图像、影片甚至加上动画出现,则媒体丰富性更高。

③ 指新闻内容是否设计有与阅听众互动的机制,如读者投稿(书)、电子布告栏、新闻检索、超链接、选票活动、发 E-mail、发信问问题、电话呼入、线上聊天室等。

④ 如 Ramirez, A. J., Dimmick, J., Feaster, J., & Lin, S. F. (2008). Revisiting Interpersonal Media Competition: The Gratification Niches of Instant Messaging, E-Mail, and the Telephone. *Communication Research*, 35(4), 529-547; Dimmick, J., Kline, S., & Stafford, L. (2000). The gratification niches of personal e-mail and the telephone: Competition, displacement, and complementarity. *Communication Research*, 27(2), 227-250.

⑤ 卢文浩:《中国传媒业的系统竞争研究——一个媒介生态学的视角》,北京:中国经济出版社,2009 年版,第 119-124 页。

具有高学历、关注财经的中年男性成为内容的消费者，那么，至少应在受众的教育程度、内容心理需求、性别、年龄特征维度进行研究，并与媒体的预期目标比照。如果该媒体存在强有力的竞争对手，还可以在该媒体与竞争对手间做比较研究，研究的结论将更有实践和理论层面的意义。

广告作为媒体维持生存与发展的关键资源，需要研究者做更细致和深入的探索。已有大量研究论及媒体如何获得和利用广告资源。然而，在生态学的理论视野中认识媒体对广告资源的利用，仍是凤毛麟角。在此一研究课题中，迄今为止，Dimmick 的研究仍具有开创性和指导性价值。首先，通过生态位的理论范式，Dimmick 发现多种媒体之于广告主，具有相当程度的可替代性。广告主为达到既定目标，可以选择此一媒体，也可以选择彼一媒体，尤其是，当此媒体和彼媒体属于不同的媒体种类时。在人类传播媒体发展史上，1830 年代之后很长一段时期，仅有报纸一种真正意义上的大众媒体。1880 年代之后，在杂志作为一种新的大众媒体登上历史舞台后，杂志便对报纸具有了可替代性，而在 1920 年代广播兴起之后，又对杂志具有了可替代性。①

其次，Dimmick 的研究显示，对于电视和广播而言，存在着三种次级广告资源维度，即全国性广告、地方性广告和插播广告；对于报纸而言，有全国性广告、地方性广告和分类广告。不同媒体对广告资源的利用，可以通过对上述资源维度的考察而实现。若通过长时段大量历史数据的考察，可以发现新旧媒体间的竞争动态。②

然而，即便如此，人们对在生态学意义上认识媒体如何争夺广告资源、如何有效利用广告资源的理解，仍然是极为有限的。这当然与广告这种资源的多种特征有关，而 Dimmick 的研究，只关注到一种特征，即广告发布的地域范围是全国性的、地方性的还是插播性的（报纸为分类的）广告。显然，此种理解还远远不够。至少，当我们论及广告资源、广告收入的行业和地域来源、广告主的类别等时，往往更受关注；将这些分类标准纳入研究的范畴，形成广告资源的多样化微观维度，应该是有益的。

整体来看，生态位概念的实证测量，分为以上的类别（离散型）和量表（连续型）测度方式，这两种方式适用于不同的情形。在受众心理维度，包括满足寻求、满足

---

① Dimmick, J. W. (2003). *Media Competition and Coexistence: The Theory of the Niche*. Lawrence Erlbaum Associates, Inc., Publishers: Mahwah, NJ.

② 本书第七章将会对此做详细分析。

机会（还有媒体认知、媒体评价等[①]）维度，一般采用量表测量，这是因为受众的心理状态不容易被观察到，只能以受众对问卷上各种陈述的评价为研究者所感知。关于受众的时间和金钱花费，[②]可以直接考察他们在每种媒体上花费的时间和金钱总数。当然，如果我们将这两个维度的资源进一步按照不同的媒体"用域"(domain)进行分解，则可采用生态位的三个向度进行测量。如果以受众的年龄作为区分标准，将受众划分为不同的类别，对受众维度生态位的测量，应采用分类测量的方法。至于广告资源维度，与受众的时间和金钱花费这两个维度的处理方法类似。[③] 至于媒体内容维度，可采用分类测度，因为媒体内容较容易被分类。

二、本书研究媒体生态位测量的创新

鉴于以上媒体生态位测量方法和技术层面的经验的不足，有必要对媒体生态位的测量进行创新。首先需要说明的是，这里所说的创新，并不是在生态位测量计算方法上的创新，这超出本研究所探讨的范畴。本研究所说的创新，是在媒体生态位测量思路上的发展和深化，主要体现在以下三个方面。

其一，在媒体新闻内容资源维度，可以通过对新闻内容多种特征的兼顾，实现对内容的全面把握。"媒体内容是媒体组织和媒体产业赖以生存和发展的关键，但也正是媒体内容本身，为对内容的研究提出了方法和推论上的挑战。"[④]媒体内容本身具有复杂性，这种复杂性不仅使得对内容生态位的测量具有极大难度，也使得对研究结论的推导和解释，需要研究者特别谨慎。正如下文将要论及的，或许媒体内容生态位的重叠并不意味着媒体之间有着剧烈竞争，而媒体之间即使有剧烈的竞争，可能并不一定在媒体内容生态位的重叠度上体现出来。在媒体内容和媒体竞争之间，还存在许多其他变数。对媒体内容多种特征的关注，也许能最大限度地对两者间的关系做出更具解释力的推导与阐释。

同样，在媒体内容维度，如果我们不考虑对媒体内容多维度的生态位测量，那么，仍可以通过捕捉媒体内容上能体现媒体竞争的细微特征，并作出解释。比如，既有关于媒体内容生态位的研究所选择的新闻文本内容，往往来自各种议题（is-

---

① 此前未曾有研究者考察过这两个维度；本书的研究限于多种因素，也不准备对它们进行理论和经验层面的分析。

② 对于这两个维度，本书作者由于未曾找到合适的实证资料，也不拟进行考察；本书将考察的是以年龄为标准划分的受众结构。

③ 本书研究将要考察的是广告资源的行业来源。

④ Dimmick, J. W. (2003). *Media Competition and Coexistence: The Theory of the Niche*. Lawrence Erlbaum Associates, Inc., Publishers; Mahwah, NJ. p. 105.

sue)。在此种思路引导下的考察，使得以新闻内容来揭示媒体竞争的因素在很大程度上被遮蔽；倘若我们转换思路，不研究各种相对泛化的议题，而是对某一个议题(如政治新闻)，或者对某一个较大的新闻事件(如2008年的北京奥运会)做细致研究，或许能有新的发现。

其二，在受众资源维度，除了研究受众的时间和金钱花费，还可以将受众的年龄、教育程度等特征作为考察媒体对此资源维度的利用状况。比如，以年龄作为标准，可以将受众划分为多种类型，如：20岁以下、21—30岁、31—40岁、41—50岁、51—60岁、61岁以上($k=6$)，我们可以通过考察不同的媒体产业或组织在受众年龄结构维度上的生态位宽度、重叠度和竞争优势，来分析竞争的态势。假设我们研究同城的两家都市报，一个可能的结果是，一家报纸的受众生态位宽度可能是2.1($1\leqslant B\leqslant 6$)，另一家的生态位宽度是3.5($1\leqslant B\leqslant 6$)，那么，后者在受众年龄维度上的利用范围更大。此外，对两者生态位重叠度和竞争优势的考察，也能得到比较深入的信息。

其三，在广告资源维度，可以且应该加强对以广告收入的行业和地域来源、广告主性质等为标准划分的各种次级维度的研究。这是基于如下假定：不同类型的媒体产业或组织，以及拥有不同受众类型的媒体，对来自不同行业、地域的广告资源的利用应该有所不同。比如，相对于报纸，电视可能更加适合于刊播美容、食品等行业的广告，这可能与媒体本身的技术特性有关。那么，如果我们以这种思路来研究不同媒体对广告资源的利用模式，一方面，能揭示出媒体竞争与媒体技术之间的关联性；另一方面，在揭示这种规律的基础上，也为媒体的运作和管理实践提供有价值的参考意见。更进一步，当研究媒体对不同行业广告资源的利用时，我们该如何对广告资源的行业来源进行编码？比如，权威统计数据显示，2008年中国各大媒体的广告行业资源有19个，[①]那么，我们该如何对这19个广告资源来源行业进行处理？比如，是否应该认为广告资源的种类就是19个($k=19$)？不论采用何种处理方式，依据何在？不同的处理方式，是否会得到一致的结果呢？

通过在《中国工商行政管理年鉴》和《中国广告年鉴》获取1999—2008年报纸

---

① 这19个行业是：药品、食品、保健食品、化妆品、美容业、医疗器械、医疗服务、烟草、酒类、招生招聘、房地产、农贸、服务业、金融保险、汽车、家用电器、信息产业、服装服饰、其他。资料来源：中国工商行政管理年鉴编辑部：《中国工商行政管理年鉴(2009)》，北京：中国工商出版社，2010年5月，第753页。

广告收入的经验数据，我们分别将广告行业来源划分为13个和10个类别。[①] 然后，分别计算10年间报纸广告收入行业来源维度的生态位宽度。结果如图4-2所示。可见，即使我们对广告收入行业来源维度的次级维度数量处理方式不同，但得到了较为相近的结果。需要注意的是，在划分为13个次级维度的情形中，生态位宽度的变化要稍微敏感些。这说明，即使对宏观层次资源维度的细分这样的技术性环节，同样存在媒体生态位测量的改进和创新问题。

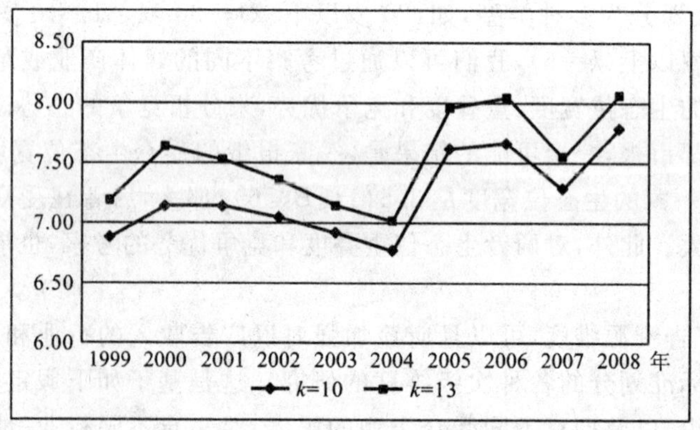

图4-2　1999—2008年报纸广告行业来源维度的生态位宽度

① 划分为13个类别，主要依据是从1999—2008年，两个年鉴有这些比较固定的行业；这13个行业分别是：药品、食品、化妆品、医疗器械、医疗服务、家用电器、烟草、酒类、房地产、服装服饰、汽车、新兴行业、其他。关于13种广告收入来源行业的划分与分析，请参见：强月新、张明新：《中国传媒产业间的广告资源竞争：基于生态位理论的实证分析》，《新闻与传播研究》，2009年第5期。划分为10个类别，主要依据是将性质相近且收入比例很小的行业相互合并。客观地讲，后一种处理方法更加体现对每种类型广告收入的均衡化诉求，即在理念层面认为每种类型的广告资源，应该是相等的份额，这体现出生态位宽度的概念本身所蕴含的多样性意义。10种行业类别，在本书第七章和附录中有详细介绍。

第五章　媒体产业内与产业间竞争：多维度实证分析

依照在第三章和第四章中对媒体竞争架构、分析层次和方法的设定，本章对中国媒体竞争基本现状的实证分析，主要是在微观维度间进行考察。在生态单位层次，本章的分析主要位于媒体产业（种群）和组织（个体）两个层次。本章的研究分别在四种媒体资源维度，即受众需求、新闻内容、受众结构和广告来源，考察中国媒体竞争的基本现状。

媒体产业可以进一步被分为不同的产业部门，包括报纸产业、电视产业、广播产业、杂志产业等，这是由媒体产业内部的不同组织具有的不同特征和属性决定的。由此，不同的媒体产业，具有生态意义上“种群”的含义。这使得我们能够引入理论生态学“种间竞争”和“种内竞争”的概念，为实证分析进行铺垫。在表述中，将这两种竞争分别称为“产业间竞争”和“产业内竞争”。

第一节　媒体产业内与产业间竞争

在生态学领域，“种群”(population)被定义为同一物种中占有一定空间和时间的个体的集合体。种群是由个体组成的群体，在群体水平上形成一系列新的特征。种群是物种具体的存在单位，也是繁殖和进化的单位。[①] 将种群的概念运用到社会领域，尤其是产业组织研究，种群指的是一系列组织，它们彼此相似，而与其他种群的成员不同。[②]

“种群不仅是构成物种的基本单位，而且也是构成群落的基本单位。任何一个种群在自然界不能孤立存在，而是与其他物种的种群一起形成群落。”[③]种群可作为抽象的概念在理论上应用，也可作为具体存在的客体在实际研究中应用。在组织

① 尚玉昌、蔡晓明编著：《普通生态学》，北京：北京大学出版社，1992 年版，第 3 页。

② 如支庭荣：《大众传播生态学》，杭州：浙江大学出版社，2004 年版，第 18 页。

③ 尚玉昌、蔡晓明编著：《普通生态学》，北京：北京大学出版社，1992 年版，第 3-4 页。

研究领域，对组织种群的理论研究构成“组织种群生态学”①。

两个种群可以彼此影响，也可能互不干扰。如果彼此之间相互影响，这种影响可以是有利的，也可以是有害的。如表 5-1 所示，竞争是两个种群最常见的一种关系。竞争常发生在两个种群共同利用某种稀缺资源的情形下，此时，每个种群的存在都会抑制另一个种群的生存和发展。在同一种群内部，竞争也是较为常见的一种种内个体间的关系。在此种意义上，竞争是利用有限资源的个体间发生的相互作用。

表 5-1　种群间和种群内的相互关系

	种间相互关系（种间）	同种个体间相互关系（种内）
利用同样有限资源，导致适合度降低	竞争	竞争
摄取另一个体的全部或部分	捕食	自相残杀
个体紧密关联生活，具有互惠利益	互利共生	利他主义或互利共生
个体紧密关联生活，宿主付出代价	寄生	寄生

来源：[英]A. 麦肯齐，A. S. 鲍尔，S. R. 弗笛，著. 生态学（第二版）[M]. 孙儒泳，李庆芬，牛翠娟，娄安如，译. 北京：科学出版社，2004：110.

种内竞争(intraspecific competition)发生在相同物种的个体之间，而种间竞争(interspecific competition)发生在不同物种的个体之间。竞争具有调节种群数量的作用。种内竞争和种间竞争具有本质上的区别。种内竞争比较剧烈，因为竞争个体之间在遗传上是等价的，具有相同的资源需求，而且在结构、功能和适应行为上也比较相似，竞争可以导致物种分化和形成。种间竞争发生在不同物种需要某些共同资源的情景，激烈程度取决于竞争者资源需要的相似度，也取决于生境中资源的缺乏程度。与种间竞争比，种内竞争的个体之间有时还保持着协调性，比如，有的物种能通过建立领域或等级来减少个体间的竞争。② 生态学家发展出大量的数理方程和理论模型，用以描述和解释生物界种内和种间竞争对种群的密度、种群分布、出生率和死亡率、性比率和年龄结构方面的影响。

在经济学和管理学领域，与种群相似的概念是“产业”(industry)。产业经济学认为，产业是一个介于微观和宏观经济之间的“集合”概念，是具有同一属性的经济组织的集合体。我们可将产业的概念运用于媒体领域。媒体产业是通过大众传播媒体，从事信息产品的生产和传播，提供信息服务，以市场为导向的经济实体的集

---

① Hannan, M. T., & Freeman, J. (1977). Population ecology of organizations. *American Journal of Sociology*, 82(5), 929-964.

② 李振基、陈小麟、郑海雷、连玉武 编著：《生态学》，北京：科学出版社，2002 年版，第 120-123 页。

合。媒体产业包括报纸、杂志、电视、广播、电影、图书、音像制品，以及迅速崛起的互联网络。[①] 本书所关注的媒体产业是报纸、电视、广播、杂志和网络 5 种媒体。

如果按照生态学意义上的种群概念理解产业，则“产业可以理解为一个有相似组织的种群”[②]。相应的，可用生态学中的生物个体来比拟媒体组织个体，以不同性质的媒体组织所组成的集群作为“群落”，以同种性质的媒体组织组成“种群”。在同一种群内部，可以有若干“亚种群”或“战略集团”，比如，所有的都市报组成报纸种群中的都市报亚种群。由此，在媒体“大产业”的范畴内，不同的媒体产业，或者说媒体种群之间存在着竞争。我们可以采用种内竞争和种间竞争的逻辑来解释。

已有媒体学者开始以此种观点透视媒体产业中的竞争现象。比如，樊昌志认为，从社会生态学的角度看，媒体的竞争其实是不同媒体的种间竞争和同种媒体的种内竞争。媒体的种间竞争是对“媒介原始生态位”的争夺，媒介种群最终可以利用的是“竞争后媒介生态位”，媒体个体最终所利用的“媒介生态位”，是其所属的媒介种群的“竞争后媒介生态位”的某一段。媒体的种间竞争是为了争夺生态位，让媒介种群更好地生存；同种媒体的种内竞争是为了取得媒体生态位内更好的位段，在所属媒介种群的生态位上让自己更好地生存。[③]

借鉴生态学对种内竞争相对于种间竞争更为剧烈的阐释，樊昌志如此描述媒体领域的种内和种间竞争现象：[④]

> 在向自然法则回归的大势中，某一物理空间内多个“媒介种群”内媒体的数量都增加（由一个增至多个）时，即媒介主要不再以“媒介种”的身份参与竞争而以媒体（指个体意义上的媒体组织——笔者加注）的身份参与竞争时，如果这些媒体具有完全相同的亲缘关系（所属“媒介种”相同），竞争就会变得残酷起来。

樊昌志还认为，在某一时间段内，由于不同的媒介种群都有相对稳定的“媒介生态位”，种间竞争的程度远不如处在同一“媒介生态位”内各媒体间的种内竞争激烈；也就是说，报纸与报纸、电视与电视、广播与广播、网络与网络之间的种内竞争，比报纸与电视、电视与广播、广播与网络等的种间竞争更为激烈。

在理论上，此种观点是完全合理的。但在事实上，是否果真如此？下文中，我将以实证数据对此进行检验。如果这种理论上的预期得到证实，那么，我们将至少

---

① 柳旭波：《传媒业产业组织研究——一个拓展的 RC-SCP 产业组织分析框架》，北京：经济科学出版社，2007 年版，第 38 页。

② 支庭荣：《大众传播生态学》，杭州：浙江大学出版社，2004 年版，第 99 页。

③ 樊昌志：《媒介生态位与媒体的生机》，《湘潭大学社会科学学报》，2003 年第 6 期。

④ 樊昌志：《媒介生态位与媒体的生机》，《湘潭大学社会科学学报》，2003 年第 6 期。

可以看到，媒体种内竞争的生态位重叠度应小于媒体种间竞争的生态位重叠度。当然，更有认知和实践价值的是，下文中的经验性研究将对中国媒体产业间竞争的基本现状给出明确的答案。

第二节　媒体产业间竞争现状：需求、受众和广告生态位分析

在受众心理、受众和广告三种宏观资源维度，本节探索当前中国报纸、电视、广播和互联网四种媒体产业间竞争的基本现状。在这里，我没有将媒体内容这一关键资源维度纳入进来，原因是不同媒体的产业，不论从哪一方面看，内容上都有着较大差别，设立一个标准去考察四种媒体在内容维度上的生态位竞争并不现实，这在已有研究中也得到体现。[①] 本节的分析位于"产业＊微观维度间"层次，分析思路如表 5-2 所示。

表 5-2　本章的基本分析思路

生态位宏观维度	资源划分标准/指标	分析的层次
受众心理	满足寻求和满足机会	产业＊微观维度间
受众资源	受众年龄结构	产业＊微观维度间
广告资源	广告行业来源	产业＊微观维度间

一、受众需求维度的生态位竞争

对所有的媒体组织和产业而言，满足的寻求和获得皆是关键资源。受众在媒体上的时间和金钱花费，正是他们对媒体有着特定满足寻求的后果。[②] 对受众或用户（消费者）而言，存在着特定的"满足寻求"并不意味着他们能从某种媒体上获得满足，因为还存在"满足的机会"（gratification opportunities）问题。满足的寻求/获得和满足机会这两个受众心理维度上的资源，对媒体至关重要。因为它们在相当

① 比如：张意曼、陈柏宏：《从区位理论的观点探讨电子报与传统报纸在内容上的异同：以中时报系之电子报与报纸为例》，《传播与管理研究》（台湾），2003 年，第 2 卷第 2 期，第 209-230 页。Li, S. C. S. (2001). New Media and Market Competition: A Niche Analysis of Television News, Electronic News, and Newspaper News in Taiwan. *Journal of Broadcasting & Electronic Media*, 45(2), 259-276.

② Dimmick, J. W. (2003). *Media Competition and Coexistence: The Theory of the Niche*. Lawrence Erlbaum Associates, Inc., Publishers: Mahwah, NJ. pp. 29-40。

程度上可以解释受众或用户（消费者）对特定媒体或媒体产品的选择机制。

然而，媒体产品本身的范围极为广泛，但毋庸置疑的是，新闻产品是媒体最为关键的构成部分，媒体的影响力在相当程度上是基于新闻产品的影响力。因此，在受众心理资源维度上研究媒体的竞争现象，最佳的选择是研究受众的满足寻求和满足机会在媒体新闻内容上是如何表达的。

对受众心理资源维度的研究，直接的理论来源是媒体"使用与满足论"。作为大众传播领域广为流行且长盛不衰的理论传统，媒体"使用与满足论"的重点在于分析受众如何使用媒体来满足自己的社会与心理需求。[①] 经典的"使用与满足论"的研究取向关注的是，"受众的社会及心理的基本需求，会引发其对大众传播媒体或其他来源的期待，而导致其对不同形态的媒体使用与从事其他活动的行为，从而获得需求的满足或其他非预期的结果。[②] Katz 等指出媒体"使用与满足论"的基本前提假设是：(a)受众是主动的，他们使用媒体时是目的导向或具有动机的；(b)受众使用媒体是为满足需要和兴趣；(c)媒体须与其他传播形式（如人际传播）相互竞争，以争取受众的选择、注意及使用；(d)在研究方法上，"使用与满足"研究的资料搜集来自于受众的自我报告；(e)不必对有关大众传播文化的价值做任何判断。"受众是主动的"是媒体"使用与满足"研究的核心前提。在此意义上，媒体"使用与满足论"一反过去认为受众是被动接收者的观点，强调受众主动寻求媒体信息，以满足自身某种需求。换句话说，个人对媒体的接触与使用是基于各自的需要与动机。

Dimmick、李秀珠等人研究发现，受众对媒体新闻内容的满足寻求和获得，主要包括认知取向、效率取向与环境监测取向。[③] 本书的研究借鉴 Dimmick 和李秀珠等的研究结论，将受众的媒体新闻内容满足寻求与获得进一步分解为认知取向、效率取向与环境监测取向这三个次级维度，加上前述的满足机会维度，共四个维度。下文中，对受众心理资源维度的生态位竞争，便是基于对这四个维度的经验分析。

实证数据通过问卷调查在受众个体层面采集获得。对一个由 421 名居住于全

---

① Rubin, A. M. (1984). Ritualized and instrumental television viewing. *Journal of Communication*, 34, 66-77.

② Katz, E., Blumler, J. G., & Gurevitch, M. (1974). Utilization of mass communication by the individual. In J. G. Blumler & E. Katz (Eds.), *The uses of mass communications: Current perspectives on gratifications research* (pp. 19-32). Beverly Hills, CA: Sage.

③ Li, S. C. S. (2001). New Media and Market Competition: A Niche Analysis of Television News, Electronic News, and Newspaper News in Taiwan. *Journal of Broadcasting & Electronic Media*, 45(2), 259-276. Dimmick, J., Chen, Y., & Li, Z. (2004). Competition between the Internet and Traditional News Media: The Gratification-Opportunities Niche Dimension. *Journal of Media Economics*, 17(1), 19-33.

国多个城市的受访者所组成的便利样本的问卷调查获得原始数据。[①] 理论上而言，只要是使用(或是潜在使用)四种媒体新闻内容的受众或消费者，作为本研究的受访者已足够。样本通过网上和网下的便利抽样而得。调查于 2009 年 3 月 8 日至 26 日进行。共有 378 名受访者有效完成问卷，完成率为 89.8%。样本中男女分别为 52.1%和 46.2%(余者不详)；学历结构高中及以下者为 35.3%，大学本科，46.7%，研究生为 9.4%(余者不详)。所有受访者皆为网民。[②] 对上述四个满足需求和满足机会维度的操作化方式及数据分析的信度和效度如表 5-3 所示。

表 5-3 受众心理维度四个满足需求和满足机会的因子分析结果

	报纸	电视	广播	网络
认知取向				
获得最新信息	0.64	0.78	0.67	0.80
协助个人决策信息	0.68	0.68	0.64	0.74
提供聊天的题材	0.74	0.77	0.70	0.75
获得与工作有关的信息	0.74	0.56	0.62	0.74
获得专业信息	0.66	0.61	0.60	0.64
特征值	12.11	12.11	6.02	10.11
解释的变异量(%)	34.5	4.2	7.5	21.1
量表的 Cronbach alpha 值	0.88	0.75	0.74	0.86
效率取向				
获得信息很容易	0.74	0.68	0.61	0.75
使用最短时间知道最新发生的事件	0.75	0.78	0.70	0.78
寻找自己需要信息很方便	0.63	0.56	0.62	0.77
内容丰富多样	0.70	0.70	0.57	0.80
获取成本低廉	0.68	0.60	0.77	0.81
特征值	4.22	1.23	4.12	8.25
解释的变异量(%)	12.0	7.5	4.6	5.56
量表的 Cronbach alpha 值	0.85	0.90	0.86	0.90

① 感谢王雪莲、张玉、李丹、周晓知、陈欧阳、马庆等人为本次研究募集到合格的被访者。

② 就此处研究的目的来看，在产业层次考察四种媒体受众心理资源维度的生态位竞争，从理论上说，只要是使用(或潜在使用)四种媒体新闻内容的受众或消费者，作为本研究的受访者已经足够。本研究的样本通过网上和网下的便利抽样方式获得。

续表

	报纸	电视	广播	网络
环境监测取向				
提供超越个人经验的信息	0.56	0.58	0.62	0.69
知道别人在做什么	0.64	0.64	0.63	0.68
知道发生了什么事情	0.72	0.60	0.59	0.75
知道别人的观点	0.70	0.74	0.55	0.78
知道事件的最新进展	0.75	0.75	0.57	0.80
特征值	2.23	10.80	1.08	1.75
解释的变异量(%)	6.5	35.4	4.6	4.9
量表的 Cronbach alpha 值	0.88	0.75	0.74	0.87
满足机会				
可以随时使用	0.77	0.55	0.78	0.70
可以随地使用	0.64	0.56	0.75	0.64
图表/表达生动	0.62	0.75	0.65	0.74
新闻内容丰富多样	0.61	0.70	0.60	0.78
获得新闻很方便	0.64	0.64	0.70	0.63
特征值	1.75	1.05	3.25	4.56
解释的变异量(%)	4.2	5.4	5.3	10.3
量表的 Cronbach alpha 值	0.78	0.73	0.74	0.86

因子分析的结果与预期的理论结构完全一致，而且，各次级维度测量的信度系数完全达到分析要求。值得注意的是，报纸媒体在第一个心理维度，即“认知取向”维度的解释变异量最大，而网络在此心理维度的解释变异量也令人关注。同时，电视在“环境监测取向”维度上的解释量最大。

将第四章中的式(4-4)，尤其是式(4-5)引入分析程序，得到四种媒体产业新闻内容在受众需求维度竞争的生态位宽度如表 5-4 所示。

表 5-4 四种媒体在受众需求维度的生态位宽度

	报纸	电视	广播	网络
认知取向	0.69	0.66	0.46	0.62
效率取向	0.56	0.49	0.53	0.52
环境监测取向	0.59	0.68	0.50	0.70
满足机会	0.62	0.54	0.52	0.78

注：0＝最小生态位宽度；1＝最大生态位宽度。

根据表 5-4 的结果可知:报纸、电视和网络在受众需求层面的认知取向维度拥有较大的生态位宽度;在效率取向的次级维度,四种媒体的生态位宽度相对狭窄,其中,报纸、广播和网络被受访者认为较电视更有效率。在"环境监测取向"维度,网络媒体最令人瞩目,其次是电视,然后是报纸,最后是广播。在"满足机会"维度,网络媒体的生态位宽度大大到超过其他媒体,报纸随后,最后是电视和广播。

在产业层次,四种媒体在受众需求维度的生态位重叠度表现如表 5-5 所示。由生态位重叠度的界定,生态位重叠度的值愈小,表明两种媒体的生态位相似性愈高,说明竞争愈激烈。以小于 1 为标准,生态位重叠度的值相对较小的媒体产业是"认知取向"维度的报纸/网络、电视/网络,"效率取向"维度的报纸/网络、广播/网络,"环境检测取向"维度的报纸/电视、报纸/网络、电视/网络,以及"满足机会"维度的报纸/网络。上述媒体在这些维度的生态位重叠高,意味着它们在争夺受众的相应需求(满足机会)时所发生的竞争激烈,尽管这些竞争的态势并不能被我们直接观察到。

表 5-5 四种媒体在受众需求维度的生态位重叠度

	认知取向	效率取向	环境监测取向	满足机会
报纸/电视	2.05	3.12	0.98	2.26
报纸/广播	2.13	1.56	1.78	1.25
报纸/网络	0.56	0.79	0.76	0.88
电视/广播	1.25	2.19	1.89	3.46
电视/网络	0.85	1.88	0.86	2.02
广播/网络	1.29	0.85	1.55	1.24

注:0=生态位完全重叠;4=生态位完全不重叠。

表 5-6 是对四种媒体新闻内容在受众需求四个次级维度生态位竞争优势测量结果的陈列。在所有的 24 对成对比较中,共产生了 18 个显著的结果,也就是说,这些结果并不是由于随机因素所致,而表明相应的媒体在满足受众需求的不同层面时,的确拥有相对优劣势地位。

表 5-6 四种媒体新闻内容在受众需求维度的生态位竞争优势

	认知取向	效率取向	环境监测取向	满足机会
报纸/电视	报纸>电视	报纸>电视	电视>报纸	报纸>电视
	$t=3.26^{**}$	$t=1.33$	$t=-2.14^{*}$	$t=2.55^{*}$
	(4.78)(1.43)	(1.14)(0.45)	(2.56)(0.43)	(4.01)(1.53)
报纸/广播	报纸>广播	报纸>广播	报纸>广播	报纸>广播
	$t=10.07^{***}$	$t=7.29^{***}$	$t=9.58^{***}$	$t=2.26^{**}$
	(8.78)(1.03)	(9.06)(1.22)	(10.29)(1.08)	(2.56)(0.47)

续表

	认知取向	效率取向	环境监测取向	满足机会
报纸/网络	网络＞报纸	报纸＞网络	报纸＞网络	报纸＞网络
	$t=-4.01^{**}$	$t=0.76$	$t=2.75^{*}$	$t=2.57^{*}$
	(1.56)(5.47)	(1.04)(0.93)	(2.02)(0.56)	(3.06)(1.74)
电视/广播	电视＞广播	电视＞广播	电视＞广播	广播＞电视
	$t=6.75^{***}$	$t=4.28^{**}$	$t=7.26^{***}$	$t=-1.05$
	(7.89)(1.75)	(6.56)(1.43)	(7.58)(1.78)	(0.47)(1.05)
电视/网络	网络＞电视	网络＞电视	电视＞网络	网络＞电视
	$t=-6.26^{***}$	$t=-1.26$	$t=3.15^{**}$	$t=-2.75^{*}$
	(1.25)(7.06)	(0.47)(1.04)	(4.04)(1.15)	(0.48)(2.46)
广播/网络	网络＞广播	网络＞广播	网络＞广播	网络＞广播
	$t=-10.04^{***}$	$t=-3.25^{*}$	$t=-5.14$	$t=-0.27$
	(1.47)(15.02)	(1.43)(2.56)	(1.47)(4.44)	(1.45)(1.77)

注：$^{*}p<0.05$，$^{**}p<0.01$，$^{***}p<0.001$。

在“认知取向”维度，报纸相对于另外三种媒体、电视相对于广播，以及网络相对于电视和广播，更具生态位的竞争优势。在“效率取向”维度，报纸、电视和网络都比广播更具优势，而前三种媒体之间没有优劣势之别。在“环境监测取向”，电视比其他三种媒体，以及报纸比其他两种媒体在受众心理层面更具竞争优势。在“满足机会”维度，报纸是最具优势的媒体，其次是网络，而广播和电视之间没有优劣势之别。

受众是媒体最可宝贵的资源。为了拥有持续的竞争力，媒体需要让受众能持续使用其内容或产品。根据“使用与满足论”和新媒体“权衡需求论”①，受众能否从一种媒体满足特定需求，是决定其是否持续使用该媒体的最重要因素——因为受众满足的获得而不是满足的寻求，促使受众使用特定的媒体。② 此处的研究分别在四种需求层面就四种新旧媒体竞争的三种生态位概念进行测度，研究的结论对新旧媒体的关系有特别启示。

首先，互联网能在更大程度上满足受众的新闻内容需求。在认知和效率维度，和三种传统媒体相比，网络的生态位宽度已和它们不相上下；而在环境监测和满足

① Zhu, J. J. H., & He, Z. (2002). Perceived characteristics, perceived needs, and perceived popularity: Adoption and use of the Internet in China. *Communication Research*, 29 (4), 466-495.

② Dobos, J. (1992). Gratification models of satisfaction and choice of communication channels in organizations. *Communication Research*, 19(1), 29-51.

机会维度，网络已大大领先。这表明网络整体上能在更大程度满足受众的新闻需求。这和1998年李秀珠对台湾地区受众的研究结果大相径庭。她的研究揭示，在电视、报纸和网络三种媒体的新闻内容中，电视的受众需求生态位宽度更大，而报纸和网络很接近。满足机会所表达的是媒体为受众所达到的可能性和便利性，报纸曾被认为更容易被读者所获取。李秀珠认为，得到这样的结果，或许是因为在当时的台湾地区，80%的受众已接入有线电视，而电视提供24小时不间断的新闻播报。① 本研究得到的结果，很大程度上应与网络的广泛普及，同时和人们对网络新闻的普遍接受有关。不过，Dimmick等于2001年对一个小样本美国受众新闻内容需求满足机会维度的专门研究，②结果与这里的发现具有可比性。

其次，网络和传统媒体的受众新闻需求竞争激烈。在各个维度，报纸和网络的竞争最为激烈；接下来是电视和网络的竞争，主要体现在认知和环境监测维度；再次，是广播和网络的竞争，主要体现在效率维度。媒体间的竞争越激烈，表明它们对受众特定需求满足的相似性越高，即可替代性越强。在10余年前的台湾地区，报纸和电视的受众需求生态位重叠最大，网络和电视的受众需求生态位重叠要低于网络和报纸。现在看来，网络和报纸间的竞争仍然激烈，网络与广播的竞争程度并不亚于对电视的竞争。就新旧媒体在“满足机会”维度的竞争而言，Dimmick等的研究表明，在2001年的美国，网络与传统媒体的生态位重叠为“中等程度”，就当前中国的现实情形观之，该结论仍未过时。

再次，新旧媒体在受众新闻需求生态位上各有竞争优势。这与李秀珠的结论相似。她的研究表明，电视和报纸，以及报纸和网络在受众需求不同维度的生态位竞争优势互有高低。至于为何网络相对于传统媒体在受众新闻需求各维度的生态位宽度更大（或至少相近），但却并不一定拥有竞争优势，原因在于：一方面，可能与我国的新闻管理体制有关，比如网站不能自行采集新闻；另一方面，也可能源于受众多年来形成的新闻接触习惯，网民仅是在近几年来才逐渐开始通过网络获取新闻。另外，Dimmick的研究显示，在2001年的美国，受访者认为除了有线电视，网络比其他各种传统媒体更具新闻需求满足机会维度的竞争优势。在我国，报纸更具该维度的竞争优势，其次是网络。不过，随着3G和移动互联网的逐步普及，网络在受众需求满足维度的竞争优势将更加明显。

---

① Li, S. C. S. (2001). New Media and Market Competition: A Niche Analysis of Television News, Electronic News, and Newspaper News in Taiwan. *Journal of Broadcasting and Electronic Media*, 45(2), 259-276.

② Dimmick, J. W., Chen, Y., & Li, Z. (2004). Competition between the Internet and Traditional News Media: The Gratification-Opportunities Niche Dimension. *Journal of Media Economics*, 17(1), 19-33.

二、受众年龄维度的生态位竞争

受众是媒体最直接使用的一种环境资源。在媒体研究领域，受众数量的测度量——广播电视中的收视/听率、印刷传媒的发行量和网站的点击量——是受众时间花费的一种替代性测量(surrogate measures)。从广告商的角度看，这也是受众愿意花费在广告上的时间，因为媒体广告购买的花费，正是基于这种理念。由此，媒体受众的时间花费具有经济价值。①

如上所述，Dimmick 等往往以收视/听率、印刷传媒的发行量和网站点击量作为媒体在受众资源维度的测量方式，而且认为，由于受众的金钱或时间花费是一个连续性变量，媒体在受众资源维度因此不能被分解。实际上，这种理解是有偏差的。倘若我们将受众划分为不同的类型，那么，对媒体在这一资源维度的生态位，也可以定类测量。正如第四章对媒体生态位测量的创新讨论，如以年龄作为受众的特征，可将受众划分为多种类型，比如：20 岁以下、21—30 岁、31—40 岁、41—50 岁、51—60 岁、61 岁以上($k=6$)，可通过考察不同的媒体产业或组织在受众年龄结构维度上的生态位宽度、重叠度和竞争优势，来分析媒体竞争的格局。

这里，笔者正是基于此种思路展开研究。由于受众维度数据的获取相对困难，我直接使用既有研究报告中的资料。统计数据显示，在我国，报纸、电视、广播和网络四种媒体的受众年龄结构如表 5-7 所示。最值得关注的是，网络受众年龄结构的特征，52.4%的网民在 24 岁以下，同时年龄在 55 岁以上的网民比例仅为 2.2%。报纸读者中，55 岁以上读者的比率也较低，仅为 12.9%。

表 5-7 最后一行是生态位宽度。报纸、电视和广播在受众年龄维度的生态位宽度差别不大，皆在 4.80 上下，而网络媒体的受众年龄生态位宽度相对较小，仅为 2.69，为报纸媒体受众年龄生态位宽度的一半多一点。不过，在电视、报纸和广播三种媒体中，电视的受众年龄生态位宽度最大，其次是广播，最后是报纸。上述结果表明，在受众年龄维度，电视是最为泛化的媒体，受众在各年龄段分布较为均衡。

表 5-8 是四种媒体受众年龄维度生态位重叠度的计算结果。由该表可知，在受众年龄结构维度，生态位重叠度的值最小为 0.006 7，最大为 0.173 9，有着较好的区分度。细致检视研究结果，报纸与电视、报纸与广播和电视与广播的受众生态位重叠度的值较小，表明生态位重叠较大。其中，重叠最大的是电视和广播媒体，这表明电视与广播在四种媒体中竞争最为激烈。网络与三种传统媒体受众年龄维

① Dimmick, J. W. (2003). *Media Competition and Coexistence: The Theory of the Niche*. Lawrence Erlbaum Associates, Inc., Publishers: Mahwah, NJ. p. 33.

度生态位重叠度的值相对较大，表明生态位重叠较小，即竞争较为缓和。由生态位重叠度的值可知，网络与广播的竞争是最为激烈的，其次是与报纸，最温和的竞争发生在网络与电视之间。

表 5-7　四种媒体在受众年龄维度的生态位宽度①

	报纸/%	电视/%	广播/%	网络/%
24 岁以下	21.5	22.2	26.5	52.4
25—34	25.1	16.9	18.5	28.1
35—44	24.1	17.9	20.7	12.7
45—54	16.4	19.6	15.6	4.6
55 岁以上	12.9	23.4	18.7	2.2
总计	100.0	100.0	100.0	100.0
生态位宽度 B 值	4.74	4.93	4.84	2.69

数据来源：报纸受众数据来源于 CTR 媒体与产品研究部：沈颖、邓世勇撰的《近三年来中国报业读者市场发展回顾》，载《中国报业》2007 年第 5 期第 24 页；电视和广播受众数据来源于王兰柱主编．《中国广播收听年鉴(2007)》，北京：中国传媒大学出版社，2007 年 12 月，第 7 页，第 12～13 页；网民数据来源于中国互联网络信息中心(CNNIC)的《第 19 次中国互联网络发展状况统计报告(2007 年 1 月)》。

表 5-8　四种媒体在受众年龄维度的生态位重叠度

	生态位重叠度 O
报纸/电视	0.022 7
报纸/广播	0.011 4
报纸/网络	0.134 8
电视/广播	0.006 7
电视/网络	0.173 9
广播/网络	0.122 0

注：$0 \leqslant O \leqslant 1$。$O$ 值愈小表明媒体在受众年龄维度的生态位重叠愈大，即竞争愈激烈。

① 本表中四种媒体受众的数据为 2006 年的权威统计数据。尽管网民数据每年有 CNNIC 的两度更新，但此处的分析主要是为了与其他媒体比较的方便。在这四种媒体中，除了网民数据外，其他三种媒体受众的年龄结构，历年变化不大。至于网络用户年龄结构维度的生态位宽度，本书第七章中有最新测量结果。在这里，网民年龄结构数据来自于对《中国互联网络发展状况统计报告(2007 年 1 月)》中网民年龄分布数据的合理修正(其中，"24 岁以下"年龄段的网民数据是原报告中的数据)，因为该报告所呈现的网民年龄结构与上述《中国广播收听年鉴(2007)》中对受众年龄结构的划分方法并不一致。

如果将电视和广播视为同一类型的媒体，或者说将电视和广播作为同种媒体，根据上文的理论预期，即种群之间的竞争强度会小于种群内部。此处，这种理论上的期待得到了验证，因为电视和广播在受众年龄维度的生态位重叠最大（O＝0.006 7），即竞争最激烈。其次，是报纸和广播（O＝0.011 4）的竞争，强度相当于报纸和电视的两倍（O＝0.022 7）。竞争最不激烈的情形发生在网络与三种传统媒体之间，生态位重叠度的值超过 0.12。其中，报纸与网络受众资源竞争的激烈程度，仅仅相当于电视和广播的约二十分之一（0.134 8/0.006 7）。

但需要说明的是，这是 2006 年的数据。近几年来互联网的发展极为迅速，网民的年龄结构已有很大变化。2011 年 7 月，中国互联网络信息中心（CNNIC）发布的《第 28 次中国互联网络发展状况统计报告》显示，截止到 2011 年 6 月，中国网民规模已达 4.85 亿，普及率为 36.2%。此时，网民的年龄结构是：10 岁以下为 1.3%、10—19 岁为 26.0%、20—29 岁为 30.8%、30—39 岁为 23.2%、40—49 岁为 11.6%、50—59 岁为 4.8%、60 岁以上为 2.4%。[①] 与此形成对照的是，在 2006 年，35 岁以上的网民比例仅为 29.5%。这表明网络在越来越向年龄较大的群体渗透。

至于生态位竞争优势，由于无法获得产业层次四种媒体受众的具体数据（数量而不是百分比），因此，不能就此维度的生态位竞争优势进行测量。

三、广告资源维度的生态位竞争

广告是决定媒体生存和发展的直接资源，广告之于媒体的意义无须赘述。Dimmick 与 Rothenbuhler 于 1984 年采用生态位理论考察 5 种媒体广告资源竞争的景象。两位研究者考察 1948 年至 1982 年间报纸、广播、杂志、无线电视和有线电视的广告收入数据，发现当电视在 1950 年代出现时，影响到广播对广告资源的使用：广播将全国性广告这种资源让给电视，而增加地方性广告作为生存资源，直接表征是生态位宽度的显著减小。[②] Dimmick 与 Rothenbuhler 还曾以生态位理论的观点探索报纸、电视、广播与户外四种媒体广告资源的竞争。他们将 1935 年到 1980 年划分为 4 个时期，即 1935—1948 年、1949—1959 年、1960—1969 年和 1970—1980 年，发现在 1948 年电视尚未出现时，广播的生态位宽度是此 46 年间之

---

① 中国互联网络信息中心（CNNIC）：《第 28 次中国互联网络发展状况统计报告（2011 年 7 月）》。

② Dimmick, J., & Rothenbuhler, E. W. (1984). Competitive displacement in the communication industries: New media in old environments. In R. Rice (Ed.), *The new media: Communication, research, and technology* (pp. 287-304). Beverly Hills: Sage Publications.

最高点；在电视出现的1949年，广播与电视的生态位重叠亦为此46年间之最高(即重叠度的值最小)。当两种媒体的生态位重叠过高时，将使得两种媒体无法共存，会促使两种媒体调整广告资源的使用模式。Dimmick与Rothenbuhler的研究揭示，到1960年时广播和电视的广告资源使用状况已有较大区隔。相对于在1950年代，报纸在1970年代减少了将近10%的全国性广告收入，而这样的减少由地方性广告与分类广告的增多加以弥补。报纸全国性广告的减少是由于电子媒体的入侵所致。①

此后Dimmick等再次分析美国有线电视迅速崛起对无线电视广告资源的影响。通过对广播、无线电视和有线电视1980—1989年间广告资源生态位宽度和重叠度的分析，他们发现1980年代的广播已是广告资源维度的特化媒体(即广告资源"窄用型"媒体)，主要广告资源来自地方性广告，无线电视在3种媒体中的广告生态位宽度最大，但有线电视的生态位宽度在逐年增大，有逐渐入侵无线电视广告生态位的现象。广告资源生态位重叠度的分析显示，无线电视与有线电视的生态位重叠度为三者之中最高，其次是无线电视与广播，最后是有线电视与广播。②

在本书的研究中，我们希望回答的问题是：在当前的中国，报纸、电视、广播、杂志和网络5种媒体，在产业层次，广告资源行业来源的生态位宽度分别如何？各种媒体广告资源行业来源的生态位重叠度如何？哪些媒体分别处于广告资源行业来源生态位的竞争优劣势地位？

正如第三章已论及的，对媒体广告收入这种资源维度的分析，Dimmick及其同事的研究一般将广告收入划分为全国性广告、地方性广告和分类广告3种类型。实际上，这种划分相对粗略，不利于深入考察。为此，本书的研究采用广告收入行业来源来探索媒体广告资源的生态位。表5-9显示的是2008年中国报纸、电视、广播、杂志和网络5种媒体广告收入的总额及行业来源构成。据此，可计算得到5种媒体广告收入行业来源维度的生态位宽度、重叠度和竞争优势。

---

① Dimmick, J., & Rothenbuhler, E. W. (1984). The theory of the niche: Quantifying competition among media industries. *Journal of Communication*, 34(1), 103-119.

② Dimmick, J., Patterson, S. J., & Albarran, A. B. (1992). Competition between the cable and broadcast industries: A niche analysis. *Journal of Media Economics*, 5(1), 13-30.

表 5-9 5 种媒体产业 2008 年广告收入行业来源的分布①

	报纸/万元	电视/万元	广播/万元	杂志/万元	网络/万元
药品	296 386	601 383	88 770	25 729	3 254
食品	301 143	918 942	95 547	23 708	22 108
化妆品	128 692	613 347	20 586	23 827	8 078
医疗器械和服务	330 260	385 023	91 121	33 587	7 667
家用电器	178 436	221 980	32 911	13 772	7 646
烟酒服装服饰	133 057	372 647	31 148	25 645	9 547
房地产	719 883	329 639	62 022	26 926	47 689
汽车	299 643	281 277	54 853	20 500	54 188
新兴行业	562 221	421 845	90 012	44 487	83 256
其他	477 017	868 955	116 438	72 066	34 155
总计	3 426 737	5 015 037	683 409	310 246	277 588

数据来源：2008 年数据来源于中国工商行政管理年鉴编辑部. 中国工商行政管理年鉴(2009)[M]. 北京：中国工商出版社，2010：753.

2008 年，中国 5 种媒体的广告总收入为 9 713 017 万元人民币，其中，报纸 3 426 737万元，电视 5 015 037 万元，广播 683 409 万元，杂志 310 246 万元，网络 277 588 万元。将表 5-9 中的绝对数转换成表 5-10 中的百分数，然后按第四章中的计算公式，可以得到 5 种媒体广告收入行业来源维度的生态位宽度。在这里，广告收入被划分为 10 种行业，所以，生态位宽度 B 的取值范围是[1,10]。B 的取值愈大，表明该媒体的广告行业来源愈广，或者说，该媒体在更为宽泛的范围内(更多的广告资源来源行业)与其他媒体竞争广告资源。结果显示，广播媒体的生态位宽度最大，然后依次是电视、杂志、报纸，最后是网络。不过，除网络外，其余 4 种媒体广告行业来源的生态位宽度差别并不大，表明这 4 种媒体在广告收入来源上有着比较类似的模式。因为生态位宽度的最大值为 10，而 4 种媒体的生态位宽度达到 8 左右，因此，可认为它们都是广告资源利用的“泛化”媒体；相对来说，网络则属于广

① 选择使用 2008 年度统计数据的原因，是因为《中国工商行政管理年鉴(2009)》在 2010 年才出版，呈现 2009 年广告数据的《中国工商行政管理年鉴(2010)》到 2011 年 6 月尚未面世。《中国工商行政管理年鉴》对“网络广告”的定义，与艾瑞咨询等机构相比，相对保守。以 2006 年网络广告总收入为例，根据《中国工商行政管理年鉴(2007)》，当年网络广告总收入是 18.7 亿元，而根据艾瑞咨询的数据是 60.5 亿元。在表 5-9 中，“新兴行业”由信息产业、金融保险、招生招聘、农贸、服务业构成。这些行业自 2003 年起，出现在《中国工商行政管理年鉴》的广告来源行业类中。

告资源利用的"窄化"媒体。

表 5-10 5 种媒体 2008 年广告收入行业来源的生态位宽度

	报纸/%	电视/%	广播/%	杂志/%	网络/%
药品	8.65	11.99	12.99	8.29	1.17
食品	8.79	18.32	13.98	7.64	7.96
化妆品	3.76	12.23	3.01	7.68	2.91
医疗器械和服务	9.64	7.68	13.33	10.83	2.76
家用电器	5.21	4.43	4.82	4.44	2.75
烟酒服装服饰	3.88	7.43	4.56	8.27	3.44
房地产	21.01	6.57	9.08	8.68	17.18
汽车	8.74	5.61	8.03	6.61	19.52
新兴行业	16.41	8.41	13.17	14.34	29.99
其他	13.92	17.33	17.04	23.23	12.30
总计	100.0	100.0	100.0	100.0	100.0
生态位宽度 B 值	7.800	8.271	8.292	7.962	5.473

注:生态位宽度取值区间:$1 \leqslant B \leqslant 10$;$B$ 值愈大表明该媒体广告来源生态位愈宽。

进一步的测算可得到 5 种媒体在广告收入行业来源的生态位重叠度,结果如表 5-11 所示。广播和杂志生态位重叠度的值最小(0.015),即生态位重叠最大,或者说,它们在广告收入行业来源的竞争最为激烈。其次,是电视和广播(0.018),然后是报纸和广播(0.022),以及电视和杂志(0.023)。报纸和电视之间竞争的激烈程度(0.048)约是电视和杂志之间竞争激烈程度的两倍。网络新媒体与 4 种传统媒体之间的竞争,除了和报纸的竞争强度比较大(0.043),和其余 3 种媒体的竞争强度并不大(从 0.077 到 0.115)。

将上文分析所得的 4 种媒体在受众年龄和广告收入行业来源维度的生态位重叠度结果加以综合,以图的形式客观显示,如图 5-1 所示。在 4 种媒体中,以受众年龄和广告来源维度作为分析指标,电视和广播的竞争最为激烈,其次是报纸和广播,报纸和电视,然后是报纸和网络、广播和网络,电视和网络间的竞争最不激烈。本章第一节中,根据理论生态位学的研究,我们曾预期媒体的产业内竞争比产业间竞争更为激烈,如果将电视和广播视为类似的种群,在经验层面,这里的结论大体印证着我们的猜测。

表 5-11 5 种媒体产业 2008 年广告收入行业来源的生态位重叠度

媒体产业	生态位重叠度
报纸/电视	0.048
报纸/广播	0.022
报纸/杂志	0.029
报纸/网络	0.043
电视/广播	0.018
电视/杂志	0.023
电视/网络	0.115
广播/杂志	0.015
广播/网络	0.080
杂志/网络	0.077

注：生态位重叠度的取值区间为：$0 \leqslant O \leqslant 1$，$O$ 值愈小表明竞争愈剧烈。

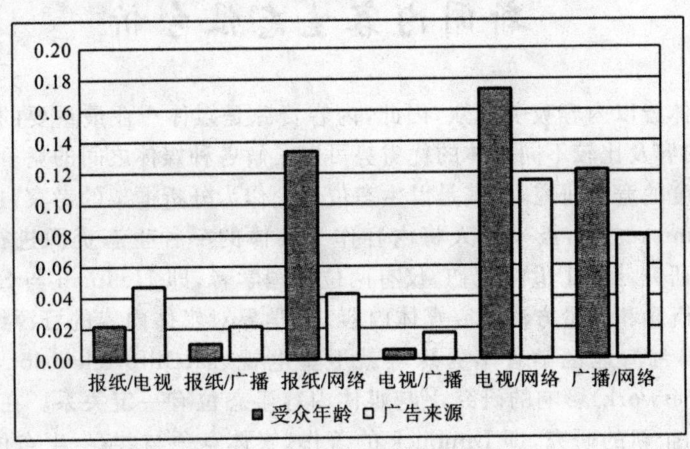

图 5-1 4 种媒体在受众年龄和广告来源维度的生态位重叠度①

5 种媒体中，哪些媒体处于广告收入行业来源资源维度的竞争优势地位，哪些又处于相对劣势地位？我们以报纸媒体作为参照基准，将表 5-9 中的数据代入第四章的式(4-3)，可以得到其他 4 种媒体对报纸的生态位竞争优势结果。如表 5-12 所示。

① 生态位重叠度值愈接近零或水平轴，表明竞争愈剧烈。需要注意到，受众年龄维度生态位重叠度的计算，是基于 2006 年的数据，而广告来源维度生态位的重叠度，是基于 2008 年的统计数据。

表 5-12 2008 年 4 种媒体对报纸广告收入行业来源的生态位竞争优势

	生态位竞争优势 α
电视 vs. 报纸	1.705 0
广播 vs. 报纸	0.041 2
杂志 vs. 报纸	0.009 2
网络 vs. 报纸	0.005 7

表 5-12 显示，在电视和报纸之间，电视的生态位竞争优势更大，为 1.705 0。广播对报纸的竞争优势要小很多，仅有 0.041 2；其次是杂志，对报纸的竞争优势仅为 0.009 2，最后是网络，0.005 7。可以看到，电视和报纸基本处于广告资源行业来源的同一等级，而广播比报纸和电视要低两个数量级，杂志和网络更是要低三个数量级。

第三节　中国媒体产业内竞争现状：新闻内容生态位分析

所有媒体皆以内容吸引受众，因此，内容资源是媒体产业最重要的资源之一。“分析媒体内容及比较不同媒体的优劣势可以了解各种媒体之间的竞争关系。”①对媒体内容维度的竞争研究，尤其是以生态位理论作为分析框架的考察，迄今尚不多见。在 Dimmick 之前，极少有人将内容作为媒体的一种生态资源进行研究。据 Dimmick 的研究，到 21 世纪之初，仅有两位美国学者，即 Hellman 与 Soramaki 使用生态位的概念和度量方法研究媒体内容。② 学界对媒体内容的资源维度所知甚少。1997 年，台湾地区学者李秀珠等就卫星电视（satellite television）对电视网（television network）影响的研究，③与媒体内容生态位有一定关系。在 2003 年以后，增加了两个新的研究，即 Dimmick 的著作《媒体竞争与共存：生态位理论》，以

① 李秀珠、彭玉贤、蔡佳如：《新传播科技对台湾新闻媒体之影响：从新闻内容之区位谈起》，《新闻学研究》（台湾），2002 年，总第 72 期，第 27-54 页。

② Hellman, H., & Soramaki, M. (1994). Competition and content in the U. S. video market. *Journal of Media Economics*, 7(1), 29-49.

③ Li, S. C. S. (1998). *The impact of market competition on the terrestrial television networks in Taiwan: The perspective of niche theory*. Paper presented at the annual meeting of the Chinese Communication Association, Taipei, Taiwan, ROC.

及台湾地区学者张意曼和陈柏宏对电子报与传统报纸内容异同的考察。[①]

李秀珠通过对内容生态位宽度和重叠度的分析，研究台湾地区卫星电视（satellite television）对电视网（television network）的影响。经由对台湾地区三家电视网七年来节目内容数据的采集和分析，她发现来自卫星电视的竞争使得电视网的生态位宽度降低，迫使后者放弃不少节目样式，专注于其他质量更高的节目。这个研究还发现，卫星电视和电视网之间的生态位重叠度极高，因此她预测，电视网如果要继续生存下去，则其内容生态位将愈加缩小，专注于更少量的节目内容。[②]

20 世纪 90 年代以来，传播科技迅速发展，尤以卫星技术及网络对新闻媒体的影响为最，卫星及网络科技所带来的 24 小时电视新闻及电子报纸对传统报纸的影响，已经不容忽视。三位台湾地区研究者，即李秀珠、彭玉贤和蔡佳如，以组织生态位和生态位理论的观点分析电视新闻、电子报纸与报纸的生态位宽度、重叠度和竞争优势，检视三种新闻媒体的内容资源使用及竞争优劣势。研究发现，电视新闻与报纸的竞争最为激烈，报纸优于电视居于较佳的竞争地位。不过，正如研究者自己所指出的，仅从内容维度进行生态位的分析，还远远不够，必须兼顾媒体的广告和受众这两种重要的资源。[③]

20 世纪 90 年代末，电子报在台湾地区发展已久，当时网络泡沫已甚为严峻。张意曼和陈柏宏以生态位理论的观点探讨电子报与传统报纸在内容上的异同。结果显示，虽然发展已有一段时间，但电子报纸成长缓慢，仍未能依靠其特有的技术优势探索出自身的发展道路。在内容生态位宽度与竞争优势上，传统报纸比电子报占更大优势，两者的生态位重叠度也高。研究者指出，电子报在内容特色的发展上，未来还有很长的一段路要走。[④]

本节要呈现的研究有两个，皆是对媒体新闻内容生态位的实证分析，主要考察的是媒体新闻内容的生态位宽度和重叠度。本书的研究认为，新闻内容对任何媒体而言，并非是绝对的稀缺资源；相反，它对所有媒体开放。因此，本书认为对媒体内容生态位竞争优势的测量是没有意义的。

---

① 张意曼、陈柏宏：《从区位理论的观点探讨电子报与传统报纸在内容上的异同：以中时报系之电子报与报纸为例》，《传播与管理研究》（台湾），2003 年，第 2 卷第 2 期，第 209-230 页。

② Li, S. C. S. (1998). *The impact of market competition on the terrestrial television networks in Taiwan: The perspective of niche theory*. Paper presented at the annual meeting of the Chinese Communication Association, Taipei, Taiwan, ROC.

③ 李秀珠、彭玉贤、蔡佳如：《新传播科技对台湾新闻媒体之影响：从新闻内容之区位谈起》，《新闻学研究》，2002 年，总第 72 期，第 27-54 页。

④ 张意曼、陈柏宏：《从区位理论的观点探讨电子报与传统报纸在内容上的异同：以中时报系之电子报与报纸为例》，《传播与管理研究》（台湾），2003 年，第 2 卷第 2 期，第 209-230 页。

第一个研究，是对湖北广电总台的电视和广播节目在新闻内容主题维度的生态位考察，在 2009 年 2 月进行。第二个研究，是针对报纸和网络媒体新闻内容生态位的分析，以 2008 年北京奥运报道为基础，研究的次级维度包括：新闻报道的体裁、主题和方式。两个研究在产业内的组织层面实施。没有在产业层次实施这两项研究的理由，是因为不同产业的媒体对新闻内容的处理方法差别较大。

一、电子媒体的内容生态位竞争：湖北广播电视的新闻节目研究

为了研究的便利，笔者选择湖北的电子媒体来探索广播电视新闻内容的生态位竞争现象。湖北省广播电视总台于 2006 年 3 月成立，是湖北三家主要新闻媒体之一，也是该省发射功率最大、唯一能覆盖全省的广播电视媒体。在 2009 年，湖北广播电视总台电视频道有卫视、经济、综合、影视、公共、体育、教育、都市、城市和数字频道共 10 个。卫视频道有两档新闻节目：其一是《今晚 6 点》，播出时间为每晚 6 点，长度约 20 分钟，内容均为社会民生新闻，一般来说，节目容量有 12～13 条，偶尔 8～9 条；其二是《湖北新闻联播》，播出时间是每晚 6:30，平均长度约 21 分钟，除去广告、片头之外，还约有 19 分钟。相对于《今晚 6 点》，《湖北新闻联播》更有影响力，适合于作为研究电视媒体新闻内容生态位的对象。

在 2008 年的湖北省和武汉市广播市场，湖北广播电台拥有 75.6%的份额，武汉电台和中央台分别拥有约 15%和 10%的份额。因此，这里我们选择湖北电台来研究。湖北电台中有多个频率可供选择。据赛立信媒介研究有限公司的报告，湖北电台的“总台楚天新闻广播”和“总台新闻综合广播”两个频率，不论是在日到达率、周到达率还是在频次比率指标上，都是武汉地区最具竞争力的频率，尤其是，两者是最具竞争力的新闻频率。[①] 由此，本书的研究在两个频率中随机选择“总台新闻综合广播”作为考察的对象。“总台新闻综合广播”有两个主要的新闻节目，即《全省新闻联播》和《湖北新闻》。《全省新闻联播》是一档综合性新闻节目，在历次听众调查中，收听率一直居湖北电台各档节目前列，曾被评为湖北电台十佳节目之一。该节目首播时间为 18:00—18:30，重播时间是 22:00—22:30。《湖北新闻》作为早间新闻节目，也拥有较大影响力，该节目和《全省新闻联播》分别是“总台新闻综合广播”排名为第二和第八的广播节目，因此，将这两个广播新闻节目作为具体分析的对象。

---

① 在前述三个指标上，这两个频率排名皆在前八。除这两个频率外，排在前八的其他频率是以下 6 个：总台楚天交通体育广播、总台楚天音乐广播、武汉人民广播电台、总台经济广播、中央电台中国之声、总台妇女儿童广播。

笔者以随机抽样方法，在2009年1月至2月间随机选择7天；然后，将当天湖北卫视的《湖北新闻联播》、湖北电台的《全省新闻联播》和《湖北新闻》节目中每条新闻编码。这7天中，湖北卫视《湖北新闻联播》共播放95条新闻，湖北电台《全省新闻联播》和《湖北新闻》共播出167条新闻。

编码过程只涉及“新闻主题”一个变量。该变量包括7个类目：党政(会议)新闻、经济(财经)新闻、文教卫新闻、社会新闻、民生新闻、科技新闻和其他(国际/体育/娱乐等)。编码工作由笔者本人完成。未采用研究助理共同实施以检验编码信度的原因是，此处仅关注“新闻主题”一个变量，该变量编码并不太繁琐，且较少导致笔者个人的主观偏差。因此，即使不检验编码信度，研究结果也应具有相当的说服力。通过计算上述各种主题新闻出现的频数(表5-13)，将百分数代入第四章的计算生态位宽度的式(4-1)，得到电子媒体新闻内容主题的生态位宽度值。

表5-13 湖北卫视和湖北广播电台新闻内容的主题

	湖北卫视/%	湖北广播电台/%
党政(会议)新闻	43.22	12.56
经济(财经)新闻	12.31	30.78
文教卫新闻	16.57	17.45
社会新闻	5.24	8.64
民生新闻	5.87	12.25
科技新闻	8.65	7.89
其他(国际/体育/娱乐等)	8.14	10.43
总计	100.0	100.0
生态位宽度 B 值	4.00	5.54

注：此处生态位宽度的取值区间为：$1 \leqslant B \leqslant 7$，$B$ 值愈大表明该媒体新闻内容的主题愈多元化。

湖北广播电台新闻节目主题维度的生态位宽度为5.54，湖北卫视新闻节目主题维度的生态位宽度为4.00。这表明，广播电台的新闻主题更多元化，湖北电视新闻节目更专注于少数几种主题类型的节目。湖北卫视的新闻节目主要集中于党政(会议)新闻，而广播电台的新闻节目除在经济(财经)新闻的比率稍高外，其余节目较均衡地分布于其他主题。此外，将表5-13中数据代入第四章中的计算生态位重叠度的式(4-2)，得到湖北卫视和湖北电台新闻节目在主题维度的生态位重叠度的值为0.134。这表明，两种媒体在新闻节目主题维度存在一定的竞争，但竞争并不十分激烈。由于没有可资比较的其他数据，在此我们不能做更多的推断。

随着技术的发展，对于广播和电视而言，频道资源已不再是稀缺资源，一家电视台往往同时办很多频道,广播台亦是如此。比如,湖北省广播电视总台电视频道有10个频道,这些频道都有各自的新闻节目,且不同频道往往主打不同内容的新闻节目。经视有纯民生社会新闻性质的《经视直播》,综合频道有《综合一时间》,公共频道有《公共新闻》,教育频道有《8856》,都市频道新闻节目则以民生为主体,至于影视频道和体育频道,也分别有娱乐新闻和体育新闻。湖北省广播电视总台的广播台,则有楚天台的4个频道和湖北台的6个频道,不同的频道根据自身定位的不同,有相应的新闻节目。

在新闻节目设置相对分散的情形下,本书的研究仅选择湖北卫视的《湖北新闻联播》和湖北电台的《全省新闻联播》和《湖北新闻》三个新闻节目作为考察广播、电视新闻竞争的切入点,难以揭示电子媒体新闻内容竞争的全貌。因此,分析的结论可能在一定程度上与现实情形有所偏差。然而即便如此,这里的发现,如广播新闻相对电视新闻有更大的内容生态位宽度,电视和广播的新闻内容竞争并不异常剧烈,却是对当前电视和广播媒体新闻内容竞争现象的一种生态学阐释。

二、报纸和网络新闻内容的生态位竞争:2008年奥运报道考察

由于当今中国报业种类较多,笼统对报纸新闻内容的竞争进行研究并不太现实。这里我主要选择报业中的都市报“亚种群”实施研究。选择该亚种群进行研究的理由在于,在当今中国的报业竞争中,都市报之间竞争最为激烈。2000年在成都实施的一项研究指出,该城5家都市报版面设置趋同比率最高者达到90.5%,最低为67.4%,平均趋同率为76.9%,且主打广告主要集中于房地产和医疗保健两大类。另一份研究通过对2001年北京《京华时报》和《北京晨报》的分析发现,两报的内容替代率达到1.1,内容差异系数为2.2。[①] 2008年发表的一份对重庆4家都市报的研究发现,当今都市报同质化的程度相对1990年代后期,有过之而无不及。[②]

此处笔者进行的研究,主要是采用生态位的理论范式考察都市报这一报纸种群竞争的基本态势。在样本选取上,兼顾全国各地域的多家知名都市报纸,选择《南方都市报》、《广州日报》、《京华时报》、《成都商报》和《华商报》5家报纸,以此预期结论在全国范围内的可概化性应能达到相当程度。为了对比和参照,选择华商网探索报纸和网络在新闻内容资源维度上的竞争景象。《南方都市报》和《广州日

---

① 孙燕君:《报业中国》,北京:中国三峡出版社,2002年版,第107页。

② 杨清波、龙倩茜:《重庆都市类报纸同质化现象的解读与对策》,《重庆文理学院学报(社会科学版)》,2008年第4期。

报》位于同一城市，由此而可推断其他中心城市都市报的竞争图景。与此前的相关研究不同，这里特别选择2008年的“奥运报道”作为考察对象。与媒体的常规新闻报道不同，奥运会作为当年中国媒体面临的一件盛事，观察媒体如何报道奥运，能体现媒体间新闻内容竞争的微妙景象。“奥运报道”指在2008年8月1日至8月31日间，6家媒体刊载的所有与北京奥运会有关的新闻报道，但不包括8月下旬开始的残奥会相关报道。以此为标准，在6家媒体的网上图形版内详尽搜索，共得4 322篇新闻报道文本（5家报纸分别是1 028、760、711、827、678篇，华商网为318篇①）。

此处考察6家媒体“奥运报道”的体裁、主题和方式。报道体裁被分为10个类别：消息、新闻分析、解释性报道、访问记、采访札记、图片报道、新闻特写与通讯、评论或言论、资料与漫画、其他。报道主题表明一则报道所关注的主要事项，形成一则新闻展开的核心思路。“奥运报道”的主题有7种：奥运赛事实况（含开闭幕式）、参赛运动员、奥运相关服务与志愿者、奥运相关设施、奥运相关活动、奥运会观众与历史、其他。报道方式指记者编辑采用何种表现策略呈现新闻事件，在操作层面，本书的研究包括4种类别：文字表达、图片和文字结合、图片文字和表格结合使用、多种表现手法并用。

通过事先确定的分类目录编制编码表，对所有“奥运报道”文本一一编码而取得原始数据。编码工作由5位新闻学硕士研究生和4位博士研究生在2008年9月6日至9日完成。正式编码前有预研究。编码完成后以独立编码者测试，表明Krippendorff α值的最小值是88.3%，已达到实施进一步分析的标准。

通过对所有报道文本的分析，获得如表5-14至表5-16所示的数据。这些数据反映出6家媒体在“奥运报道”的体裁、主题和表现方式上的分布。显然，细看表5-14至表5-16，已可大致窥见下文的结论。对几乎所有媒体而言，报道体裁主要集

① 华商网的情形较为特殊。网站的新闻报道与报纸有着较大区别。奥运期间，华商网在首页上开辟“奥运”专版，集中报道所有有关奥运的信息；故这里对华商网奥运报道的研究，主要以该专版为对象。该专版涵盖有“聚焦”、“策划”和“互动”3个板块，其中：“聚焦”包括“滚动播报”等9个专题；“策划”包括“陕西元素”等9个专题；“互动”包括“网友Ⅰ报团”等9个专题。三个板块加总共计27个专题，但只有“滚动播报”是名副其实的“奥运报道”。最终以对该专题中的文本作为分析对象。“滚动播报”专题仅保存20个页码的奥运报道，每页容量是50篇，这些文本按照与当下日期的距离由近而远排列；也就是说，距离材料搜集日期（2008年9月6日至9日）较远的文本，在华商网“滚动播报”专题中并不存在，已被后来文本“挤掉”。最终，获取的最早奥运报道文本的记载时间为8月19日，最迟为8月29日（30日和31日没有相关文本），共计954篇。由于数量庞大，同时因为上述文本是按照每页50篇自上而下顺序排列，这为等距离抽样提供了天然条件。以间隔篇数为“2”抽样，共得到318篇，成为我们的分析对象。研究资料的具体采集时间为2008年9月6日至9日。感谢武汉大学新闻与传播学院新闻学专业2007、2008级汤洁等5位硕士研究生和新闻学专业2006、2007级黄晓军等4位博士研究生在数据采集过程中的贡献。

中于消息，其次是新闻特写与通讯、新闻分析、解释性报道。然而，各家媒体对于不同类型体裁的重视程度有不少细微的差别。

表 5-14 6 家媒体 2008 北京“奥运报道”的新闻体裁

	《南方都市报》	《广州日报》	《成都商报》	《京华时报》	《华商报》	华商网
消息	46.1	38.9	32.3	51.6	43.7	35.8
新闻分析	6.4	14.9	6.3	0.8	6.3	20.4
解释性报道	1.8	5.7	10.6	1.5	3.4	4.7
访问记	5.1	5.0	7.5	1.1	4.0	3.5
采访札记	0.8	0.7	1.1	0	0.1	0
图片报道	6.1	3.2	4.0	4.8	5.9	2.8
新闻特写与通讯	23.1	23.7	21.5	33.9	13.7	28.9
评论或言论	7.0	5.5	13.1	2.0	18.0	2.2
资料与漫画	2.2	1.1	2.7	1.6	2.4	0.9
其他	1.4	1.4	1.0	2.7	2.5	0.6

注：表中的数据为百分数。

表 5-15 显示的是 6 家媒体“奥运报道”的新闻主题。奥运赛事实况（含开闭幕式）和参赛运动员是所有媒体最为重视的。但是，细微的差别也存在，比如华商网对“其他”主题的关注较高，《成都商报》对参赛运动员最为关注，《京华时报》相对不重视对参赛运动员的报道。

表 5-15 6 家媒体 2008 北京“奥运报道”的新闻主题

	《南方都市报》	《广州日报》	《成都商报》	《京华时报》	《华商报》	华商网
奥运赛事实况（含开闭幕式）	35.0	32.1	37.8	40.1	42.0	28.3
参赛运动员	35.0	31.9	40.4	19.8	30.8	30.8
奥运相关服务与志愿者	3.9	9.5	3.6	2.7	6.1	6.3
奥运相关设施	2.5	5.0	1.6	8.3	1.6	0.9
奥运相关活动	13.0	11.3	10.6	10.8	7.8	1.3
奥运会观众与历史	3.2	4.1	2.8	2.3	8.2	2.2
其他	7.3	6.1	3.1	15.9	3.6	30.2

注：表中的数据为百分数。

《南方都市报》和《广州日报》最重视“图片和文字结合”的报道方式。《京华时报》和华商网最倚重的方式是文字表达。至于更具多元化的表达方式，如图片/图形、文字和表格结合使用，甚至是摄影图片/文字/表格/图形/资料图片/漫画/等多种表现手法并用的方式，在6家媒体中并不流行。

表 5-16 6家媒体2008北京“奥运报道”的表现方式

	《南方都市报》	《广州日报》	《成都商报》	《京华时报》	《华商报》	华商网
文字表达	38.7	42.2	50.3	84.5	43.3	65.3
图片和文字结合	57.4	52.6	47.5	13.9	46.4	34.4
图片文字和表格结合使用	2.4	0.8	0.1	1.3	4.9	0.3
多种表现手法并用	1.5	4.4	2.1	0.3	5.4	0

注：表中的数据为百分数。

将上述数据分别代入第四章中相应的计算公式，得到6家媒体“奥运报道”在报道的体裁、主题、表现方式上的生态位宽度（见表5-17）和生态位重叠度（见表5-18）。

表5-17表明，在报道体裁上，《成都商报》的生态位宽度最大，即在各种不同报道体裁上的分布较为均匀，或者说对不同报道体裁的重视程度相近。《京华时报》的生态位宽度最小，在新闻体裁上，它是最为狭窄的资源利用者。至于报道主题，《广州日报》和《京华时报》相对宽泛，其他媒体间的差别并不大。报道方式上，《南方都市报》最令人注意，生态位宽度是《京华时报》的2.24倍，其他3家报纸差别不大。令人注意的是华商网，报道表现方式的生态位值较低，甚至不如一般的都市报。对照表5-16可知，华商网的报道方式实际上局限于文字表达和图片文字结合两种方式，至于更为丰富多元的表达方式，华商网并未予以重视。

表 5-17 6家媒体2008北京“奥运报道”的生态位宽度

	《南方都市报》	《广州日报》	《成都商报》	《京华时报》	《华商报》	华商网
报道体裁生态位宽度 B 值	3.54	4.17	5.24	2.60	3.94	3.87
报道主题生态位宽度 B 值	3.70	4.27	3.12	4.08	3.46	3.69
报道方式生态位宽度 B 值	3.04	2.19	2.09	1.36	2.45	1.84

注：对报道体裁：$1 \leqslant B \leqslant 10$；对报道主题：$1 \leqslant B \leqslant 7$；对报道方式：$1 \leqslant B \leqslant 4$。$B$ 值愈大表明媒体在该资源变量上的分布愈是均衡，即媒体对该种资源的利用宽度更大。

表5-18显示的是6家媒体在报道体裁、主题和表现方式上的生态位重叠度。不论在体裁、主题还是表现方式上，任意两家媒体间生态位重叠度的值基本接近于0，这意味着被加以比较的每一对媒体在任一资源空间的生态相似性很强，即资源利用模式高度一致；尤其是在报道体裁和报道主题两个维度，任意两家媒体生态位

重叠度的值皆小于0.1。显然，这是都市报同质化竞争在新闻内容上的直接表征。此外，《南方都市报》和《广州日报》位于同一城市，竞争异常激烈，这反映在两报更小的生态位重叠度的值上。其他媒体，虽说大多数并不在同一地域，但较小的生态位重叠度的值，却反映出各家媒体对新闻内容资源利用模式的高度相似性。

表 5-18　6 家传媒 2008 北京"奥运报道"的生态位重叠度

	报道体裁生态位重叠度	报道主题生态位重叠度	报道方式生态位重叠度
《南方都市报》/《广州日报》	0.015 2	0.006 1	0.004 6
《南方都市报》/《成都商报》	0.031 8	0.006 1	0.023 8
《南方都市报》/《京华时报》	0.022 4	0.037 2	0.399 2
《南方都市报》/《华商报》	0.022 1	0.013 8	0.016 3
《广州日报》/《成都商报》	0.021 4	0.016 2	0.009 7
《广州日报》/《京华时报》	0.051 4	0.036 7	0.330 4
《广州日报》/《华商报》	0.037 0	0.015 8	0.005 7
《成都商报》/《京华时报》	0.080 9	0.063 9	0.230 3
《成都商报》/《华商报》	0.028 6	0.015 3	0.008 4
《京华时报》/《华商报》	0.077 1	0.037 6	0.279 3
《华商报》/华商网	0.075 9	0.097 4	0.067 8

注：$0 \leqslant O \leqslant 1$。$O$ 值愈小表明两家媒体在相应新闻内容维度的生态位重叠愈大，即竞争愈激烈。

《华商报》和华商网间的对比分析，可揭示出纸质和网络媒体在新闻内容上的竞争景象。一般认为，网络媒体具有更为优越的技术特性，这对于加强其竞争优势应该是有益的。然而，表 5-18 的最后一行却表明，在报纸和网络媒体间，生态位重叠度（或者说同质化程度）极高，重叠的情形甚至超过纸质媒体之间。

通过以 2008 年北京"奥运报道"为切入点，我们选择全国 5 家知名都市报和 1 家网络媒体的报道实施内容分析，考察纸质媒体新闻内容竞争的现状。此前我国大量对媒体新闻内容资源运作和管理的研究，主要聚焦于内容的同质化现象，这是近来中国媒体产业发展中的一个重要问题。新闻内容的同质化往往与受众定位和广告收入的趋同相关联。[①] 同质化竞争现象涉及多个媒体产业，包括电视、报纸、广

① 向志强、彭祝斌：《传媒领导双重博弈中的激励与行为——对我国传媒业同质化现象的一种解释》，《现代传播（中国传媒大学学报）》，2008 年第 5 期。

播和网络，以及杂志等，[①]其中尤以报纸中都市报群落的同质化为甚，故学术界和实务界对都市报同质化竞争的关注亦更为热切。报纸，尤其是都市报同质化的问题，并非为某一地或某一城所独有，而是全国各地，尤其是全国各大城市报业竞争的共同和普遍现象[②]。即使在报纸产业内部，同质化竞争并非仅是都市报群落所独有，在其他报纸种群如财经类报纸，同质化现象同样存在，并引发大量研究。[③]

在这里，笔者选择以生态位理论考察都市报种群中的新闻内容竞争现象，同时也对报纸和网络两种媒体新闻内容的生态位进行比较分析。研究发现，虽然不同的报纸在各个内容资源维度上的生态位宽度有所差别，[④]但是，将各变量的生态位宽度标准化之后(即使得 $B\leqslant1$)，发现不论对于哪个变量，6 家媒体新闻内容生态位的宽度都相对狭窄。[⑤] 虽然在理论上，不论是就报道体裁、主题和表现方式而言，并没有一个固定的生态位宽度值可做借鉴和用以评判，但就 2008 北京“奥运报道”来看，不同的媒体在报道体裁、主题和表现方式上的多样化面貌却是应该被预期的。

表 5-19　6 家媒体 2008 北京“奥运报道”的生态位宽度标准化值

	《南方都市报》	《广州日报》	《成都商报》	《京华时报》	《华商报》	华商网
报道体裁标准化 B 值	0.354	0.417	0.524	0.260	0.394	0.387
报道主题标准化 B 值	0.529	0.610	0.446	0.583	0.494	0.527
报道方式标准化 B 值	0.760	0.548	0.523	0.340	0.613	0.460

注：对所有变量 $B\leqslant1$。B 值愈大表明媒体在相应维度对新闻内容资源的利用范围愈广。

对生态位重叠度的分析表明，各媒体的生态位重叠极高，这是都市报新闻内容同质化竞争的外在表现，即它们在对新闻内容资源的利用上，不论生态位宽度如何，亦不论被研究的媒体是否在同一地域，各媒体的新闻内容利用模式极为接近。显然，媒体同质化的新闻内容，使得新闻产品创新不仅迫切，且极有必要和富有价值。[⑥]

① 如：董天策、黄顺铭、谭舒：《成都报业趋同化的实证分析》，《新闻与传播研究》，2001 年第 2 期；朱春阳、郜小丽：《同质化竞争：风险与理性》，《新闻记者》，2002 年第 6 期。

② 已有许多研究注意到在西部的成都、中部的武汉、北方的北京、东南部的南京、东部的上海等城市，都市报的同质化竞争现象极为普遍。

③ 饶文靖：《财经类报纸的同质化竞争及其原因、后果分析》，《新闻与传播研究》，2003 年第 4 期。

④ 比如，在报道体裁上，《成都商报》的生态位宽度最大，《京华时报》最小；在报道主题上，《广州日报》生态位宽度最大，《成都商报》最小；在报道表现方式上，《南方都市报》生态位宽度最大而《京华时报》最小。这表明《京华时报》对各种新闻内容资源的利用是最为狭窄的，而《南方都市报》和《广州日报》相对宽泛，《成都商报》其次，《华商报》的表现一般。

⑤ 对大多数媒体，在 3 个变量上 $B<0.50$；可参见表 5-19，更直观的表达如图 5-2 所示。

⑥ 朱春阳：《现代传媒产品创新理论与策略》，济南：山东人民出版社，2005 年 1 版。

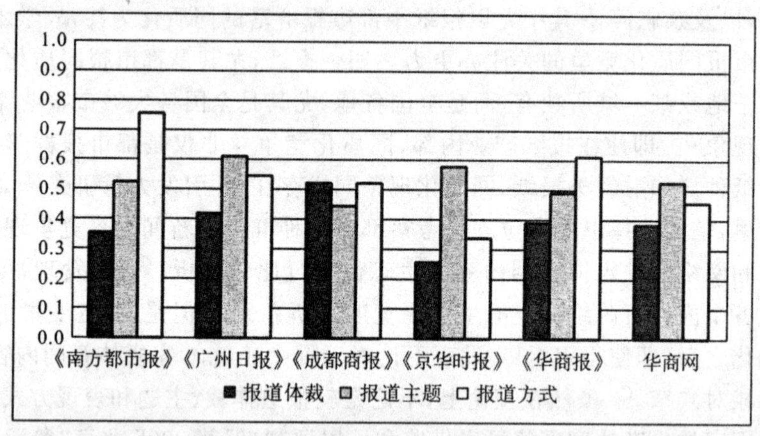

图 5-2 6 家媒体 2008 北京"奥运报道"的生态位宽度标准化值

另一个发现是,即使互联网已在中国城市社会广泛普及,且网民对新闻资讯的需求也愈来愈迫切,但显然,网络媒体与纸质媒体在新闻内容的体裁和表现方式上高度趋同,表明网络媒体并未实在利用技术上的优越性。国外相关研究显示,在2001年,电子报与报纸仍共享相同的资讯来源,且多以报纸的编辑提供内容;[①]此后,台湾地区两位学者的研究也发现了纸质媒体与电子报共用资源的现象,两位研究者由此指出,网络媒体在内容特色的发展上,未来还有很长的一段路要走。[②] 此处我们的研究表明,在当今的中国,网络与传统媒体在新闻内容上的趋同现象不仅存在,且甚为严重。

纸质媒体,尤其是都市报应注重对各种新闻内容资源的开掘,扩大新闻内容和形式的生态位宽度,同时要注重在新闻内容产品上的创新,降低与竞争对手在内容上的重叠,这是本研究的实践价值。不过,由于我们仅仅关注到新闻内容资源的报道体裁、主题和表现形式 3 个向度,并未考虑到其他层面,可能使研究的结果并不能展示都市报种群内部,以及报纸和网络竞争的全面图景,这需要在今后研究中加以注意。

① Chyi, H. I., & Sylvie, G. (2001). Competing with whom? Where? and how? A structural analysis of the electronic newspaper market. *Journal of Media Economics*, 11(2), 1-18.

② 张意曼、陈柏宏:《从区位理论的观点探讨电子报与传统报纸在内容上的异同:以中时报系之电子报与报纸为例》,《传播与管理研究》(台湾),2003 年,第 2 卷第 2 期,第 209-230 页。

第六章　生态位选择、优化与中国媒体的竞争策略

生态学的分析对媒体组织行为的解释和启发意义，已被媒体学者关注到。“传媒经营管理不能排除在生态位思维的范围之外，它的每个环节都与生态位现象息息相关。”[①]媒体生态位被认为是媒体生存和发展必须首先考虑的问题。[②]生态位构建的观点表达着生物有机体主动选择生态位的现象，生态位的选择对产业组织的生存和发展至关重要。基于媒体生态位的选择和优化，本章探讨中国市场竞争格局中的媒体如何采用相应的策略建构内容、受众和广告资源维度的竞争优势。媒体竞争是一个动态演化的现象。一个在市场中获得与保持竞争优势的媒体组织，必然具有较强的学习和创新能力。在生态位的理论视野中，媒体组织需要学习和创新，而组织学习和创新的观点可被用来解释媒体通过优化资源生态位实施和参与竞争的策略。媒体组织的创新战略要求媒体善于发现生态系统中的潜在生态位，加以合理利用，并通过持续性的创新获得竞争优势。

本章内容的安排如下：首先，论述生态位选择和建构的概念；接下来，探讨基于生态位选择和建构的媒体竞争策略；然后，分析基于组织学习与创新的媒体生态位优化机制及竞争策略。本部分的研究以生态学的视野对 30 年来中国媒体发展的特点做出阐释，在被考察的这段时期中，市场因素发挥着相当的影响力。同时，通过对一些媒体组织发展进程中竞争实践案例的检视，得出解释媒体竞争现象的理论性认识，反过来，此类理论性的概括又对指导媒体竞争的普遍性实践有积极意义。支撑本章结论的论据，大多为媒体竞争的实际案例，尽管笔者没有采用严格的量化证据，但这并不意味着结论不能得到经验层面的支持。

---

① 刘春花：《“生态位”的思考——媒体求变法则之一》，《新闻采编》，2004 年第 2 期。

② 不少研究者和传媒业界人士皆表达了此种观点，尽管这些文献并未采用规范的研究方法而得到此结论。已有的相关文献如：颜玮楠：《财经类电视频道媒介生态位初探》，《今传媒》，2007 年第 12 期；谢立文、欧阳谨文：《媒介生态位与电视新闻栏目创新》，《电视研究》，2004 年第 12 期；樊昌志：《媒介生态位与媒体的生机》，《湘潭大学社会科学学报》，2003 年第 6 期；刘远军：《手机报的媒介生态位考察》，《新闻爱好者》，2008 年第 7 期。张志林、王京山：《网络媒介生态位初探》，《出版发行研究》，2005 年第 12 期；周红路、周文杰：《网络广告的媒介生态位》，《消费导刊》，2008 年第 1 期；王业明、杨晓训：《省级重点新闻网站的生态位》，《青年记者》，2008 年 1 月号。

媒体竞争分析：架构、方法与实证
——一种生态位理论范式的研究 124

第一节　生态位选择与建构：阐释产业组织竞争现象

在理论生态学中，物种对环境的适应性表现为物种竞争与生态位的选择。物竞天择。一切生物都活在自己的"生态位"(niche)上。表面上看，与狼相比，羊似乎是弱者；但自有狼以来，羊并未消失，仍在生生不息地繁衍着，且得到不断进化。种群生态学和组织生态学运用"生态位"的概念具体描述一个种群组织和其他所有组织存在竞争的特定资源空间。"生态位"作为理论生态学和应用生态学的核心概念，是近几十年来生态学研究的热点；不少学者甚至认为，生态学的研究即是生态位的研究。①

自然界中每个物种在进化过程中经由自然选择形成特定的形态和功能，在生态空间中占据特定的生态位，形成生命系统的多样性。每个和每种生物有机体，通过对环境的适应，选择适合自身生存和进化的生态位空间。Richard Walker 认为："生态位的选择是物种进化过程中的重要组成部分，它扮演着由环境引起的自然选择的补充角色。"②管理学者认为生态位的选择对产业组织的长期生存至关重要。企业的发展，即是在不断选择和追求更高、更宽的生态位。在自然界，生物的生存竞争在于找对自身的生存空间；企业竞争不仅是找对自身生存空间，而且要不断扩大自身的生存空间，即占据更宽的生态位。③

"生态位构建"的观点表达了物种主动选择生态位的现象。1996 年，生态学者 Odling-Smee 等人从进化生态学角度提出"生态位构建"的概念，并运用种群双点位基因模型做出进化推断。④ 所谓"生态位构建"，是物种在可变资源环境中通过新陈代谢及各种活动选择并确定自身生态位。生物对自身适应环境改变的进化结果体现了生态位构建机理。物种的生态位构建作用不仅反映它与可变环境特征间协同进化的规律，也揭示出物种对可变环境的反馈作用。物种对环境的适应常被解释为一个过程，在此过程中，生物不仅对环境表现出适应性特征，也可以部分构造

---

① 尚玉昌：《现代生态学中的生态位理论》，《生态学进展》，1988 年第 2 期（第 5 卷）。

② Richard, W. (1999). Niche selection and the evolution of complex behavior in a changing environment. *Artificial Life*, 5, 271-289.

③ 刘玉清：《生态位与商家经营定位》，《商业研究》，2003 年第 6 期。

④ Jones, C. G., Lawton, J. H., & Shachak, M. (1997). Positive and negative effects of organisms as physical ecosystem engineers. *Ecology*, 78, 1946—1957. Odling-Smee, F. J., Laland, K. N., Feldman, M. W. (1996). Niche construction. *American Naturalist*, 147, 641-648.

环境。①

关于物种的生态位构建研究是生态位研究领域中的最新主题。生态位构建的理念强调物种进化过程中自然选择与生态位构建的共同作用，扩展了现有的物种进化思想，同时，也为物种适应性的研究和解释不同尺度上的生态学现象提供新的理论依据。②

产业组织生存与发展的情形和生物界的物质演化有天然类似性。不同的产业或企业组织拥有自身"生态位"。许多规模不大和实力弱小的中小企业可与"庞然大物"的巨型企业在市场中共同生存和发展，根本原因在于它们选择了适合自身的生态位。然而，产业组织与自然生命系统不同，自然界生物的竞争是在现有空间中争夺生存资源的竞争，自然生命不能创造自身需要的资源空间；而产业组织，一般来说在其生命过程中没有特定形态，不但可以发展成为经营任何行业与产品的组织，亦能创造出自身所需的生存空间。故产业竞争生态位的选择，表现为在现有环境中的生态空间创新选择。

产业组织研究者关注到自然生态位和企业组织生态位之间的差异性。如表6-1所示，差异主要体现在生态位的能动性选择、生态位的决定力量、生态位的稳定性、生态位遗传、生态位容量方面。

表 6-1 生物生态位与企业生态位的差异③

	生物生态位	企业生态位
研究主体	理论上是物种，实践中是种群	主要是企业，也可是企业集群
主体能动性	主动性不强，个体主动选择能力明显弱于企业	能动的，可根据市场环境做主动选择
生态位决定力量	在生态位形成过程中，自然选择起主导作用	主要由市场竞争和企业能动性选择这两种力量决定
生态位稳定性	相对稳定、时效性长，层次较复杂，定量测量相对容易	相对不稳定、时效性短，层次性更复杂，难以定量测量
生态位遗传	由上一代通过基因遗传至下一代	可由企业向下遗传，也可由潜在子代学习和复制
生态位容量	除非生态系统发生变化，否则生态位最大容量基本不变	技术发展和产品创新可扩大生态位容量

① Li, Z. Z., Han, X. Z., & Li, W. L. (2006). Evolutionary dynamic model of population with Niche construction and its application research. *Applied Mathematics and Mechanics*, 27(3), 327-334.

② 颜爱民、刘虎、邢华伟：《生态位构建理论及其应用》，《湖南农业大学学报(自然科学版)》，2007年第3期。

③ 此表系笔者据闫安和达庆利(2005)论文中表1改编。具体请参见：闫安、达庆利：《企业生态位及其能动性选择研究》，《东南大学学报(哲学社会科学版)》，2005年第1期。

即使在自然生物界，物种或生物有机体的生态位也发生着变化。“生态位宽度”的概念和“扩展的生态位”理论揭示出生态位变化的必然性。[①] 除了生态位分离的机制，还存在着生态位的更新、变异、扩充、共存。Grubb 提出“更新生态位”的概念，从原理上看，更新生态位是生态位分化和平衡竞争概念之间的协调；在有限资源空间内，具有相似的生活型及其他特征的物种通过向小空隙的分化更新而共存，这种小空隙起着更新生态位的作用。[②] 生态元的扩充与共存机制亦在自然界得到证实。[③] 此外，种间竞争亦可导致竞争物种的生态位收缩，以减弱竞争的强度。[④]

将此思路用于企业组织，人们认识到企业与环境关系的不同，采取不同的发展战略将为企业带来不同的经营绩效。资源的有限性和能力的独享性决定企业间的竞争策略，导致企业占据不同的生态位。企业生态位的竞争是为了争夺优质的资源空间和扩大可获得资源空间的幅度。寻求更宽、更适应的生态位是企业生存与发展的关键。生态位选择被认为是企业的战略任务，生态位选择是否恰当直接影响企业的发展。每一个企业的成长都离不开其独有的生态位。

图 6-1 揭示出产业组织发展中所可能遇到与环境资源的四种生态位关系。根据“竞争排斥法则”，在特定的资源空间中两个生态位完全相同的企业，很难长时共存，一个企业终将排斥另一个企业。当一个企业的生态位完全包围另一个企业的生态位时(a)，竞争结果将取决于企业的竞争能力。当两个企业的生态位部分重叠时(b)，每一个企业占有一部分无竞争的生态位空间，可以实现共存，但具有竞争优势的企业将会占有那部分重叠的生态位空间。当两个企业的生态位彼此邻接时(c)，两者虽不发生直接竞争，但此种生态位关系很可能是回避竞争的结果。如果两个企业的生态位完全分开，便不会有竞争，两个企业都能占据自己的全部基础生态位(d)。

根据生态位选择与建构的观点，企业管理学者提出，在一个环境资源有限的生态系统中，企业不仅要选择恰当的生态位，还要根据环境(竞争格局、资源容量等)变化对生态位做出适时、适当的调整和优化。[⑤] 有的学者据此提出，为规避企业过

---

① 如：Thompson, K., & Gaston, K. J. (1999). Range size dispersal and niche breadth in the herbaceous flora of central England. *Journal of Ecology*, 87, 150-155. Smith, E. P. (1982). Niche breadth, resource availability and inference. Ecology, 63, 1675-1681.

② Grubb, P. J. (1977). The maintenance of species-richness in plant communities: the importance of the regeneration niche. *Biological Reviews*, 52, 107-145.

③ Shmoda. A., & Ellner, S. (1984). Coexistence of plant species with similar niches. *Vegetation*, 58, 29-55.

④ 李振基、陈小麟、郑海雷、连玉武 编著：《生态学》，北京：科学出版社，2002 年版，第 140-146 页。

⑤ 李勇、郑垂勇：《企业生态位与竞争战略》，《当代财经》，2007 年第 1 期。

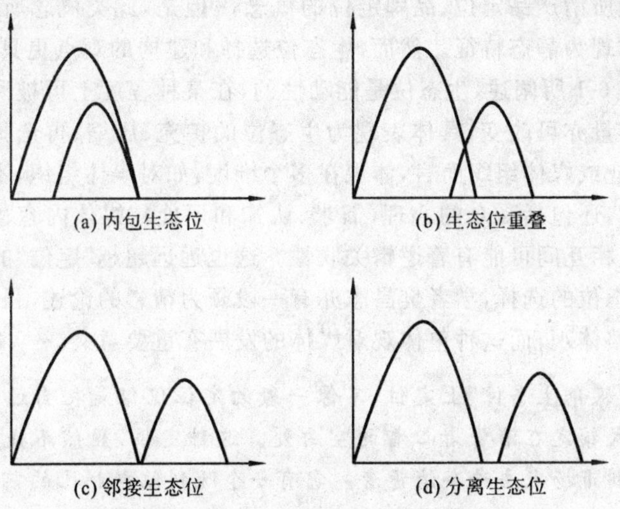

图 6-1 企业组织与环境可能的四种生态位关系

度竞争——表现为生态位重叠度过高，企业应实行生态位错位的竞争战略，具体的策略可以是营养生态位的错位（如分离和共存）、生存方式错位（如泛化和特化）、时空生态位错位（如规避和分享）。①

对媒体组织而言，生态位的选择与建构亦有战略意义。“媒体要生存下来，首先要明确自己的生态位，立足生态位求得生存以后，才能再求发展。然而，媒体的生存与发展不是经过自然选择就能确立的。媒介的社会性使得它不再自然而然的遵循自然法则。”②接下来，本章分析的思路是将上述有关生态位选择和建构的观点运用于对媒体竞争现象的阐释。

第二节 基于生态位选择与建构的媒体竞争策略分析

首先，需要指出的是，“生态位选择”、“生态位建构”的概念与营销学的“定位”(positioning)概念有所不同，它们的区别如下。其一，生态位选择和建构的内涵远比“定位”丰富。营销学者提及“定位”，是为产品或品牌在消费者心目中寻找一个

① 林晓：《基于生态位理论的企业竞争战略分析》，《南京林业大学学报（人文社会科学版）》，2003 年第 3 期。

② 樊昌志：《媒介生态位与媒体的生机》，《湘潭大学社会科学学报》，2003 年第 6 期。

位置，由此产生所谓产品定位、品牌定位的概念，[①]但是，此类概念所表达的含义颇为单一，更多体现为静态特征。然而，生态位选择和建构的观点更具有动态性（dynamic），正如表 6-1 所阐述，生态位是能动性的，在某种程度上可被测量，同时可被复制和遗传，容量亦可改变，具体表现为生态位的扩充、压缩、再选择。其二，生态位的概念对企业或媒体组织而言，体现在多个维度，如对媒体组织，不仅有受众（媒体消费者）维度，还包括受众的心理（需求、认知和评价）、媒体内容、广告收入等多种资源维度，且相互间可能有着逻辑关联性。这也远远超越"定位"的内涵。

对媒体生态位的选择，学者樊昌志亦有一段颇为精彩的论述，强调媒体生态位选择与建构的整体观，而这种整体观对媒体的发展有重要意义。[②]

> 媒体在"媒介生态位"上定位，不像一般的定位仅仅是把自己的营销目标用恰当的方式锁定在消费者心智的空白处。这种定位，显然不提倡横蛮的去抢夺市场和到市场上去争夺消费者。它有一个既利他也利己的前提，这就是：它要求媒体在确立发展目标、实行市场运作时，首先要考虑其行为是否会符合媒介生态位系统运行的状态和规律，考虑其是否能够与其他媒体基本和谐相处、共同生存，考虑其即将去占有的"媒介生态位"的段位尽量不与其他媒体的"媒介生态位"的段位重合，自身的生存不以任何其他媒体的毁灭为条件。在遵循这样的前提的情况下，媒体便能确立适宜的营销目标，并以恰当的方式定位在消费者——受众与广告主心智的空白处。而这样，各媒体就能够和平共处。

媒体生态位有不同维度和构成要素，而且不同的维度和要素在不同时期所占的地位不同。随着各个要素的变化和发展，媒体的生态位应做动态选择，寻找适合自身生存和发展的资源空间。不同的媒体组织有不同的生态位，每个媒体组织需要充分利用现有资源并拓展之，参与创造出适合自身生存的资源空间。

接下来，本书的研究将通过对大量媒体组织竞争现象的考察，总结出各种基于生态位选择和建构的竞争策略，并对各种策略展开论述。这种论述主要是基于对媒体竞争具体案例的评述和推导，在必要时也引入量化数据做补充。

---

① Trout, J., (1969). "Positioning" is a game people play in today's me-too market place. *Industrial Marketing*, 54(6), 51—55. Ries, A., & Trout, J. (1981). *Positioning: The battle for your mind*, Warner Books-McGraw-Hill Inc., New York.

② 樊昌志：《媒介生态位与媒体的生机》，《湘潭大学社会科学学报》，2003 年第 6 期。

一、生态位分离与媒体生态位的错位竞争

保罗·索尔曼认为："地球上没有一种物种能在完全相同的生活方式下跟另一种物种共存……商业战场如同自然界一样，绝对没有两位竞争对手能够在完全相同的情况下长期共存，每一位都有其不同的生态位……"①在资源稀缺情形下，生态位重叠越大，竞争便越激烈。在企业管理领域，每个企业皆有优势和劣势，只有凭借其优势，选择合适的资源空间，以不同的机能、资源组合或不同产品为顾客提供服务，才能取得异质优势。② 此种竞争思想体现为企业领域的错位经营策略。

"生态位分离"(niche differentiation or separation)是企业错位竞争的思想来源。错位经营是企业根据自身的资源组合和利用效率，选择区别于竞争对手的发展重点来生产和经营。根据影响因素的不同，可从时间、目标市场等方面实施错位经营战略。时间错位战略是企业在选择经营时间方面，根据自己和竞争对手的现实，选择一个自己具备相对优势而同时竞争较小的经营时段。目标市场错位战略是企业根据市场需求、竞争状态和自身实力，为某特定细分市场提供产品和服务实现目标市场的错位。③

图 6-1 表达出，在同一市场中的多个企业拥有较大重叠的生态位时，竞争颇为剧烈，但在这些企业调整市场策略后，作为结果，生态位应完全或部分分离。Peter 等提出"生态位分离"的概念。他们在描述生产制造者一般采用的竞争优势策略中，提出四个基本的战略配置：生态位分离、广泛差异(broad differentiator)、成本领先(cost leader)和竞争者跟随(lean competitor)，将生态位分离视为基本竞争策略。他们定义生态位分离为对有差异的产品和服务有一组广泛可能性，但被限制于产品属性，比如，定制提供特殊的性能或可靠性特性，吸引某些局部消费者的额外服务和不能由大型企业提供的某些地理覆盖。④ 这一逻辑的本质是，通过生态位的分离，避免不必要的投入以便企业能保持敏捷和倾向于适应其服务的市场分割。市场关注需要生态位分离者追求一个狭窄的，由消费者、产品、技术或局部地区所确定的市场。

然而，在媒体领域，生态位分离原则并未成为业界共识，至少尚未被明确地运

---

① 蔡晓明：《生态系统生态学》，北京：科学出版社，2000 年版。

② 李勇、郑垂勇：《企业生态位与竞争战略》，《当代财经》，2007 年第 1 期。

③ 王晓凤、周庞、郭风兰：《企业生态位与现代企业竞争》，《集团经济研究》，2007 年第 5 期。

④ Ward, P. T., Bickford, D. J., & Leong, G. K. (1996). Configurations of Manufacturing Strategy, Business Strategy, Environment and Structure. *Journal of Management*, 22(4), 597-626.

用于媒体运作和管理实践。近些年来，在不少城市，惨烈的媒体竞争不仅限于报业，在广播电视和网络媒体产业也愈演愈烈，且呈现为无序状态。姚一宪的研究显示，在2000—2001年的北京，200多家报纸分割该城报业市场，在受众、新闻和广告资源十分有限的情形下，基本相同的定位导致无序、混乱的过度竞争，最终导致媒体市场严重分割和媒体业整体效益下降。[①] 有鉴于此，有学者认为错位竞争应是媒体生态位策略的核心，不同的媒体要想在同一生存环境中共存，必须实现生态位的分离。[②]

寻找没有竞争对手的原始生态位进入，暂时规避竞争从而获得生存和发展的空间，是媒体生态位错位竞争的一种策略。这种策略的实质是，从竞争对手"资源位"的空缺中寻找进入机会，建立比较优势，并努力使这种优势得以发扬。[③] 在广播业，一直以来，许多电台将增加专业频率作为新的经济增长点积极运作。新增频率可能会带来不菲的经济效益，但如果经营者对媒体的生态位策略胸中无数，草率跟进，导致生态位的重叠，可能使市场出现同质化的恶性竞争。与此相反，一位好的媒体经营者，便能主动规避上述风险。2003年，陕西电台在大力推进频率专业化基础上，将关注点投向农村这块被媒体忽略的听众市场。2003年3月，开播全国首家农村广播频率。2003年和2004年的专业调查显示，陕西农村广播的综合排名位于陕西广播前列，2003年广告收入达300万元，2004年达700万元。[④]

另一在广播业界以生态位分离策略获得成功的案例是上海文广新闻传媒集团。20世纪90年代，新组建的东方电台成为与上海电台平行的省级广播电台，两家电台在竞争中获得较快发展，但随着竞争日益加剧，两家电台在频率设置、节目内容和资源利用方面存在重叠和低效现象。两台在很大程度上呈现同质化的低层次竞争，无法形成合力以应对外部竞争压力。有鉴于此，文广集团于2002年进行广播频率专业化改革，推出全新版面，对外继续保留两台呼号，专门设置新闻、交通、文艺、戏剧、新闻综合、金色、流行音乐、综合音乐、财经、浦江之声10个频率。整合重组之后的专业频率定位更加明确，分工也更为合理，在一定程度上实现频率间的生态位分化，避免了生态位重叠带来的无序竞争和资源浪费。[⑤]

生态位分离作为自然界的一种常见规律，在媒体经营领域却不为管理者所熟

---

① 姚一宪：《京城报业战火重燃》，《传媒》，2001年第7期。

② 刘春花：《"生态位"的思考——媒体求变法则之一》，《新闻采编》，2004年第2期。

③ 申启武：《媒介的生态位策略与广播频率的专业化设置》，《暨南学报（哲学社会科学版）》2006年第2期。

④ 曾永强：《说农民话的陕西农村广播》，《中国广播电视学刊》，2005年第6期。

⑤ 申启武：《媒介的生态位策略与广播频率的专业化设置》，《暨南学报（哲学社会科学版）》2006年第2期。

知，有的甚至为此而付出惨重代价。20世纪末的成都报业市场，曾出现“七雄混战”局面。20世纪90年代中期前，是《成都晚报》一家独霸；1995年《华西都市报》和《成都商报》先后以“市民报”定位介入市场；到1998年，《蜀报》和《商务早报》在受众定位、新闻处理手法、经营管理方面也以市民报的形式参与竞争；1999年《旅游文化报》和《四川青年报》先后也以相同风格和内容进入市场，上演该城七强争霸的格局。从当时成都报业赖以支撑的广告市场看，有三四家都市报即达饱和。“七雄混战”的最直接后果是竞争日益趋同化，导致“七报一面”。面对《华西都市报》和《成都商报》的领先优势，余下5报以“近身肉搏”战术，新闻定位、版面设置、读者目标乃至广告模式都逐渐趋同。可以预见，在新闻内容、受众、广告多种资源维度上生态位高度重叠的竞争必将出现破坏性的后果。最终结局是：“竞争渐次由趋同演化为价格战、发行量欺诈、广告杀价，甚至向竞争对手派出‘卧底’……优势报纸进一步做强的空间被严重挤压，后进者成长的门槛被原始性的竞争成倍放大；另一方面，摆脱趋同的渴望，使一些怪现象时有发生——报道上急功近利和炒作，各报在新闻报道上相互诋毁、刻意策划‘独家新闻’，甚至炮制假新闻。”①

与成都报业市场曾经的“七雄混战”截然不同的是，北京同样是全国报业最火热的集中地，那里积聚着《北京娱乐信报》、《北京青年报》、《京华时报》、《北京晨报》、《北京晚报》及此后加入的《新京报》共六家都市类报纸。六报齐集一城，尽管小争不断，但从未有过混乱无序的竞争，原因在于六报新闻内容和受众生态位的分离。根据支英琨先生对六家报纸的概括（见表6-2），这种分离“削弱了它们彼此之间的摩擦力”②。

表6-2　北京报业市场六家都市类报纸新闻内容和受众生态位的分离

	新闻内容	受众“画像”
《北京娱乐信报》	资讯为主，偶有强烈人文色彩的特别报道，新闻观点独树一帜，时见犀利锋芒，专、副刊较有特色，观点鲜明，文化味厚重。	年龄：28岁。籍贯：北京。文化层次：大本。婚姻状况：未婚。性格特征：兴趣广泛，儒雅博学，有一定社会阅历，显少年老成但涉世未深，偶有冲动。

① 支英琨：《新传媒帝国：竞争格局下的品牌、资本与产业化》，北京：中国水利水电出版社，2005年版，第139-140页。

② 支英琨：《新传媒帝国：竞争格局下的品牌、资本与产业化》，北京：中国水利水电出版社，2005年版，第216-218页。

续表

	新闻内容	受众"画像"
《京华时报》	都市新闻报道比较有特色，覆盖面广，报道有一定深度，适合大众口味，俗而不媚，财经新闻以实用和大众化为特色，文体新闻虽不特别出众但综合表现不错。	年龄：26岁。籍贯：北京新移民。文化层次：大专，专升本在读。婚姻状况：未婚。性格特征：乐观向上，有公益心，精力充沛，性格外向，为人踏实，虽文化程度不高，但勤勉好学，因性格较直率，偶尔言辞难以令人接受。
《北京青年报》	采编队伍整体素质较高，版面大气，时见精彩报道，但囿于体制原因，报道灵活性不足，部分报道立意宏观，生活贴近性较弱。	年龄：35岁。籍贯：北京。文化层次：大本，考虑读研。婚姻状况：已婚。性格特征：为人扎实沉稳，性格平和，喜欢研究国内国际大事，心有远大抱负而不轻易外露；身在体制内多年，深谙国际市情，因涉世较早，磨砺较多，显沉稳有余而冲击力不足。
《北京晨报》	都市新闻信息量大，偶见精彩报道，但由于缺乏统一的编辑思想而显得版面较散，致使很多新闻未经深加工，财经新闻定位不明，文体新闻大路货较多；专、副刊经营出色，新闻性与实用性统筹较好。	年龄：28岁。籍贯：北京。文化层次：大专。婚姻状况：已婚。性格特征：性格内向，自我意识较强，幼时家境不错而缺乏社会历练，独立进入社会后应对能力较弱，一度彷徨无计，心比天高而时运不佳，自我心态调整与谋生能力学习不足，而致有些愤世嫉俗，甚至开始进入自我封闭状态。近期意识到问题所在，开始以开放心态走向社会，但出身的影响与外部竞争的激烈时时缠绕。
《新京报》	立足北京，放眼全国，以新闻的纵深性和视角的独特见长，将时尚与文化很好结合，观点犀利，无旧体制之忧，专、副刊特点鲜明，信息量大，财经新闻集宏观、中观报道与实用资讯于一体。	年龄：28岁。籍贯：广州。文化层次：研究生在读。婚姻状况：未婚。性格特征：书生气息浓厚，兴趣极广，性格外向而不失内秀，具有强烈的社会公益心，忧国忧民，酷爱谈论政治。
《北京晚报》	以资讯为主，版面内容覆盖面广，新闻报道相对较弱。	年龄：40岁。籍贯：老北京。文化层次：初中、大专在读。婚姻状况：已婚。性格特征：为人正直，处事圆滑，"京味"十足，尽管文化水平不高，兴趣却广泛，尤喜尖端、时尚类的东西，但博而不专；自我意识较强，自视较高，对社会进步的深层次原因关注不够，听不进他人意见。

成都和北京报业虽然都极为发达，但两城的都市报竞争完全迥异的景象，令人深思。可见，媒体在经营过程中，应像生态位分离原理所昭示的，彼此错落有致，形成错位经营，默契地相互依存，相辅相成，以避免混乱无序的价格战、产品战和广告战，寻求和谐共存的发展局面。

二、生态位调整与媒体初始生态位的强化、扩充与放弃

在理想状态下，基于生态位分离而选择和建构的媒体初始生态位，在媒体经营过程中有可能根据环境变化，而对生态位做适时调整，比如强化原有生态位、放弃既有生态位、扩充原有生态位，再如改变生态位的宽度、发现新的生态位空间。这些皆属于此种策略。

从 1993 年初到 1994 年底，北京电台花两年时间先后设置了包括经济、音乐、新闻、儿童、教育、交通和文艺七个专业频率。起初，由于专业化思路不太清晰，当时所谓的专业化仅处于不自觉状态，频率与频率之间各自为政、节目雷同。随着对广播频率专业化认识的加深，1998 年以来，电台要求各专业频率确定自己的节目范围，制定“红绿黄灯原则”，对各个专业频率统一调控，对栏目设置和节目安排加以限制和要求。① 这是电台对专业频率生态位的人为调控，有利于改善电台内部的节目内容生态。

在上述“红绿黄灯原则”基础上，北京电台发展“有所放弃原则”、“开荒理论”和“有所规避原则”，和后来的“圈地原则”和“有所保护原则”。② 这些原则所要表达的正是放弃既有生态位、发现新生态位空间、扩充原有生态位和改变生态位宽度的理念。落实在实践上，为了更好利用频率，北京电台在 1998 年将儿童频率并入教育频率，1999 年根据实际需要设置生活频率；为迎接奥运经济的来临，2002 年在原生活频率基础上，组建全国第一家体育专业频率。2004 年，根据北京国际大都会的特点和要求，开办全国第一家外语广播频率。2005 年又创造性地变经济广播为城市管理广播。这正是媒体初始生态位的放弃、强化与扩充的生动体现。作为生态位成功调整的结果，电台的 8 个频率一直保持着强劲发展势头，2003 年广告收入超过 3 亿元，2004 年接近 4 亿元，2005 年达到 4.5 亿元。

媒体生态位的放弃，即退出媒体原有的市场，也是媒体参与市场竞争的一种策略。当媒体面临资金紧张、市场萎缩和经营困难局面时，从整体战略考虑，可选择退出市场。“该战略往往被媒体所忽视，尽管有时候退出是最明智的选择。我们认

① 降巩民：《服务意识的体现是广播专业化的本质》，《中国广播电视学刊》，2003 年第 3 期。

② 降巩民：《服务意识的体现是广播专业化的本质》，《中国广播电视学刊》，2003 年第 3 期。

为，退出市场战略并不是一种完全被动的、无奈的选择，有时候为了保全实力求得以后更好的发展，媒体应该考虑以退为进的战略。”①

三、基于生态位宽度选择的媒体生态位泛化和特化竞争

泛化和特化是生物界在激烈生存竞争中产生的两种生态现象。当生存环境中优良资源不足时，捕食者往往形成杂食性或广食性；相反，在食物丰富的环境中，劣质的食物将被放弃，产生特化（如某些哺乳动物的单食性）。在激烈的市场竞争中，产业组织同样表现出泛化和特化两种发展战略。当优良的生态资源不足时，企业常形成很宽的生态位，产生泛化，即多样化战略。泛化战略可利用的资源较多，但生态位的宽度增加，容易与同类企业发生竞争；相反，在生态资源丰富的环境中，劣质的生态资源将被放弃，产生生态位的特化，即专业化战略。特化战略与其他企业的生态位重叠小，可减弱竞争，但如果所依赖的资源急剧减少时，便会危及生存。②

显然，泛化和特化是产业组织对生态位宽度做出不同选择的竞争策略。在企业管理领域，多样化和专业化是对生态位泛化和特化的诠释。一般来说，企业经营往往从某一个特定产业和产品（特化）开始，随着企业的发展和竞争加剧，为降低经营风险，开始多样化经营。多样化和专业化都可获得成本领先或标新立异的竞争优势。多样化经营，要考虑产品组合的相关性，以充分利用企业在长期生产经营过程中所获得的技术、人员经验、营销渠道、供应商关系和品牌资产，在突出差异化同时，使成本控制在产业的平均水平。专业化经营如要获得竞争优势，有两种竞争战略：一种是必须使企业在产业中成为低成本生产厂商，即成本领先竞争战略；另一种是企业力求就客户重视的一些方面在产业内独树一帜，即所谓标新立异竞争战略。③

然而，基于生态位宽度选择的泛化与特化两种策略各有利弊。一般而言，泛化策略，即生态位宽度较大，容易与竞争对手的生态位重叠，根据“竞争排斥原理”，与较多的竞争对手产生生态位重叠，对个体生存极为不利。至于特化策略，因为所依赖的资源类型和数量相对较少，往往会使得个体对环境的依赖性过高，容易危及到其生存。显然，于产业组织而言，占据与企业能力匹配的生态位是最佳的选择。在理论上，企业实实在在占据的生态位是企业与其他企业的力量对比均衡的结果。④

---

① 卜彦芳：《传媒经济学：理论与案例》，北京：中国国际广播出版社，2008年版，第192页。

② 葛振忠、梁嘉骅：《企业生态位与现代企业竞争》，《华东经济管理》，2004年第2期。

③ 黄熙：《浅析基于生态位理论的企业竞争战略》，《时代经贸》，2007年第6期。

④ 钱言：《基于生态位企业间关系优化目标研究》，《昆明大学学报》，2008年第3期。

以生态位泛化与特化的概念可较好解释媒体竞争策略选择的现象。同一种群内的媒体，对资源的占有并不是均衡的，强势媒体会占有该"媒体生态位"中较宽的段位，弱势媒体占有较窄的段位，[①]这是不争的事实。新闻集团子公司"天空"广播是在新闻内容上采用宽生态位的一个成功案例。订户付费是其最为主要的收入来源。

天空广播的数字电视频道拥有386个频道，包罗万象，能满足不同年龄、不同群体的节目需求，而且集中凸显在体育、电影方面的优势。如果按照节目的类型划分，天空广播数字平台的电视频道有娱乐、电影、成人、音乐、儿童、体育、新闻和纪录片、顾客频道和各种专业频道等板块(见图6-2)。2003财年天空广播耗费在节目内容方面的投资占各项成本支出的比例达到57%。在拥有大量精心选择的节目频道基础上，天空广播针对不同观众群体的需求提供多达96个不同类型的频道组合。

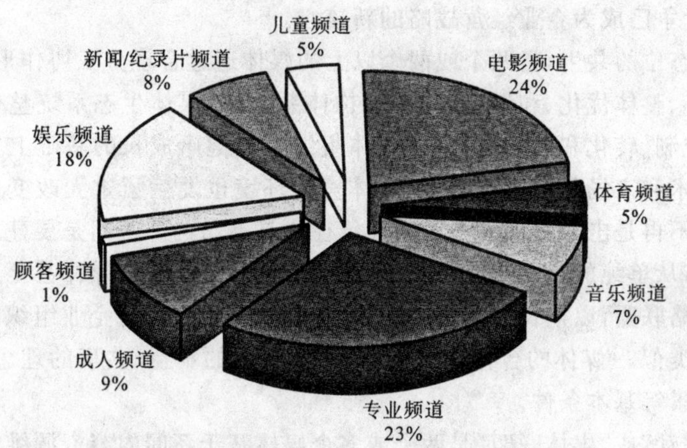

图6-2 天空广播数字平台的电视节目类型构成

然而，也有不少媒体以较小生态位宽度参与市场竞争。《中国经营报》是一个案例。该报于1985年1月创刊，是中国最早发行经济类的报刊之一，原名《专业户经营报》，1989年1月正式改为现名。该报是中国发行量最大的经济类报纸，也是版数最多、广告经营额涨幅最大的经济类报纸。《中国经营报》的读者定位在中国的商务人士、商务管理阶层。调查表明，该报定位的潜在读者与现实读者构成显示较好一致性。从性别来看，该报是一张男性读者占据绝大多数的报纸，男性读者比例约占83%；从职业构成看，企业界读者与非企业界读者的构成比例分别约为

① 樊昌志：《媒介生态位与媒体的生机》，《湘潭大学社会科学学报》，2003年第6期。

60%和40%;从读者文化程度看,具有大专及大学本科及以上学历的读者占67%;从读者年龄看,20—30岁年龄段的读者是该报最大规模的读者群体,读者平均年龄是29.3岁。[①]

四、基于生态位共生的媒体合作竞争:媒体联动分析

物种间存在着优胜劣汰的竞争关系,也存在着共生互利的合作关系;以生态位的术语表达,即是"生态位共生"。生态位共生机制表现了两个或多个物种对相近或类似生态资源的共同利用现象。将生态位理论扩展到社会领域,可发现竞争是永恒的,合作也是永恒的,区别在于竞争与合作方式的改变。[②] 在产业组织领域,"合作竞争"(cooperation-competition)理念已成为一种被企业经营者普遍接受的观点。不论是从企业的生存发展、谋求双赢、创新与突破,还是企业拓展市场的角度看,合作竞争已成为企业经营战略的新核心。[③]

媒体生态位的共生,指两个或两个以上的媒体通过合理分工协作形成"结构有序、功能互补、整体优化、和谐共生"的结构体系,提高媒体生态系统整体对关键资源的吸收、控制、转化和利用能力,在媒体组织个体健康成长的基础上实现群体进化。随着技术和市场需求日新月异,媒体竞争环境也发生了重大改变。媒体竞争的表现形式不再是击败对手——因为代价往往是高昂的——而是要建立并发展新型媒体关系,从单纯的竞争走向"竞合"或"合作竞争",同其他媒体甚至是竞争对手建立媒体战略联盟,以期长期共存,实现"双赢"和"多赢"。与企业组织的合作竞争机制和条件类似,[④]媒体的合作竞争,也是基于共同的利益、共享的理念、相互的诚信和合作远景等基本条件。

"媒体联动"或"媒体联盟"是两个或多个媒体基于新闻内容资源维度上生态位共生的合作竞争表现形式。有研究者指出:媒体联动是整合媒体资讯、打造媒体合力、应对市场竞争的有效途径;为在竞争中立足和发展壮大,媒体间的联合互动在所难免,媒体内部和媒体之间的联动所产生的一个积极效应是强大的媒体合力。

---

① 该段落中的资料取自慧聪报刊资讯网:《中国经营报读者分析报告》,2009年3月12日下载于:http://www.a.com.cn/cn/mtyj/mtszdc/2001/011115yj01.htm.

② 庄悦群:《从生态位到可持续发展位:概念的演进》,《中国人口·资源与环境》,2005年第4期。

③ [美]内勒巴夫(Nalebuff B.J.)、[美]布兰登勃格(Brandenburger A.M.)著,王煜昆等译:《合作竞争》,合肥:安徽人民出版社,2000年。

④ 杨梅英:《合作竞争:超竞争环境中的企业基本竞争战略》,《北京航空航天大学学报(社会科学版)》,2002年第3期。

媒体联动的形式包括同类媒体的联动和跨媒体联动。①

当前，媒体间的联动程度和现状到底如何？此处，笔者在媒体新闻内容资源维度上，以 2008 年的"奥运报道"为例，对《南方都市报》、《广州日报》、《京华时报》、《成都商报》、《华商报》和华商网共 6 家媒体在 2008 年 8 月 1 日至 8 月 31 日之间所有"奥运报道"进行分析，②结果如表 6-3 所示。

表 6-3 6 家媒体 2008 北京"奥运报道"的内容联动

联动形式	《南方都市报》	《广州日报》	《京华时报》	《成都商报》	《华商报》	华商网
集团内部联动	9.4	0.7	1.7	0	2.2	8.9
奥运报道联盟	8.4	0.3	0	12.6	4.7	1.6
报纸与报纸联动	2.7	0	0.1	2.5	4.1	0
报纸与其他传统媒体	18.2	2.6	44.3	30.2	13.0	0
报网联动	5.2	2.9	8.4	2.9	5.8	26.0
网网联动	0	0	0	0	0	63.2
网络与其他传统媒体	0	0	0	0	0	0.3
其他联动方式	3.4	0	0.7	0.1	0.4	0
合计	47.3	6.5	55.2	48.3	30.2	100.0

表中的数据为百分数。

表 6-3 显示，媒体联动作为媒体组织在新闻内容资源维度上生态位共生的一种合作竞争形式，在除《广州日报》外的其他 5 家媒体上相当普遍。显然，由于网络媒体没有独立的采访权，故华商网的所有报道皆来自其他媒体，即其"媒体联动"的比例达到 100%；其报道的主要来源是网络媒体(63.2%，如网易体育、腾讯网、新浪体育、中国新闻网)和传统的报纸媒体(26.0%，如《中国青年报》、《大河报》、《环球时报》、《广州日报》)。至于《南方都市报》、《京华时报》、《成都商报》这些在我国影响力巨大的知名都市报，新闻内容亦有约 50%来自其他媒体。此处的经验数据为媒体的新闻联动，即媒体在新闻内容资源生态位上的合作竞争提供了证据。

2009 年，媒体联动实践中影响力较大的是 32 家报网联动报道新中国成立 60 周年。据 2009 年 2 月 12 日《中国新闻出版报》报道，为纪念新中国成立 60 周年，《华西都市报》、《扬子晚报》、搜狐网等全国 32 家报网从 2 月 9 日起推出《中国红

① 如：李淑欢、赖浩锋：《媒体联动打造传媒合力》，《广东广播电视大学学报》，2004 年第 3 期。

② 本部分研究的资料搜集方法，请参见第五章第三节第二部分"报纸和网络新闻内容的生态位竞争：2008 年奥运报道考察"的叙述。

1949:我的解放时刻》大型系列报道。[①] 这是媒体在新闻内容资源生态位上合作(竞争)的具体表现。

第三节 媒体生态位优化机制与竞争策略:组织学习与创新的视角

在一定的资源空间中,在特定时点上有些资源被生物个体所利用,而有些未被利用,也就是说,客观存在着未被利用的资源,即潜在生态位。在媒体组织的生存环境中,同样存在潜在生态位未被占据的情形。因此,可采取价值创新思维,将潜在生态位变为现实生态位。媒体组织的创新战略要求媒体善于发现生态系统中的潜在生态位,并加以合理利用,通过创新来获得竞争优势。这里,笔者通过引入"组织学习"和"组织创新"作为解释媒体优化生态位的内在机制,论述媒体在资源生态位上实施的竞争策略。

一、组织学习、创新与竞争优势的保持和强化

"组织学习理论"(organizational learning theory,OLT)为考察媒体生态位优化机制提供了较好的理论视角。1978 年,Chris Argyris 和 Donald Schön 为"组织学习"(organizational learning,OL)所下的定义是:"诊断和改正组织错误。"1985 年,Fiol 和 Lyles 对"学习"做出准确的表述:"通过汲取更好的知识,并加深理解,从而提高行动的过程。"[②]1993 年,Dodgson 指出所谓学习型组织,是那些为了提高和最大化组织学习,有目的地进行学习框架构建和战略设计的组织。[③] 当下,"学习型组织"(learning organization)的概念日益受到认同,越来越多的组织意识到与时俱进、不断变革的重要性。学习是一个动态概念,它强调组织的一种持续变革的特征。现今,对于学习活动的关注重点已从个人学习转移到组织学习,因为学习是个人成长的要素,对组织成长也同样重要。作为个人集合体的组织,必须以一种适当的形式、流程来保证组织学习,以应对不断变化的环境。

---

① 资料取自慧聪报刊资讯网:《32 家报网联动报道新中国成立 60 周年》,2009 年 3 月 12 日下载于:http://info. huicong. com/2009/02/12091171140. shtml.

② Fiol,C. M. , & Lyles, M. (1985). Organizational Learning. *Academy of Management Review*, 10(4),803-813.

③ Dodgson,M. (1993). Organizational learning:A review of some literatures. *Organization Studies*, 14(3),375-394.

“创新”(innovation)概念的起源可追溯到1912年著名经济学家熊彼特写就的经典文献《经济发展概论》。熊彼特提出,创新是将一种新的生产要素和生产条件的“新结合”引入生产体系,包括4种情形:引入一种新产品、引入一种新的生产方法、开辟一个新的市场、获得原材料和半成品的一种新的供应来源。熊彼特的创新概念包含的范围很广,如涉及技术性变化的创新及非技术性变化的组织创新。创新因素被认为是企业发展的直接、持续的动力之一。①

媒体组织需要学习和创新,而组织学习和创新的观点可被用来解释媒体通过优化资源生态位实施和参与竞争的策略。媒体组织通过自身学习和创新,尤其是,通过洞悉周遭环境(如受众和广告资源环境)的变化,及时做出反应,优化新闻内容、受众和广告资源的生态位。比如,创新发掘新的生态位、寻找其他媒体所未意识到的“小生位”,以保持或加强组织的竞争优势。② 接下来,笔者通过引入具体案例,详细论述媒体创新发掘新的生态位、寻找为其他媒体所未意识到的生态位,以及占据“小生位”的竞争策略。

二、媒体组织基于生态位优化机制的竞争策略

组织通过学习和创新不断感知和适应环境变化,实现对原有生态位的优化,以达到保持或加强竞争优势目的,这在媒体实践领域并不少见。相对于上文所述各种策略③而言,基于组织学习和创新的媒体生态位优化更加体现媒体组织在竞争情势中不断调整组织行为的柔性竞争策略。

在成都,《华西都市报》和《成都商报》在近来十余年的历史中,一直是互相较劲的竞争对手,两者在新闻内容、受众和广告资源等各个维度的竞争素来极其激烈,而在多年较量中,两报各有胜负。这里要叙述的是,2003年《成都商报》通过自身

① 田传平:《创新是企业持续发展的动力》,《市场与发展》,2002年第6期。

② “竞争优势”(competitive advantage)是产业组织的一种特质。竞争力强的组织才可称得上有“优势”,这种优势是独特的,否则它不可能有更大或更强的竞争力。一般地,只要竞争者在某一方面具有某种特质,它就具有某种竞争优势。竞争力被认为是一种综合能力,而竞争优势只是某些方面的独特表现。企业的竞争优势被认为是独特的或是特质的,是因为该企业的创新能力比别的企业强,新产品开发迅速及时,且难以被其他企业模仿,即竞争性复制的可能性较低。“竞争性复制”现象同样反映在媒体领域,即所谓产品“克隆”、同质化现象。在当前的我国,选秀、海选、相亲、访谈类电视节目遍及全国各地便是明显例证。竞争优势是一种特殊的方式,它使组织在市场中得到的获益超过竞争对手。

③ 包括如下策略:(1)基于生态位分离的媒体生态位错位竞争;(2)基于生态位调整的媒体初始生态位的强化、扩充与放弃;(3)基于生态位宽度选择的媒体生态位泛化和特化;(4)基于生态位共生的媒体合作竞争。

学习对环境的适应而实现受众生态位创新的情形。①

2003 年,《华西都市报》广告收入增长 30%,缩小了与《成都商报》的差距。作为对策,《成都商报》的创新突出体现在发行区域的扩展上——这实际上是该报成功实现受众生态位的创新。长期以来,处于广告回报的考虑,《成都商报》的发行区集中于成都二环路以内,对成都以外基本不作考虑。然而,随着成都周边经济发展和交通状况的变迁,成都"两小时高速经济圈"正在形成。周边城市与成都的商品流、物质流、现金流、人才流和信息流的交换飞速加快。根据相关部门的研究:到 2010 年成都市圈内(紧密层)总人口将达 1 600 万;GDP 将达 5 000 亿元,占四川省 45%以上;城市化率将达 70%以上,城镇人口占四川省域城镇人口的 1/3 以上。②

在此情形下,环境的变迁使得《成都商报》开始考虑以发行区域的扩展作为对《华西都市报》的竞争策略。直接表现是,《成都商报》开始探索向周边地级市的推广,以争取覆盖全省的品牌广告。2002 年后,《成都商报》开始陆续扩展到绵阳、乐山、内江和自贡等城市。同时,作为对受众生态位调整的辅助策略,《成都商报》还配合性推出专版《四川连线》,这是它在内容生态位维度的扩展,以应对《华西都市报》的《巴蜀新闻》专版。"这一切,一如《成都商报》惯常的风格,低调而迅速。"③

尽管环境变化有可能不被准确预知(如新兴传播技术的飞速发展),然而,不论是在组织还是在产业层面,善于学习和创新的媒体往往通过适应环境的变迁而实现对生态位的优化。当美国有线新闻网络(Cable News Network,CNN)这一 24 小时电视新闻频道出现时,不少观察家认为《时代》和《新闻周刊》一类的新闻杂志将会淡出;然而结果是,它们不但没有"死",反而在新的环境中更具发展潜力和空间。"反倒恰恰是 CNN 的出现,使它们的发展获得了一个新的空间。"④这在很大程度上归功于新闻杂志对自身生态位的优化。因为电视新闻频道的出现,极大刺激了受众对新闻的需求,如同球迷在看完电视足球比赛后,还要看《足球》、《体坛周报》一样,他们希望从更多角度认知赛事。照此思路,新闻性杂志如《时代》和《新闻周刊》,便能根据环境变化而适时调整、优化生态位,在看似绝境之中重现生机。

上面所论述的是媒体创新发掘新的生态位。寻找为其他媒体所未意识到的生态位也是媒体优化生态位的一种有效策略。十多年前《华西都市报》的崛起,便属于此类策略。

---

① 资料来自支英琭:《新传媒帝国:竞争格局下的品牌、资本与产业化》,北京:中国水利水电出版社,2005 年版,第 148-149 页。

② 这里的数据是在 2003 年统计和研究部门的预测结果,并不代表 2010 年成都城市发展的实际情形。

③ 支英琭:《新传媒帝国:竞争格局下的品牌、资本与产业化》,北京:中国水利水电出版社,2005 年版,第 149 页。

④ 金雁、王宁:《专业报刊品牌经营》,北京:中国人民大学出版社,2007 年版,第 7 页。

1995年1月1日,《华西都市报》在成都诞生,3年后蹿升为业界名副其实的黑马。1997年,该报发行量达50万份,广告收入达9 000万元。《华西都市报》的成功,一方面固然应归因于当时的宏观社会背景,即仓促诞生于20世纪90年代的独特文化语境:"在单一的政治权力话语消解后,中国呈现多元文化共生的局面,个人言说的方式获得某种合法性。""也就是在这样一个社会转型期,代理市民阶层话语权的都市报形成群落,传统的政治话语势力——日报类党政机关报声色渐衰。"①除此之外,便是《华西都市报》的创业者,尤其是元老席文举等对该报生态位的创造性选择,而这种选择是基于当时其他报纸所未能及时发现和占据的生态位。

据支英琨先生的叙述,1990年代中期,在《成都晚报》咄咄逼人的凌厉攻势下,四川日报社决心奋力反击。《四川日报》凭借一种"谨慎的直觉",不敢太过冒险。在1994年,派出席文举辗转全国各地考察,一行人仔细考察了广州日报社、扬子晚报社等15家报社。当时全国出现了晚报热,晚报总数量增加到103家,其中,既有《扬子晚报》等报纸的功成名就,也有如《金陵时报》等壮怀激烈的失败标本。当时的席文举,想得更多的是"如何在竞争者的夹缝中,为自己寻找一条出路"。

席文举等认为,从世界范围内看,很难发现像中国这样流行晚报的国家,因此,《华西都市报》的创办,主要是以当时的晚报作为参考坐标。席文举对全国的晚报进行分类研究,将当时中国的晚报分为三类:②

> 一是以《新民晚报》、《羊城晚报》为代表的传统晚报。二是以《成都晚报》、《西安晚报》为代表的机关类晚报。这类晚报一方面扮演机关报的角色,上级主管部门往往动用行政力量来进行征订;同时,报纸也努力靠近市民,以"软"的面孔出现,偏重社会新闻,可以说是折中的产物。三是以《扬子晚报》等为代表的新生代报纸。这类晚报大都在80年代的晚报热中创办,"大胆否定了传统晚报的办报思路和理论,强调自己不是日报的补充,不是供人们茶余饭后消遣的东西,而是报道同市民衣食住行等日常生活密切相关的、实用性强的各类新闻和信息的新型报纸"。

席文举认为第三类晚报的风格和特点更适合当时成都报业竞争的需要,因此值得借鉴。他明确提出"市民生活报"的概念,将《华西都市报》定位于面向城市的市民生活报,受众目标是现代城市的广大市民。在新闻观念上,《华西都市报》突破过去报纸单纯的宣传取向,强调以服务性、实用性为主,根据市场经济的发展和现

① 支英琨:《新传媒帝国:竞争格局下的品牌、资本与产业化》,北京:中国水利水电出版社,2005年版,第19-20页。

② 支英琨:《新传媒帝国:竞争格局下的品牌、资本与产业化》,北京:中国水利水电出版社,2005年版,第24-25页。

代都市生活的变化,全面反映市民生活,满足市民对各种信息的需求。[①] 显然,席文举的此种观点,同时兼具创新发掘新的生态位和选择其他媒体所未发现的潜在生态位的意识。

体现在实践中,《华西都市报》在内容风格上,强调用市民语言反映市民生活,用市民话语讲述市民故事,做面对普通中下层市民的"通俗报"而不是"精英报",讲究通俗化但绝不"媚俗";质量要体现"一流报纸"的水平,努力满足市民需要但不忽视舆论导向。用本书所持有的理论观点看,这种新闻实践,落实在对受众需求、新闻内容和受众三种资源维度上生态位的创新和选择;而这种选择正是基于创业者们通过自身敏锐的学习能力而达成的适应当时媒体环境变迁的必然结果。

《华西都市报》的成功赢得了极高声誉。正如支英琨先生所写的:"从某种程度上而言,《华西都市报》是一个迟到的早起者。它开创了一种新的报业形态,同时也是报业'前辈们'精华的集大成者。《华西都市报》的成功,是兼容并蓄基础上的厚积薄发,席文举是一个天才的借鉴者,他的包容给了他很大的创新天地。"

---

① 此处及下文叙述来自:支英琨:《新传媒帝国:竞争格局下的品牌、资本与产业化》,北京:中国水利水电出版社,2005年版,第24-25页。

第七章 生态位变迁与媒体竞争的动态演变

种群生态位的变迁，往往由竞争关系和竞争强度的改变所致，因此，从生态位的变迁可透视竞争的动态。本章致力于以此种观点探索媒体生态位变迁进程中竞争的演变轨迹。笔者首先从生物界生态位变迁现象及其发生机制入手，随后，分别在产业(种群)和组织(个体)两个层次论述媒体生态位的变迁现象。由于新兴媒体逐渐介入市场，往往改变原有媒体间的竞争格局，因此，新媒体的导入常导致媒体生态位的变化。接下来，笔者以美国历史上媒体广告和新闻资源维度生态位变迁的数据作为证据，同时以10年来网络媒体在中国逐渐普及和扩展而导致的这种新媒体生态位的变迁作为新近证据加以展开论述。然后，笔者以1999—2008年间中国5种媒体产业，即报纸、电视、广播、杂志和网络的广告收入数据为基础，考察媒体竞争的演变动态。关于媒体组织层面的分析，选择我国的一个特大城市的两家都市报，将两报近些年来受众和广告两个资源维度的历史资料作为实证数据，对媒体组织层面的生态位变迁进行分析。此层面的分析使得对本书第三章中媒体生态位"层级关联假设"一般模型中部分内容的微观实证成为可能。

第一节 媒体生态位变迁及其发生机制

自然界生物个体或种群的生态位并非恒定不变，恰恰相反，往往随着环境资源的变化和个体或种群竞争关系的变化而发生改变。"大多数生物的生态位是依时间和地点而变化的。"[①]现代生态学大家G. E. Hutchinson曾将生态位区分为基础生态位与现实生态位，认为一个生物单位的潜在生态位在某特定时刻很难被完全占有。Hutchinson的此种观点也表达这样一种思想，即个体或种群的生态位变迁是极有可能的。第六章中，笔者曾论及媒体生态位的动态选择与建构、迁移、优化与创新，实际上，这是对生态位变迁另一种面向的论述。

① 尚玉昌、蔡晓明编著:《普通生态学》，北京:北京大学出版社，1992年版，第296页。

如果将生态位分离(niche separation)视为一个动态过程，那么分离发生的过程最有可能源于生物单位之间，尤其是同一或相近种群中个体之间生态位的重叠。生态位高度重叠所产生的最极端结局是“竞争排斥”现象。事实上，“在自然界，生态位经常发生重叠但并不表现有竞争排斥现象”①。生物个体或种群对竞争的回避更为常见，因为“回避竞争对生物总是有利的”。作为结果，生态位分离将是生态位重叠最为常见的结局。显然，生态位分离是一种生态位变迁现象。

生态位宽度体现生物个体或种群对环境资源的利用模式。个体或种群可以拥有很宽的生态位，也可以拥有很窄的生态位，两种情形分别被称为泛化和特化生态位。如果构成一个群落的种群都具有很宽的生态位，那么，这个群落一旦遭到外来竞争物种的侵入，本地种群便会被迫限制和缩小生态位，此即生态位压缩(niche compression)。与此相反的情形也可能会出现。当种间竞争减弱时，一个物种便可以利用此前不能被它利用的空间和资源，扩大自己的生态位。这种生态位扩展的现象是生态释放(ecological release)。自然界中生态释放的实例极多。比如：某物种侵入一个岛屿后，由于岛上没有竞争物种存在，便可以进入此前它在陆地上从未占据过的生态位；如果将一个竞争物种从某群落中移走，留下的物种也会进入此前它们无法占有的生态位。这些都是生态释放现象在自然界的实例。②

“与生态位压缩和生态释放有关的另一种反应是生态位移动(niche shift)。生态位移动是两个或更多个物种由于减弱了种间竞争而发生的行为变化和取食格局变化，这些行为上或形态特征上的变化可以是对环境条件做出的短期生态反应，也可以是长期的进化反应。”③显然，生态位分离是生态位移动的一种特例，即两个生物个体或种群刻意将其生态位分开，以避免激烈的竞争。

就生物生长的特征和生物进化过程来看，生态位动态变迁是一种常见现象。根据生态学家的观点，生态位动态变化发生在两种时间规模上：(1)短期的生态规模，通常只涉及一种生物个体的一生或少数几个世代；(2)长期的进化规模，至少要涉及许多世代。生态学家认为，现实生态位可被看做是基础生态位的一个变化的亚集，在 n 维超体积模型中，可被看做是被基础生态位超体积包围着的一个具有伸缩性的超体积。生态位动态变迁在自然界比较普遍。比如，一些生物(特别是昆虫)在生活史的不同时期，具有完全分离的不重叠的生态位。再如，一个种群的生态位近邻(常常是潜在的竞争者)有可能对该种群的生态位施加强大的影响。④ 生

① 尚玉昌、蔡晓明编著：《普通生态学》，北京：北京大学出版社，1992 年版，第 288 页。

② 尚玉昌、蔡晓明编著：《普通生态学》，北京：北京大学出版社，1992 年版，第 294-295 页。

③ 尚玉昌、蔡晓明编著：《普通生态学》，北京：北京大学出版社，1992 年版，第 295 页。

④ 尚玉昌、蔡晓明编著：《普通生态学》，北京：北京大学出版社，1992 年版，第 297 页。

态位扩展实际上往往是由于种间竞争的减弱而导致的。

在本章的表述中，笔者用“生态位变迁”的概念来统一表达上述各种生态位变化的情形。在环境资源一定的情形下，对生态位变迁最大的影响机制在于个体或种群间竞争关系，或者说竞争强度的改变；其次，是生物自身的演化。生态位变迁的现象很容易在产业组织，以及媒体组织的发展和演变中观察到。

从逻辑上讲，媒体生态位的重叠意味着媒体间存在着某一组资源的零和(zero-sum)关系，媒体为此资源而发生竞争；而正是由于竞争关系的改变及其他因素，如环境变迁导致资源数量的变化，将使得媒体的生态位发生变迁。此外，媒体的竞争优势在相当程度上依赖于其使用资源的能力，而这种能力的发展依赖于对资源利用的有效性。这种能力不仅包括当前的、静态的，也包括将来的、动态的成分，因而，能力也会随着时间的改变而改变。媒体组织资源使用能力的变化，将使得它对资源使用的模式发生变化。当然，对于媒体组织，竞争环境可能会时刻发生变化。比如，在某地市场中新近进入一家媒体，那么，对其他某一家或数家媒体而言，生态位压缩的现象将可能出现。相反的情形是，如果在某地有一家媒体退出市场，则可能有生态释放的现象发生，导致部分媒体生态位的扩展。至于生态位的分离和生态位移动，同样很容易在媒体组织中观察到。由此，对媒体组织而言，生态位的动态变迁是一种客观的，同时也是必然的现象。

如果从媒体组织层面上升到亚种群，甚至产业(种群)层面，生态位变迁也比较容易观察到。最明显的莫过于，随着新媒体种群的诞生及其逐步普及，它将对传统媒体产业的生态位产生影响；而新媒体种群生态位的宽度及其与传统媒体的生态位重叠度，也将不断发生变化。对此，笔者将在下文以实证数据做详细论述。

在媒体亚种群层面，生态位的变迁也是常见的现象。在第六章中，笔者曾论及都市报媒体亚种群的兴起。实际上，当时宏观的社会、政治、经济背景为都市报的兴起提供着有利条件，也就是说，以当时的历史条件，都市报这一亚种群的出现是必然的。对此，支英琨先生的叙述如下：

3 年后，也就是晚报的极盛时期，随着市民文化的崛起，一个独具特色的都市报群落初现雏形。1996 年 1 月，《燕赵都市报》创办；1997 年 1 月，《楚天都市报》创办；1997 年，《海峡都市报》创办。同时，《大河报》、《南国早报》、《华商报》等名义上非都市类报纸，也“变性”为与《华西都市报》同宗的“市井人家”。事后，时任新闻出版署副署长的梁衡感慨万千的说：“当初各家都市报是我一个个签字批准的，没想到 3 年前一个个的签出去，3 年以后集中起来就形成了气候,形成了一个集团军。”[①]

对报业种群甚至整个媒体产业而言,都市报这一亚种群的出现,相当于引入一个新的物种(该物种是报业的亲缘种),这使得媒体产业的生态位变迁成为可能。如果我们将媒体的资源环境(如全国广告总支出、受众规模)作为一个恒定的常数,那么,媒体产业的生态位变迁将是绝对的。

接下来,笔者主要在媒体产业和组织层面考察媒体生态位的变迁,以探索媒体竞争的动态演变。正如上文所言,这种考察的目的是为了透视媒体在产业和组织层次的竞争动态。如果我们能以长时段的历史数据进行分析,则可对未来的竞争态势做出客观的预测。在本章的以下部分,笔者首先从新旧媒体产业间的竞争开始论述,然后是对中国媒体产业近10年来广告生态位变迁的分析。最后,在微观的媒体组织层面展开论述,特别是,这里的经验分析为媒体生态位“层级关联假设”一般模型中的部分操作假设提供了支持。

第二节　媒体形态变化、新旧媒体竞争与媒体生态位变迁

知名传播学者罗杰·菲德勒对“媒体形态变化”(media morphosis)的研究表明,在人类的发展史上,传播媒体的形态变化,通常是由于可感知的需要、竞争和政治压力,以及社会和技术革新的复杂相互作用引起的。媒体形态变化是一种思考有关传播媒体技术进化的方法。“它不是孤立地去研究每一种形式,而是鼓励我们考察作为一个独立系统的各个成员的所有形式,去注意存在于过去、现在和新出现的各种形式之间的相似之处和相互关系。”[②]罗杰·菲德勒认为,人们将看到新媒体并不是自发的和独立产生的——它们从旧媒体的形态变化中逐渐产生;当较新的媒体形式出现时,比较旧的形式通常不会死亡——它们会继续演进和适应。

罗杰·菲德勒以调频广播的迟缓成功和无线广播从一种大众媒体变化成为一种小众媒体的事实来说明媒体形态变化的关键原则。当电视登上历史舞台并大幅上升时,面向大众的无线广播逐渐走上下坡路。根据罗杰·菲德勒的叙述,这导致当时一些分析家预言无线广播这种媒体会死亡。然而,它并没有死亡。调幅广播也没有被调频广播完全囊括。事实是,调幅广播适应了变化,并且通过采用新的技

① 支英琰:《新传媒帝国:竞争格局下的品牌、资本与产业化》,北京:中国水利水电出版社,2005年版,第21页。

② [美]罗杰·菲德勒著、明安香译:《媒介形态变化:认识新媒介》,北京:华夏出版社,2000年版,第19页。

术和市场战略，与调频相比，愈来愈有竞争力了。“从1990年代初以来，调幅广播在美国和其他地方已经显示出强的复活迹象。”①

电视的迅速扩散同样带来对报纸、杂志、广播和电影行业的重大冲击。分析家们不断对此做出预言。然而，“一个个被宣布没有能力去与电视的历史性和形象性竞争而行将死亡的媒介，一个个却被证明比想象的更富有活力和更具适应性”②。对媒体形态变化的原则进行推论，罗杰·菲德勒认为，传播媒体的现存形态必须针对新型的媒体做出改变，否则它们将只能选择死亡。在此基础上，罗杰·菲德勒表达了媒体形态变化中的“共同演进”思想，即每当一种新的媒体形式出现和发展时，它将长年累月和程度不同地影响一切其他现存媒体形式的发展。“共同演进和共同生存，而不是相继进化和取代，这一直是自从第一批有机物在这个星球上首次出现依赖的常规。”③

按照罗杰·菲德勒媒体形态变化过程中旧有媒体不断适应环境变化而和新媒体“共同演进”的思路，我们应该能从生态位的理论观点同样发现这种规律。也就说是，当媒体形态发生变化而出现新旧媒体间的竞争时，应该可以观察到新旧媒体生态位的变迁，因为新旧媒体都要不断适应变化中的(资源)环境。换一种说法，如果罗杰·菲德勒的观点的确符合现实，那么，我们应该能从生态位的理论观点为此提供经验证据。

接下来，笔者首先以美国历史上媒体产业生态位的变迁来透视新旧媒体竞争的动态。这些经验材料主要来自Dimmick与其同事的研究。实际上，Dimmick的这些研究为罗杰·菲德勒的论断提供了经验证据。然后，笔者将通过对中国互联网络信息中心(CNNIC)和艾瑞咨询机构(iResearch)对互联网在中国发展状况历年调查数据的二次分析，探讨网络作为一种新兴媒体在中国社会的发展历程中受众和广告两种资源维度生态位的变迁，进一步讨论这种变迁对媒体竞争的意蕴。

一、美国媒体产业层次生态位变迁的历史考察

在最初的研究中，Dimmick即用生态位的概念来解释新媒体介入市场之后的新旧媒体竞争态势。按照生态位的理论观点，当一种新的媒体介入媒体市场，它必然会与既有的媒体竞争各种资源，包括消费者的需求、消费者的时间和金钱，以及广告主的经费支出。如果竞争的确存在，那么，新媒体将对旧有的媒体存在竞争的

---

① [美]罗杰·菲德勒著、明安香译:《媒介形态变化:认识新媒介》,北京:华夏出版社,2000年版,第20页。
② [美]罗杰·菲德勒著、明安香译:《媒介形态变化:认识新媒介》,北京:华夏出版社,2000年版,第20页。
③ [美]罗杰·菲德勒著、明安香译:《媒介形态变化:认识新媒介》,北京:华夏出版社,2000年版,第20页。

置换(displacement)或排斥(exclusion)效应。[1] 这体现出新旧媒体产业生态位变迁的必然性。

广告费用作为媒体维持生存和发展的重要资源,Dimmick 发现它对媒体具有选择性,也就是说,媒体在争夺广告资源时,相互之间具有一定的可替代性(substitutability)。Picard 认为这种可替代性的确存在。[2] Dimmick 作出上述论断的经验证据是在二战期间,报纸、杂志和广播三种媒体广告收入份额的变化。由于二战期间物资紧缺,美国联邦政府对白报纸的供应也实行配给政策;因此,战前、战中和战后由于纸张配给供应而造成的报纸发行数量的变化为研究广告资源在三种媒体产业间的分配提供了一个自然实验(natural experiment)。显然,如果媒体之于广告没有可替代性,那么,不论报纸发行数量是否减少,报纸广告份额都不应该减少;否则,可替代性效应便存在。图 7-1 显示了研究的结果。很明显,战争期间报纸广告份额有显著减少,相应的,杂志和广播广告的份额有明显上升。这无疑支持了媒体之于广告资源的可替代性假设。两位美国学者 Reid 与 King,在近期的研究中也发现了类似证据。[3] 这两位研究者对广告经理进行访谈,发现上述媒体之于广告资源拥有可替代性,这就意味着广告公司在一定程度上拥有控制广告价格的权力,可能将广告购买的价格控制在一定范围内。这里笔者引入上述数据是为了说明,广告之于媒体作为一种关键资源,广告资源生态位变迁的确存在。

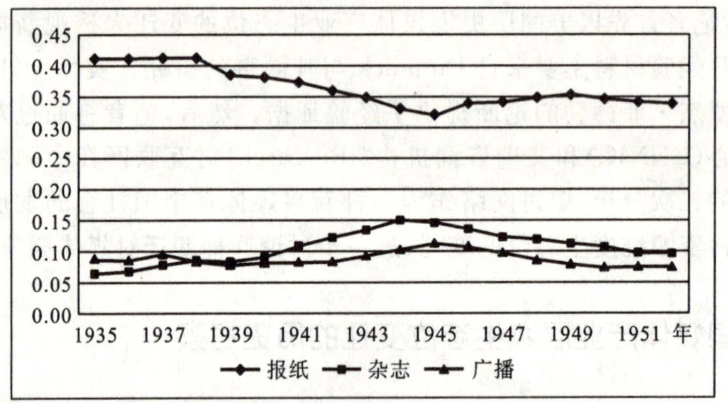

图 7-1 美国历史上三种媒体广告份额的变迁[4]

---

① Dimmick, J., Chen, Y., & Li, Z. (2004). Competition between the Internet and Traditional News Media: The Gratification-Opportunities Niche Dimension. *Journal of Media Economics*, 17(1), 19-33.

② Picard, R. G. (1989). *Media Economics: Concepts and Issues*. Thousand Oaks: Sage Publications.

③ Dimmick, J. W. (2003). *Media Competition and Coexistence: The Theory of the Niche*. Lawrence Erlbaum Associates, Inc., Publishers: Mahwah, NJ. p. 45.

④ 此图来源:Dimmick, J. W. (2003). *Media Competition and Coexistence: The Theory of the Niche*. Lawrence Erlbaum Associates, Inc., Publishers: Mahwah, NJ. p. 46.

在产业层次，媒体生态位变迁的现象也客观存在，尤其是当一种新的媒体介入媒体市场时。在美国历史上的1890年代，杂志发行量的剧增（相对于报纸，此时杂志是一种新媒体），夺取了大量报纸广告的份额；[①]1920年代，当广播作为一种新媒体大量普及时，它分割了原本属于报纸和杂志的广告资源；二战后，电视媒体的崛起极大冲击了原属于报纸、杂志和广播的广告收入，尤其是广播媒体。图7-2是对1935—1980年间美国电视与广播在广告资源维度生态位宽度变迁的展现。[②]在此研究中，Dimmick将广播、电视广告资源分为三种：全国性广告、地方性广告和插播广告。此时，生态位宽度的最大取值为3，最小为1；两种媒体广告生态位的重叠度，介于0到1之间；至于生态位竞争优势，则没有取值范围限制。

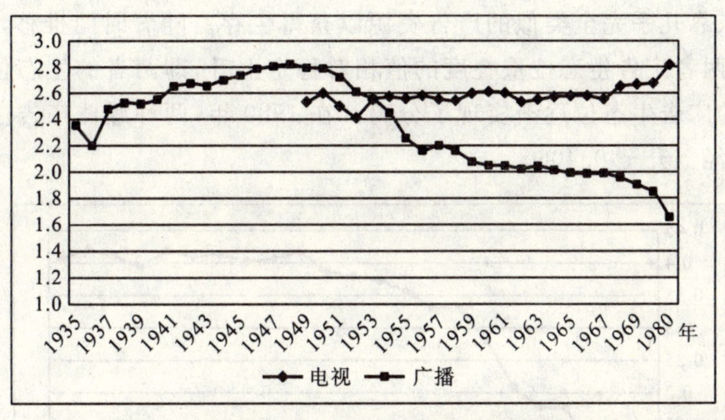

图7-2 美国电视与广播广告生态位宽度的变迁[③]

图7-2中，广播生态位的数据最早出现在1935年。很明显，在1935年到1948年，广播的生态位宽度逐渐增大，意味着广播对上述三种广告资源的利用范围愈来愈大。在1935年，生态位宽度是2.35；在1948年，即电视开始作为大众媒体登上历史舞台的那一年，广播广告生态位的宽度为2.820，这已经很接近最大值3，达到历史上其生态位宽度的顶峰。根据Dimmick对历史数据的详尽分析，这种变化的缘由是，在1935年，广播的广告收入主要是全国性或者联播网广告（national or network advertising），此种广告资源占广告总收入的55%，而到1948年，广播广告

① 该现象也印证了媒体之于广告的可替代性。

② Dimmick，J. W.（2003）. *Media Competition and Coexistence：The Theory of the Niche*. Lawrence Erlbaum Associates，Inc.，Publishers：Mahwah，NJ. p. 57.

③ 数据来源：Dimmick，J. W.（2003）. *Media Competition and Coexistence：The Theory of the Niche*. Lawrence Erlbaum Associates，Inc.，Publishers：Mahwah，NJ. pp. 56-57. 此图中生态位宽度的取值范围为[1，3]。

收入已经在相当程度上来自地方性广告和插播广告。

从 1949 年开始可以得到电视广告的统计数据,这是电视作为大众媒体登上历史舞台的第二年。此时,电视广告的生态位宽度是 2.534,一直到 1980 年,这一数值的变化不大,而且表现为较稳定的增长。与此相反,广播广告的生态位宽度却在持续减小,在 1949 年为 2.803,至 1980 年已降低到 1.660。如果说在 1948 年广播在广告资源维度上是"资源宽用型"媒体,那么在 1980 年,它已是典型的"资源窄用型"媒体。

再看两者的生态位重叠度指标。如图 7-3 所示,在 1949 年,两者的生态位重叠度的值相当小,达到 0.036,该值几乎接近于 0,证明两者的广告资源生态位完全尚未分离,依靠几乎完全类似的广告资源以获得生存。随着时间推移,从 1949 年到 1980 年,两者广告生态位重叠度的值相对稳定上升,即两者的生态位重叠不断减小,两者的广告生态位逐渐实现了分离。在 1980 年,两种媒体广告生态位重叠度的数值已经上升至 0.406。

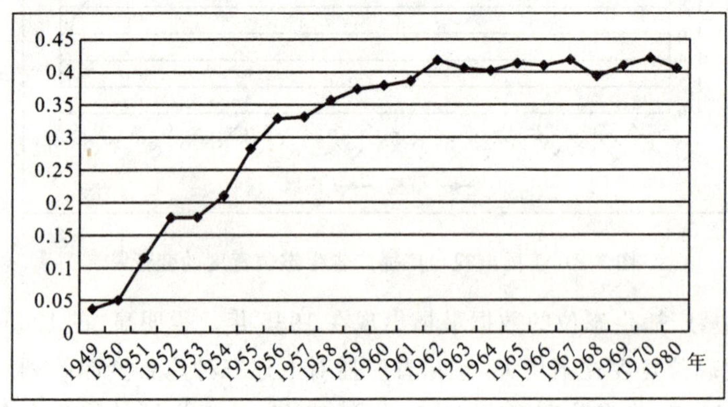

图 7-3 美国电视与广播广告生态位重叠度的变迁①

最后看生态位竞争优势指标。如图 7-4 所示,从 1948 年到 1980 年的 30 多年间,仅仅在最初的 1948 年,广播相对于电视而言,占据着广告资源维度的生态位竞争优势。此时,广播对电视的生态位竞争优势为 2.426。此后,电视的竞争优势逐渐明显,且稳定上升。到了 1980 年,电视相对于广播的广告生态位竞争优势已达到 89.781;与此同时,从 1951 年开始,广播对电视的生态位竞争优势便已接近于零(0.071),并持续降低至 1980 年的 0.008,这表明在广告资源的竞争优势上,广播要

① 数据来源:Dimmick,J. W. (2003). *Media Competition and Coexistence*:*The Theory of the Niche*. Lawrence Erlbaum Associates,Inc.,Publishers:Mahwah,NJ. pp. 56-57.

比电视低三个数量级。

图 7-4 美国电视与广播广告生态位竞争优势的变迁①

上述数据显示出媒体产业层次广告资源生态位的变迁。这种变迁主要源于新媒体介入市场后所带来的媒体产业间广告资源生态位的变化。显然，在电视之后又有多种新媒体不断进入市场，如有线电视、DVD/VCD、卫星电视、互联网、数字电视，可以想见，这些“新媒体”进入市场之后，给媒体行业内多种媒体种群在各资源维度的生态位带来相应的变化。

通过将广播、电视和有线电视三种媒体的广告收入加总，然后与报纸的广告收入进行比较，Dimmick 考察了 1935 年到 1999 年间三种媒体对报纸的“系列竞争”(serial competition)所带来的广告资源分配格局变迁的图景。系列竞争的思路源于生态学“扩散竞争”(diffuse competition)的概念，即不是将一个种群与另一个种群成对作比较，而是探索一个种群的所有竞争者与它的竞争状况。如图 7-5 所示，在 1935—1999 年的 60 多年间，报纸种群的广告收入份额在相对持续地降低，而作为一个系列的竞争种群，即杂志、电视和有线电视，它们广告收入份额的总和在持续地上升。

① 数据来源：Dimmick，J. W. (2003). *Media Competition and Coexistence：The Theory of the Niche*. Lawrence Erlbaum Associates，Inc.，Publishers：Mahwah，NJ. pp. 56-57.

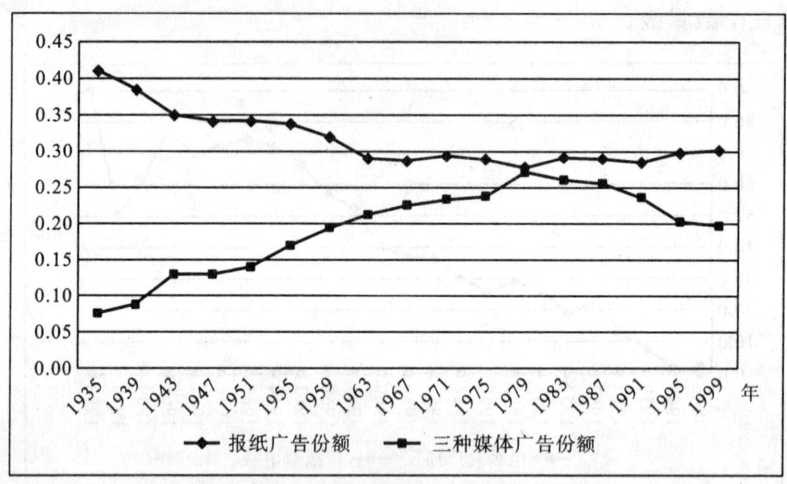

图 7-5 媒体"系列竞争"对报纸广告收入的影响[①]

新旧媒体间的竞争,使得媒体内容维度的生态位亦发生变迁。根据 Dimmick 的观点,尽管媒体内容维度的竞争(尤其是以生态位的测度结果所表达的竞争景象),并不一定能代表媒体竞争的现实情形。[②] 因为正如麦库姆斯所指出的,即使媒体之间不存在激烈的竞争,媒体内容也有可能极为相似,因为至少在新闻内容上,由于新闻从业者在"专业价值、理念和实践规则方面的相似",导致其在进行新闻判断时拥有相似的模式,[③]故而使得新闻内容相似,而这种相似并不一定表明媒体间就存在着激烈竞争。如图 7-6 所示,Dimmick 发现,广播作为大众媒体登上历史舞台的初期,即在 1920 年代,CBS 和 NBC 内容的生态位重叠度的值极小;在广播媒体发展的黄金时代,即 1930 年代,两者内容的生态位重叠度的值还比较小,此后两者的重叠度的值又逐渐增大。

---

① 此图来源:Dimmick,J. W. (2003). *Media Competition and Coexistence: The Theory of the Niche*. Lawrence Erlbaum Associates,Inc. ,Publishers:Mahwah,NJ. p. 116.

② Dimmick,J. W. (2003). *Media Competition and Coexistence: The Theory of the Niche*. Lawrence Erlbaum Associates,Inc. ,Publishers:Mahwah,NJ. p. 111.

③ Dimmick,J. W. (2003). *Media Competition and Coexistence: The Theory of the Niche*. Lawrence Erlbaum Associates,Inc. ,Publishers:Mahwah,NJ. p. 111. McCombs,M. E. (1987). Effect of monopoly in Cleveland on diversity of newspaper content. *Journalism Quarterly*,64(4),pp. 741-743.

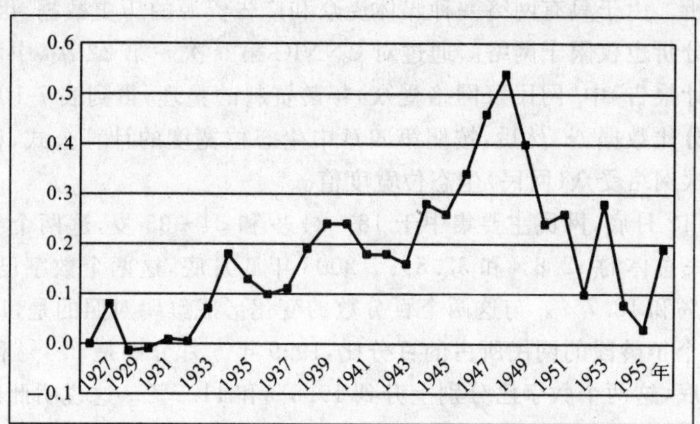

图 7-6　NBC 与 CBS 广播网的内容重叠度的值①

Dimmick 的解释是，最初 CBS 和 NBC 内容的生态位重叠度的值很小，是因为当时广播作为一种新兴的媒体，还处于发展初期，尚未发掘出适合自身特征的节目样式和节目制作策略，内容几乎全部是音乐。随着广播媒体的不断发展，节目种类和样式愈来愈多，于是 CBS 和 NBC 在内容上显示出分化的倾向，生态位重叠度的值增大，即内容重叠逐渐减少。1940 年代后，电视作为大众传播媒体介入市场，对广播节目内容的制作和播出产生影响，这直接反映在 CBS 和 NBC 内容生态位重叠度的值逐渐增大上(即内容的相似性减弱)。

二、中国网络媒体的受众与广告生态位变迁

自 1994 年国际互联网联入我国，这种新兴的传播媒体便开始以极快的速度扩散开来。据中国互联网络信息中心(China Internet Network Information Center，CNNIC)的统计报告，截止到 2011 年 6 月，中国网民规模已达 4.85 亿，普及率为 36.2%。显然，我们可将互联网作为一种新兴的，与报纸、广播和电视具有类似特性的传播媒体("第四媒体"的表述说明了这点)。对传统媒体而言，那些重要的生存和发展资源，如内容、受众(需求、时间、金钱)和广告，也是网络媒体的重要资源。网络作为一个新兴的媒体产业，无疑在和电视、报纸、广播和杂志一起在争夺内容、受众和广告资源。

循此思路，笔者将对 10 年来网络媒体在受众和广告两种资源维度上生态位的

① 此图来源：Dimmick，J. W. (2003). *Media Competition and Coexistence*：*The Theory of the Niche*. Lawrence Erlbaum Associates，Inc. ，Publishers：Mahwah，NJ. p. 112.

变迁进行分析。由于只有网络一种媒体受众和广告资源的历史数据,因此,这里的生态位变迁分析也仅限于网络。通过对 CNNIC 第 5 次～第 22 次《中国互联网络发展状况统计报告》中“网民”(网络受众)年龄资料的整理,得到表 7-1 中第 2 行到第 8 行的百分比数据。[①] 然后,按照第四章中生态位宽度的计算公式,得到该表最后一行的历次网络受众(网民)生态位宽度值。

1999 年 12 月底,网民主要集中于 18—24 岁和 31—35 岁,这两个年龄段的网民分别占网民总体的 42.8%和 32.8%。2008 年 6 月底,这两个数字已大为降低,分别为 30.3%和 18.7%。与这两个百分数的变化形成鲜明对照的是,18 岁以下和 41 岁以上两个年龄段的网民所占的百分比,1999 年 6 月分别是 2.4%和 6.1%;在 2008 年 6 月底,这两个数字已分别上升到 19.6%和 11.7%。这说明此期间网络媒体的受众范围在明显增大。

在 1999 年 12 月 CNNIC 发布第 5 次《中国互联网络发展状况统计报告》时,网民年龄维度生态位的宽度为 3.26,在 2008 年 6 月的第 22 次互联网调查中,生态位宽度达 5.20。从 1999 年 12 月到 2008 年 6 月的 18 次调查中,尽管在 2003 年 6 月和 2006 年 6 月,生态位宽度 B 值稍微有所回落;但整体上看,基于年龄结构维度的网民生态位宽度的确是在不断增大。在这个分析中,由于网民在年龄维度被划分为 7 种类型,生态位宽度 B 的取值范围因此为[1,7]。当基于网民年龄维度的生态位宽度为 3.26 时,尚不到最大值的一半;在 2008 年 6 月生态位宽度达到 5.20 时,已比较接近最大值。在这种意义上,可以说此时网络已有足够的理由被称为“大众媒体”。

在网络媒体的广告收入行业来源维度,生态位的变迁如何?由于没有如同 CNNIC 的调查报告那样权威的统计数据,这里笔者采用艾瑞咨询的调查数据,具体如表 7-2 所示。2001 年,网络广告的市场规模为 4.1 亿元人民币,此后逐年上涨,2005 年时达到 2001 年的 10 倍,为 40.7 亿元。2008 年,已达到 180.4 亿元,约为 2001 年的 45 倍。从行业来源上看,网络媒体的广告收入主要来自 IT 产品和其他行业。

---

① 笔者的分析仅选择 CNNIC 第 5 次～第 22 次的统计数据,是因为 1999 年 7 月之前发布 4 次调查,网民的年龄结构划分为 16 岁以下、16—20 岁、21—25 岁、26—30 岁、31—35 岁、36—40 岁、41—45 岁、51—60 岁、60 岁以上。自 2009 年 1 月发布的第 23 次调查及以后的调查,网民的年龄结构被划分为:10 岁以下、10—19 岁,20—29 岁、30—39 岁、40—49 岁、50—59 岁、60 岁以上。笔者所选择的 1999 年至 2008 年 10 年间的第 5 次～第 22 次调查,网民的年龄结构划分完全相同,即:18 岁以下、18—24 岁、25—30 岁、31—35 岁、36—40 岁、41—50 岁、50 岁以上。这为分析的进行提供了可能。原始数据下载于 CNNIC 官方网站(http://www.cnnic.net.cn/)。

表 7-1 近 10 年来中国网民年龄结构维度生态位宽度的变迁

	1999.12	2000.6	2000.12	2001.6	2001.12	2002.6	2002.12	2003.6	2003.12
18岁以下	2.4	1.7	14.93	15.1	15.3	16.3	17.6	17.1	18.8
18—24岁	42.8	46.8	41.18	36.8	36.2	37.2	37.3	39.1	34.1
25—30岁	32.8	29.2	18.84	16.1	16.3	16.9	17.0	17.2	17.2
31—35岁	10.2	10.0	8.89	11.8	12.1	11.6	10.2	10.3	12.1
36—40岁	5.7	5.6	7.12	8.3	8.2	7.2	7.4	7.4	7.6
41—50岁	4.5	5.1	5.72	8.0	7.6	6.8	6.8	6.0	6.4
50岁以上	1.6	1.7	3.32	3.9	4.3	4.0	3.7	2.9	3.8
总计	100.0	100.0	100.0	100.0	100.0	100.0	100.0	100.0	100.0
*B*值	3.26	3.12	4.09	4.70	4.76	4.58	4.53	4.31	4.83

	2004.6	2004.12	2005.6	2005.12	2006.6	2006.12	2007.6	2007.12	2008.6
18岁以下	17.3	16.4	15.8	16.6	14.9	17.2	17.7	19.1	19.6
18—24岁	36.8	35.3	37.7	35.1	38.9	35.2	33.5	31.8	30.3
25—30岁	16.4	17.7	17.4	19.3	18.4	19.7	19.4	18.1	18.7
31—35岁	11.5	11.4	10.4	11.6	10.1	10.4	10.1	11.0	11.0
36—40岁	7.3	7.6	7.3	7.1	7.5	8.2	8.4	8.4	8.7
41—50岁	6.7	7.6	7.4	6.8	7.0	6.2	7.2	7.5	7.8
50岁以上	4.0	4.0	4.0	3.5	3.2	3.1	3.7	4.2	3.9
总计	100.0	100.0	100.0	100.0	100.0	100.0	100.0	100.0	100.0
*B*值	4.61	4.79	4.54	4.71	4.36	4.66	4.88	5.08	5.20

注：第2至第9行的数据为百分比(%)。最后一行中，$1 \leqslant B \leqslant 7$，*B*值愈大表明在相应时点上，网络拥有着更大年龄范围的受众。

表 7-2 中国网络媒体广告收入的行业来源①

	2001 年	2002 年	2003 年	2004 年	2005 年	2006 年	2007 年	2008 年
交通	1 303	3 258	9 699	23 003	25 905	54 959	96 681	140 980
IT 产品	8 895	11 999	24 819	38 240	55 280	68 689	93 081	120 715
房地产	539	848	5 857	17 420	45 748	53 825	72 025	97 264
网络服务	5 462	5 415	14 502	31 044	42 834	42 354	62 801	117 862
通讯服务	4 122	7 512	18 091	25 867	20 391	26 798	34 891	42 688
消费类电子类	2 765	2 533	5 488	11 854	14 033	17 794	26 871	34 707
金融服务	1 275	2 157	2 219	4 113	7011	12 250	24 352	46 719
食品饮料	1 514	1 962	2 377	2 745	3987	12 944	23 131	41 129
零售及服务类	820	942	752	2 512	3 910	4 901	18 047	34 298
服饰类	433	778	1 609	2 371	3 969	7 714	13 583	55 433
其他	13 872	23 596	45 587	74 831	183 932	302 772	595 537	1 072 241
市场规模	4.1	6.1	13.1	23.4	40.7	60.5	106.1	180.4

注:第 2 行至倒数第 2 行中数据的单位为万元。最后一行"市场规模"的单位为亿元。

表 7-3 将表 7-2 中 2001 年至 2008 年网络广告行业来源和市场规模的绝对数值转换为百分数。在 2001 年,网络广告主要来自 IT 产品、网络服务和通讯服务三大行业,分别占 21.70%、13.31%和 10.05%的份额。然而,这种情形逐渐发生着变化。即使是在一年后的 2002 年,IT 产品行业的广告份额便降为 19.67%,网络服务降为 8.88%,通讯服务上升为 12.31%。到 2008 年,此前为网络广告主要收入来源的 IT 产品、网络服务和通讯服务三大行业,地位已大为下跌,分别仅占有 6.69%、6.53%和 2.37%的份额;此时交通和房地产已成为网络广告收入的重要行业,分别占 7.81%和 5.39%。当然,最值得注意的是由多个行业组成的"其他行业"。2001 年,"其他行业"为网络广告贡献的份额是 33.83%,到 2008 年这个比例已上升为 59.44%。

① 可获得的数据仅包括 2001—2008 年。2001—2007 年数据来源于艾瑞咨询的《2007 年中国网络广告市场份额报告》,2009 年 2 月 1 日下载于艾瑞咨询集团官方网站(http://www.iresearch.com.cn/)。艾瑞咨询于 2007 年第一季度对"网络广告市场规模"概念重新定义,认为网络广告市场规模包括品牌广告市场规模和搜索引擎广告市场规模,因此,2007 年后"网络广告市场规模"与 2007 年前的界定范围并不完全吻合。2008 年度的"网络广告市场规模"数据来源于艾瑞咨询于 2008 年 12 月 29 日发布的报告《2008 年中国网络广告增至 180 亿 2009 年增幅跌至 20%》。2008 年各行业网络广告投放费用数据来源于艾瑞咨询报告《危机下企业更重推广 各行业网络广告投放趋势迥异》。上述两个报告也下载于艾瑞咨询集团官方网站。

表 7-3 中国网络媒体广告收入的行业来源比例(%)

	2001 年	2002 年	2003 年	2004 年	2005 年	2006 年	2007 年	2008 年
交通	3.18	5.34	7.40	9.83	6.36	9.08	9.11	7.81
IT 产品	21.70	19.67	18.95	16.34	13.58	11.35	8.77	6.69
房地产	1.31	1.39	4.47	7.44	11.24	8.9	6.79	5.39
网络服务	13.32	8.88	11.07	13.27	10.52	7.00	5.92	6.53
通讯服务	10.05	12.31	13.81	11.05	5.01	4.43	3.29	2.37
消费类电子类	6.74	4.15	4.19	5.07	3.45	2.94	2.53	1.92
金融服务	3.11	3.54	1.69	1.76	1.72	2.02	2.3	2.59
食品饮料	3.69	3.22	1.81	1.17	0.98	2.14	2.18	2.28
零售及服务类	2.00	1.54	0.57	1.07	0.96	0.81	1.70	1.90
服饰类	1.06	1.28	1.23	1.01	0.98	1.28	1.28	3.07
其他行业	33.83	38.68	34.8	31.98	45.19	50.04	56.13	59.44
总计	100.0	100.0	100.0	100.0	100.0	100.0	100.0	100.0

由于没有更详尽的数据，笔者不能计算出 2001—2008 年网络广告收入行业来源的生态位宽度值。值得注意的是，“其他行业”为网络广告收入贡献的份额从 2001 年的 33.83%飞速上升为 2008 年的 59.44%。由于“其他行业”本身应该包含多个行业，那么，“其他行业”份额的增大，说明网络媒体广告收入的行业来源越来越多样化。因此笔者有足够信心作如下结论：从 2001 年到 2008 年，网络广告收入在行业来源上，生态位宽度是不断增大的，或者说，为网络媒体贡献广告收入的行业来越来越多。

如果“网络广告收入行业来源在逐步多样化”的结论完全成立，那么，也应该能够在 10 个贡献广告收入的主要行业中观察到这一现象。这里，将“其他行业”从网络广告收入中排除，只将 10 个有着具体名称的行业计算在内。将这 10 个行业的广告收入加总，然后分别计算 10 个行业对历年网络媒体广告收入的贡献。表 7-4 显示，2001 年 IT 产品、网络服务和通讯服务为当年的收入分别贡献 32.80%、20.13%和 15.19%的份额。到 2008 年，这三个行业的贡献已分别降低为16.50%、16.10%和 5.84%，此时交通行业的贡献已居第一位，达 19.26%，房地产行业达 13.29%，这两个行业在 2001 年时尚默默无闻。

表 7-4　中国网络媒体广告收入 10 种重要的行业来源比例

	2001 年	2002 年	2003 年	2004 年	2005 年	2006 年	2007 年	2008 年
交通	4.81	8.71	11.35	14.45	11.61	18.18	20.77	19.26
IT 产品	32.80	32.08	29.07	24.03	24.78	22.72	19.99	16.50
房地产	1.98	2.27	6.86	10.94	20.51	17.82	15.48	13.29
网络服务	20.13	14.48	16.98	19.51	19.2	14.01	13.49	16.10
通讯服务	15.19	20.08	21.18	16.25	9.14	8.87	7.50	5.84
消费类电子类	10.19	6.77	6.43	7.45	6.30	5.89	5.77	4.73
金融服务	4.70	5.77	2.59	2.59	3.14	4.04	5.24	6.39
食品饮料	5.58	5.25	2.78	1.72	1.79	4.28	4.97	5.62
零售及服务类	3.02	2.51	0.87	1.57	1.75	1.62	3.88	4.69
服饰类	1.60	2.09	1.89	1.49	1.79	2.56	2.92	7.57
总计	100.0	100.0	100.0	100.0	100.0	100.0	100.0	100.0
B 值	5.24	5.43	5.50	6.17	5.95	6.59	7.06	7.77

注：第 2 行至倒数第 2 行的数据为百分数。生态位宽度取值区间为：$1 \leqslant B \leqslant 10$；$B$ 值愈大表明广告行业来源愈均衡。

根据表 7-4 中的数据，可求得 2001—2008 年间网络广告在 10 个关键行业中的生态位宽度。如该表最后一行所示，2001 年的生态位宽度值为 5.24，此后基本呈逐年上升趋势，到 2008 年已达 7.77。在 B 的最大值为 10 的前提下，网络广告收入行业来源生态位的值达到 7.77，表明在被考察的 10 个行业中，大多数行业都在为网络媒体贡献相当份额的广告收入。

通过引入 Dimmick 的研究结论，以及对近 10 年中国网络媒体在受众年龄和广告收入行业生态位宽度变迁的考察，本节的分析表明，当媒体形态发生变化时，新旧媒体间的竞争格局会发生改变。既有的传统媒体会改变生存策略，以适应变迁中的环境。对中国互联网发展的研究表明，近 10 年来网络作为一种新兴媒体，逐步在受众年龄结构维度拥有更广的生态位；在广告来源维度，也不断向各个行业拓展和发掘，广告生态位的宽度不断增大。在某种意义上，这是网络媒体不断适应和融入环境，不断取得发展生机的表现。

第三节 广告资源生态位变迁与中国媒体的竞争动态

生态位的变迁往往由竞争关系或竞争强度的改变所致，故从生态位的变迁可透视媒体竞争的动态。不论是在产业（种群）、亚种群还是组织（个体）层次，所有媒体都在竞争着相对有限的广告资源。Dimmick 及其合作者 Rothenbuhler 采用生态位理论考察 5 种媒体广告资源竞争的现象。两位研究者考察的是 1948 年至 1982 年间报纸、广播、杂志、无线电视和有线电视的广告收入资料。通过采用生态位宽度和生态位重叠度作为指标，他们探索此间 5 种媒体如何调整生存策略（表现为生态位宽度和与其他媒体的生态位重叠度）以期不断适应环境而继续生存。研究发现，当电视在 1950 年代出现时，影响到广播对广告资源的使用状况，具体是，广播将全国性广告这种资源让给电视，而增加地方性广告以作为生存资源，直接表征是其生态位宽度的显著减小。①

Dimmick 与 Rothenbuhler 还曾就生态位理论探索报纸、电视、广播与户外 4 种媒体广告资源的竞争。两位研究者将 1935 年到 1980 年划分为 4 个时期，即 1935—1948 年、1949—1959 年、1960—1969 年和 1970—1980 年，分析发现在 1948 年电视尚未出现时，广播的生态位宽度是此 46 年间之最高点。在电视出现的 1949 年，广播与电视的生态位重叠度亦为 46 年间之最高。当两种媒体的生态位重叠度过高时，将使得两种媒体无法共存，促使两者调整广告资源的使用模式。研究揭示到 1960 年，广播和电视的广告资源使用状况已有较大区隔。比起在 1950 年代，报纸在 1970 年代减少了将近 10％的全国性广告收入，而这样的减少由地方性广告与分类广告的增加来弥补。报纸全国性广告的减少，还由于电子媒体的入侵所致。②

1992 年，Dimmick 与其合作者再次分析美国有线电视迅速崛起后对无线电视广告资源的影响。通过对广播、无线电视和有线电视 1980—1989 年间广告资源生态位宽度和重叠度的分析，他们发现，1980 年代的广播已是广告资源维度上的特化媒体（“资源窄用型”），主要资源来自地方性广告，而无线电视在 3 种媒体中的广

① Dimmick, J., & Rothenbuhler, E. W. (1984). Competitive displacement in the communication industries: New media in old environments. In R. Rice (Ed.), *The new media: Communication, research, and technology* (pp. 287-304). Beverly Hills: Sage Publications.

② Dimmick, J., & Rothenbuhler, E. W. (1984). The theory of the niche: Quantifying competition among media industries. *Journal of Communication*, 34(1), 103-119.

告生态位宽度最大，但有线电视的生态位宽度逐年增大，似有逐渐入侵无线电视广告生态位的现象。在3种媒体中，无线电视与有线电视的生态位重叠最大，其次，是无线电视与广播，最后是有线电视与广播。此外，广告资源的生态位竞争优势分析表明，无线电视对广播的竞争优势在逐渐下降，但广播对有线电视的竞争优势也在急剧下降。整体上看，有线电视的广告资源生态位竞争优势在1980年代不断提升。[①]

中国媒体自改革开放以来历经30多年的发展，完成由国家行政事业单位向"事业单位企业化管理"双轨制转型，进一步被导入产业化、集团化的发展轨道。在经济层面，中国媒体产业的经营规模不断扩大，以年均20%以上速度增长。媒体产业发展至今，已从传统的新闻事业逐步发展为具有重要意义的产业。媒体经济已成为国民经济的重要组成部分。

广告在中国媒体产业经营中一直居主导地位，营业收入占媒体总收入60%以上，甚至高达80%至90%。[②] 1979年初《天津日报》、上海电视台等媒体率先刊播广告，宣告我国广告行业复苏，也标志着媒体产业经营的正式起步。此后30年，媒体产业经营经历了一个高速发展的过程。以1979年和2007年的GDP和广告营业额为例，此间中国广告营业额的增长倍数是GDP增长倍数的285倍；可见，作为中国媒体产业核心的广告经营放大了GDP增长程度，反映出媒体产业的30年巨变。[③] 若深入分析改革开放30年来中国媒体的广告资源利用情形，毫无疑问，将为检视中国媒体发展的轨迹提供一个独特且重要的视角。此处，笔者将在产业（种群）层次考察媒体对广告资源的利用情形，透视中国报纸、电视、广播、杂志和网络5种媒体产业的竞争动态。笔者提出的具体问题是，随着时间的推移，在产业层面，各种媒体在广告资源维度的生态位宽度、重叠度和竞争优势的变化如何？

由于长时段统计数据的缺乏，笔者只能得到1999—2008年各媒体产业在广告收入行业来源维度的数据。这里，所要考察的媒体包括报纸、电视、广播、杂志和网络；其中，网络媒体的数据仅有2004—2008年的。因此，下文的分析，是基于对5种媒体广告收入行业来源数据的研究。

---

① Dimmick, J., Patterson, S. J., & Albarran, A. B. (1992). Competition between the cable and broadcast industries: A niche analysis. *Journal of Media Economics*, 5(1), 13-30.

② 周茂君：《我国传媒产业经营政策及其影响》，《武汉大学学报（人文科学版）》，2001年第2期。

③ 吴信训、高洪波：《从广告数据看中国传媒产业30年》，《新闻与传播研究》，2008年第6期。

各年数据资料来自2000—2009年的《中国工商行政管理年鉴》和《中国广告年鉴》。[①] 在这10年期间，两种年鉴对5种媒体广告收入的行业划分发生了改变，1999—2003年的5年间，年鉴未涉及信息产业、金融保险、招生招聘、农贸、服务业的广告收入数据；而2003年后将这5种行业增列进去。由于这是5种相对新兴的行业，笔者将它们归入"新兴行业"的类别，且假定在1999—2003年，各媒体"新兴行业"的广告收入贡献比率按等差数列增长。比如，报纸在2004年"新兴行业"的广告份额为9.51%，据上述算法，1999—2003年该行业的广告份额应分别为1.59%、3.17%、4.76%、6.34%和7.93%。至于其他媒体，1999—2003年"新兴行业"的广告贡献额亦类似处理。此种处理技术优于将各媒体产业此间"新兴行业"广告收入视为零的做法。经处理后，1999—2008年各媒体产业广告收入行业来源的划分标准得到统一，在此基础上，可进一步计算广告收入行业来源的生态位。

图7-7是1999—2008年5种媒体广告收入的整体面貌。电视和报纸两种媒体在广告收入上明显处于第一梯队，其他三种媒体处于第二梯队。1999年，报纸、电视、广播和杂志4种媒体的广告总收入是2 899 277万元人民币，2008年达到9 435 429万元，增长2.25倍。网络媒体在2004年的广告收入是76 378万元，2008年为277 588万元，增长2.63倍。每种媒体产业历年的广告收入行业来源数据，笔者将其整理后置于本书附录3—附录7中。

1999年，报纸媒体广告总收入是1 123 256万元，此后逐年上涨(2003年到2004年是例外)，到2008年达到3 426 737万元。从2004年起，主要由信息产业、金融保险、招生招聘、农贸、服务业构成的"新兴行业"，开始作为一个为报纸贡献一定数额广告收入(219 382万元)的行业而进入我们的视野。表7-5显示：1999年，报纸广告收入主要的行业来源是房地产、家用电器、药品，分别占据16.02%、

① 笔者为何不选择采用1999年之前的数据，是因为两种年鉴在2000年前的数据比较粗略，不适合用来此处的分析。2008年后的数据，截止2011年6月尚未面世。历年数据来源如下：1999年：中国工商行政管理年鉴编辑部：《中国工商行政管理年鉴(2000)》，北京：中国工商出版社，2000年12月，第488页。2000年：中国广告年鉴编辑部：《中国广告年鉴(2001)》，北京：新华出版社，2001年5月，第24-25页。2001年：中国广告年鉴编辑部：《中国广告年鉴(2002)》，北京：新华出版社，2002年6月，第18-19页。2002年：中国工商行政管理年鉴编辑部：《中国工商行政管理年鉴(2003)》，北京：中国工商出版社，2003年11月，第590-591页。2003年：中国工商行政管理年鉴编辑部：《中国工商行政管理年鉴(2004)》，北京：中国工商出版社，2004年11月，第839-841页。2004年：中国工商行政管理年鉴编辑部：《中国工商行政管理年鉴(2005)》，北京：中国工商出版社，2005年12月，第630-631页。2005年：中国工商行政管理年鉴编辑部：《中国工商行政管理年鉴(2006)》，北京：中国工商出版社，2006年12月，第682-683页。2006年：中国工商行政管理年鉴编辑部：《中国工商行政管理年鉴(2007)》，北京：中国工商出版社，2007年12月，第723-724页。2007年：中国工商行政管理年鉴编辑部：《中国工商行政管理年鉴(2008)》，北京：中国工商出版社，2009年8月，第723-724页。2008年：中国工商行政管理年鉴编辑部：《中国工商行政管理年鉴(2009)》，北京：中国工商出版社，2010年5月，第753页。

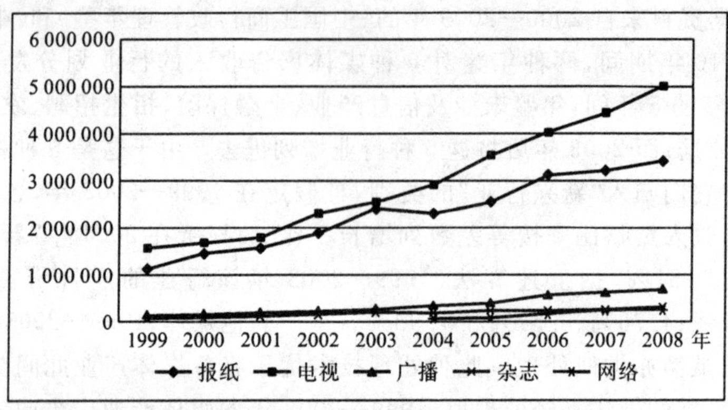

图 7-7　1999—2008 年 5 种媒体产业的广告收入（单位：万元）

13.93%、10.65%的份额；此后各年，除了房地产行业的广告收入维持着接近 20%的比例，其他行业的地位在下降。但例外是，2004 年的“新兴行业”为报纸贡献了 9.51%的广告收入，到 2006 年，这个比例已上升为 12.99%，至 2008 年更是达到 16.41%。还需注意的是，由多个贡献广告份额较小的行业组成的“其他行业”，由 1999 年 25.61%的贡献份额下降为 2008 年的 13.92%。

表 7-5　1999—2008 年中国报纸媒体广告收入的行业来源分布比例

	1999 年	2000 年	2001 年	2002 年	2003 年	2004 年	2005 年	2006 年	2007 年	2008 年
药品	10.65	11.07	10.92	11.29	12.41	12.18	12.04	9.22	9.01	8.65
食品	7.33	6.65	6.85	5.33	5.25	6.91	6.90	6.63	7.25	8.79
化妆品	5.06	4.68	5.09	3.89	3.38	3.36	3.11	3.17	2.71	3.76
医疗器械和服务	10.07	11.08	10.44	10.79	9.14	10.00	10.83	11.62	9.40	9.64
家用电器	13.93	10.35	9.02	8.34	6.93	5.44	5.59	5.86	5.60	5.21
烟酒服装服饰	5.64	8.78	6.54	4.24	4.28	4.34	4.73	4.60	4.06	3.88
房地产	16.02	15.04	16.13	19.27	24.51	15.68	16.33	17.14	18.22	21.01
汽车	4.10	3.61	4.32	6.10	6.14	5.03	6.32	7.38	8.23	8.74
新兴行业	1.59	3.17	4.76	6.34	7.93	9.51	12.13	12.99	12.01	16.41
其他行业	25.61	25.59	25.94	24.41	20.03	27.56	22.02	21.39	23.50	13.92
总计	100.0	100.0	100.0	100.0	100.0	100.0	100.0	100.0	100.0	100.0
B 值	6.887	7.148	7.148	7.042	6.920	6.770	7.622	7.669	7.278	7.800

注：第 2 至第 11 行中的数据为百分数。生态位宽度 B 的取值区间为[1,10]。

表 7-5 最后一行显示的是 1999—2008 年间报纸媒体广告收入行业来源的生态位宽度。在生态位宽度 B 的取值为[1,10]的前提下,1999 年报纸广告收入行业来源的生态位宽度为 6.887,到 2008 年已上升为 7.800。然而需要注意的是,2001—2004 年,生态位宽度有一定的下降。很明显,生态位宽度的下降是因为这几年报纸广告收入比较集中于其他行业、房地产和药品行业。

电视媒体产业 1999—2008 年间广告收入行业来源的数据陈列在附录 4 中。1999 年,电视媒体的广告总收入为 1 561 496 万元,此后逐年上升,到 2008 年时已达到 5 015 037 万元。表 7-6 显示电视广告收入的主要行业来源是药品、食品、化妆品、其他行业。

表 7-6 1999—2008 年中国电视媒体广告收入的行业来源分布比例

	1999 年	2000 年	2001 年	2002 年	2003 年	2004 年	2005 年	2006 年	2007 年	2008 年
药品	13.63	15.92	16.55	13.97	12.17	10.94	13.06	12.43	11.93	11.99
食品	15.66	14.67	14.64	12.41	13.05	19.20	19.81	18.95	17.80	18.32
化妆品	10.93	10.49	8.82	12.20	11.54	10.16	9.57	10.61	9.43	12.23
医疗器械和服务	5.30	7.17	6.87	13.84	10.44	8.52	9.48	9.54	9.65	7.68
家用电器	8.97	12.47	8.62	9.91	9.81	7.05	6.14	6.25	6.57	4.43
烟酒服装服饰	13.75	7.95	11.17	7.78	13.58	6.06	6.93	6.85	6.48	7.43
房地产	3.08	4.86	4.57	8.45	8.78	6.60	3.97	6.31	6.04	6.57
汽车	1.62	1.67	1.39	5.97	3.33	5.12	5.30	5.71	6.01	5.61
新兴行业	0.90	1.80	2.70	3.59	4.90	5.38	6.25	5.80	6.97	8.41
其他行业	26.16	22.98	24.67	11.88	12.40	20.97	19.48	17.54	19.12	17.33
总计	100.0	100.0	100.0	100.0	100.0	100.0	100.0	100.0	100.0	100.0
B 值	6.472	7.107	6.897	9.017	9.033	7.760	7.734	8.217	8.244	8.271

注:第 2 至第 11 行中的数据为百分数。生态位宽度 B 的取值区间为[1,10]。

1999 年,电视广告收入的主要行业来源是药品、食品、化妆品和烟酒服装服饰,以及其他产业;但是,从 1999 年到 2008 年,这些广告来源行业的地位,都曾几起几落。以药品为例,从 1999 年到 2001 年,其地位不断上升,但从 2002 年到 2004 年,处于下降趋势,2005 年又骤然跃起,从 2006 年起又开始降低。最值得关注的是"其他行业"的大幅下降,在 1999 年时所占份额为 26.16%,到 2008 年时仅为 17.33%。"新兴行业"则一直保持着上升的趋势。表 7-6 最后一行显示的是这 10 年间电视媒体广告收入行业来源的生态位宽度值。1999 年,电视广告的生态位宽度为6.472，此后起落不定，整体趋势是在不断上升，到2008年时达到8.271。这与上述多个行业广告贡献份额的起落变化有关。与报纸媒体相比，电视广告收入行业来源的生态位宽度要相对大。这种相对宽泛的广告收入行业来源，明显体现在2002—2004年，此间报纸的广告收入主要集中于“其他行业”和房地产行业，两者合计占报纸广告收入的40%以上；此时，电视广告收入的行业集中度并不高，而是相对均衡地分布于各个不同的行业。

1999年广播和杂志媒体的广告收入分别为125 243万元和89 232万元，此后基本处于上涨态势，尤其是广播媒体，增长趋势非常明显。到2008年，两种媒体的广告收入分别达到683 409万元和310 246万元。表7-7和表7-8分别显示历年广播和杂志广告收入行业来源的分布及其变化情形。在1999年，广播媒体广告收入主要来自药品、医疗器械与服务和其他行业，分别占15.02%、13.03%和22.93%份额，食品行业亦有着重要地位，占12.83%。此后这4个行业的地位起落明显。2008年，其他行业仅有17.04%的份额，药品行业稍有降低，为12.99%。医疗器械和服务行业的地位，经过大的起落后几乎回到原点，保有13.33%的份额。

表7-7 1999—2008年中国广播媒体广告收入的行业来源分布比例

	1999年	2000年	2001年	2002年	2003年	2004年	2005年	2006年	2007年	2008年
药品	15.02	14.22	15.22	15.32	14.56	13.35	18.58	13.19	12.05	12.99
食品	12.83	10.92	9.47	8.92	9.48	10.88	12.11	12.79	14.33	13.98
化妆品	6.59	5.44	6.24	4.28	5.05	4.87	4.39	3.75	4.09	3.01
医疗器械和服务	13.03	18.75	16.87	21.58	22.33	19.69	18.78	19.30	14.89	13.33
家用电器	9.55	7.67	8.37	7.41	5.62	3.59	3.93	5.61	4.66	4.82
烟酒服装服饰	8.75	9.48	6.86	6.23	7.73	7.52	6.05	4.17	4.09	4.56
房地产	6.21	4.46	9.06	6.53	9.77	6.49	5.86	7.51	7.06	9.08
汽车	3.85	2.75	1.92	2.29	3.14	3.57	3.78	5.93	6.19	8.03
新兴行业	1.23	2.45	3.68	4.91	6.13	7.36	10.67	10.95	12.84	13.17
其他行业	22.93	23.86	22.30	22.53	16.19	22.66	15.85	16.80	19.80	17.04
总计	100.0	100.0	100.0	100.0	100.0	100.0	100.0	100.0	100.0	100.0
B值	7.396	6.878	7.358	6.798	7.564	7.143	7.519	7.893	7.855	8.292

注：第2至第11行中的数据为百分数。生态位宽度B的取值区间为[1,10]。

表 7-8 表明,其他行业、药品和医疗器械和服务是杂志媒体广告收入的主要来源行业。从 1999 年到 2001 年,其他行业对杂志广告的贡献率在四到五成之间,此后该行业的地位则大起大落,至 2008 年占有 23.23%的份额。药品行业也经历了骤然间起落的过程。从 2002 年仅不足 8%的份额上升为 2003 接近四分之一的比例,到 2008 年,又几乎回落到最初的水平。“新兴行业”的地位,一直处于上升态势,在 2008 年时占 14.34%的份额。

表 7-8 1999—2008 年中国杂志媒体广告收入的行业来源分布比例

	1999 年	2000 年	2001 年	2002 年	2003 年	2004 年	2005 年	2006 年	2007 年	2008 年
药品	9.08	9.33	6.76	7.78	23.40	14.50	13.95	9.44	9.85	8.29
食品	5.34	7.75	5.62	3.53	6.16	10.94	10.00	9.29	9.58	7.64
化妆品	8.07	5.51	5.09	5.64	4.29	6.45	5.39	6.63	6.45	7.68
医疗器械和服务	10.97	11.36	11.93	15.93	10.58	14.38	10.94	8.94	8.16	10.83
家用电器	8.43	6.66	6.40	6.50	3.92	3.96	4.50	4.63	4.48	4.44
烟酒服装服饰	5.06	9.47	5.80	6.43	7.70	9.31	8.19	6.58	9.75	8.27
房地产	4.10	3.24	3.51	7.36	11.85	9.30	8.19	9.85	10.49	8.68
汽车	2.04	2.12	1.84	2.23	2.04	4.25	5.45	5.74	7.13	6.61
新兴行业	0.63	2.69	4.06	5.37	6.72	8.06	12.78	27.31	13.07	14.34
其他行业	46.28	41.86	48.99	39.22	23.33	18.85	20.60	11.59	21.04	23.23
总计	100.0	100.0	100.0	100.0	100.0	100.0	100.0	100.0	100.0	100.0
B 值	3.911	4.515	3.634	4.833	6.557	8.292	8.230	7.278	8.425	7.962

注:第 2 至第 11 行中的数据为百分数。生态位宽度 B 的取值区间为[1,10]。

2004 年前,杂志媒体的广告收入行业来源生态位宽度要明显低于广播。特别突出的是在 2001 年,杂志和广播的生态位宽度分别为 3.634 和 7.358,后者是前者的两倍。但是,2003 年后,杂志广告收入的行业来源突然间趋向于多元,广告收入多样化的程度甚至超过广播媒体。此后,杂志广告收入的这种多样化态势成为了一种常态。如果说在 2003 年前,杂志是广告资源的“窄用型”媒体,那么 2003 年后它已是典型的广告资源“宽用型”媒体。广播媒体则不同,1999 年到 2008 年的 10 年间,它的生态位宽度一直比较大,和报纸媒体不相上下,是典型的广告资源“宽用型”媒体。

网络媒体广告收入可得的数据仅有5年，即2004—2008年。[①] 下文的分析是基于对这5年数据的研究。2004年，网络媒体广告总收入为76 378万元，约为杂志的37.50%。此后，网络广告的收入不断增长，2008年时达到277 588万元，占当年杂志广告收入(310 246万元)的89.47%。可见网络和杂志两种媒体利用广告资源的总体能力差距在逐步缩小。表7-9表明，网络媒体广告收入的行业构成变化令人惊讶。2004年，"其他行业"为网络贡献了超过一半的广告额，药品和新兴行业的份额也分别达到14.39%和11.97%。此后，"其他行业"的地位急遽降低至10%以下，到2008年稍稍回落到12.30%的水平。至于药品行业，则从2006年起，便只占到不足2%的份额。新兴行业的地位明显增强，在2008年时已接近网络广告三分之一的份额。体现在广告收入行业来源的生态位上，是 B 值的高低起伏变化。这似乎反映出，网络媒体尚未找到适合自身的广告收入来源模式。

表7-9 1999—2008年中国网络媒体广告收入的行业来源分布比例

	2004年	2005年	2006年	2007年	2008年
药品	14.39	12.19	1.79	1.37	1.17
食品	6.87	19.70	10.74	11.08	7.96
化妆品	1.96	17.04	9.06	6.43	2.91
医疗器械和服务	1.69	11.86	7.00	5.29	2.76
家用电器	0.82	2.29	1.56	2.90	2.75
烟酒服装服饰	1.85	2.14	1.71	3.09	3.44
房地产	5.45	7.82	13.75	10.06	17.18
汽车	1.75	1.58	10.94	20.75	19.52
新兴行业	11.97	10.71	34.90	29.73	29.99
其他行业	53.24	14.66	8.54	9.31	12.30
总计	100.0	100.0	100.0	100.0	100.0
B 值	3.053	7.294	5.391	5.834	5.473

将5种媒体广告收入行业来源的生态位宽度值加以综合，得到如图7-8所示

① 《中国工商行政管理年鉴》在"统计资料"部分，从2004年起，才开始将网络作为一种媒体纳入统计范畴。因此，笔者所能获取的数据，也是始自2004年。尽管也能从艾瑞咨询集团获得2000年到2003年的数据，但《中国工商行政管理年鉴》和艾瑞咨询在统计广告数据时所采纳的标准，差别很大。尤其是，艾瑞咨询中"网络广告"的范畴比《中国工商行政管理年鉴》的定义要宽，比如，2006年网络广告市场规模，按照艾瑞咨询的统计是60.5亿元人民币，而《中国工商行政管理年鉴》中只有18.7亿元。有鉴于此，此处笔者对网络媒体广告数据的采用，也仅限于2004—2008年，如此方可确保数据采集标准的一致性。

的直观结果。在整体上，报纸、电视和广播三种媒体的广告收入行业来源生态位宽度较为稳定，一直居于 6.5～9.0 之间。但总的态势是，3 种媒体都在积极发掘和拓宽广告收入的行业来源，它们生态位宽度值在逐步增大。杂志媒体则稍有不同，它原是广告资源维度上的“窄用型”媒体；此后这种状况发生了变化，它逐渐演变为广告资源的“宽用型”媒体。近年来，杂志广告收入行业来源的生态位宽度甚至一度超过电视、报纸和广播。至于网络媒体，广告收入行业来源的构成模式还相对不稳定，表现在生态位宽度上是 B 值大小的摇摆不定。从图 7-8 所呈现的趋势看，从 2006 年到 2008 年，网络媒体广告收入行业来源的模式似乎在逐步定型，生态位宽度的值居于 5～6 之间，仅仅据此，还不能认为网络是广告资源的“宽用型”媒体。

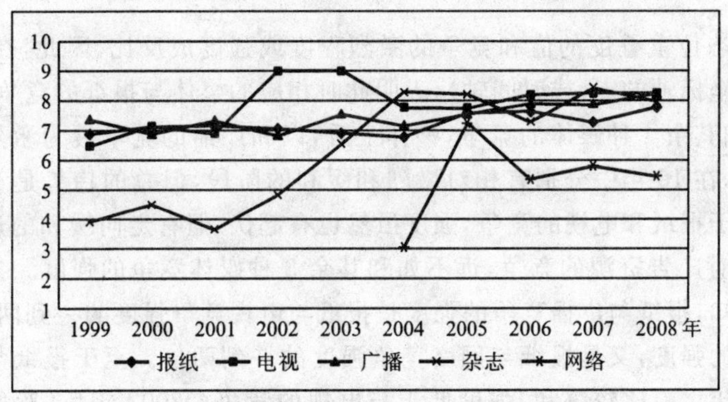

图 7-8　5 种媒体广告收入生态位宽度的变迁

5 种媒体在广告收入行业来源维度上竞争的强度如表 7-10 所示。该表显示了 5 种媒体中，每两种媒体间的广告资源竞争景象，该表共包括 10 对比较的结果。由本书第三章的论述可知，生态位重叠度的值愈小，表明两个种群的生态相似性愈高，意味着两者间的竞争强度愈大。由于表 7-10 中的数据相对抽象，这里将其绘成如图 7-9、图 7-10 和图 7-11 所表达的直观效果。其中，图 7-9 是报纸和其余 4 种媒体在广告收入行业来源上生态位重叠的呈现，图 7-10 表现的是电视和其余 4 种媒体的竞争强度，图 7-11 则是以杂志为基准进行的竞争强度分析。

表 7-10　5 种媒体广告收入行业来源生态位重叠度的变迁

	1999 年	2000 年	2001 年	2002 年	2003 年	2004 年	2005 年	2006 年	2007 年	2008 年
报纸/电视	0.040	0.026	0.029	0.043	0.055	0.035	0.041	0.041	0.037	0.048
报纸/广播	0.019	0.021	0.014	0.033	0.046	0.024	0.030	0.023	0.024	0.022
报纸/杂志	0.062	0.043	0.073	0.043	0.033	0.020	0.010	0.039	0.012	0.029
报纸/网络	—	—	—	—	—	0.088	0.053	0.082	0.085	0.043

续表

	1999 年	2000 年	2001 年	2002 年	2003 年	2004 年	2005 年	2006 年	2007 年	2008 年
电视/广播	0.014	0.020	0.018	0.028	0.027	0.025	0.025	0.022	0.011	0.018
电视/杂志	0.065	0.053	0.085	0.094	0.043	0.019	0.018	0.063	0.016	0.023
电视/网络	—	—	—	—	—	0.143	0.017	0.125	0.106	0.115
广播/杂志	0.067	0.042	0.086	0.040	0.029	0.006	0.013	0.045	0.012	0.015
广播/网络	—	—	—	—	—	0.135	0.033	0.104	0.084	0.080
杂志/网络	—	—	—	—	—	0.148	0.033	0.021	0.073	0.077

注:$0\leqslant O\leqslant 1$,O 值愈小表明两种媒体在广告收入行业来源维度的竞争强度愈大。

由于生态位重叠度的值和竞争的激烈程度或强度成反比,因此,在图 7-9 中,愈是靠近横坐标轴的点(或时间轴),表明此时相应的媒体与报纸的竞争强度愈大。显然,报纸和其余 4 种媒体的竞争,整体上看,以和广播的竞争最为激烈。报纸和杂志的竞争,在 10 年中分别有相对激烈和缓和的阶段,但总的趋势是竞争的强度在增大。至于报纸和电视的竞争,强度虽然也有起伏,但有走向缓和的迹象。报纸与网络媒体对广告资源的竞争,远不如和其余 3 种媒体竞争的强度。参照表 7-10 中的数值可知,报纸与广播竞争的强度是报纸与电视竞争强度的一到两倍,而报纸与电视竞争的强度,又是报纸与网络竞争强度的一到两倍。至于报纸与杂志的竞争,在 2002 年之前比较缓和,强度低于与电视的竞争。2002 年后,竞争的激烈程度大为增加,逼近甚至超过报纸与广播的竞争强度。这反映出媒体间广告资源维度生态位竞争态势的变迁。

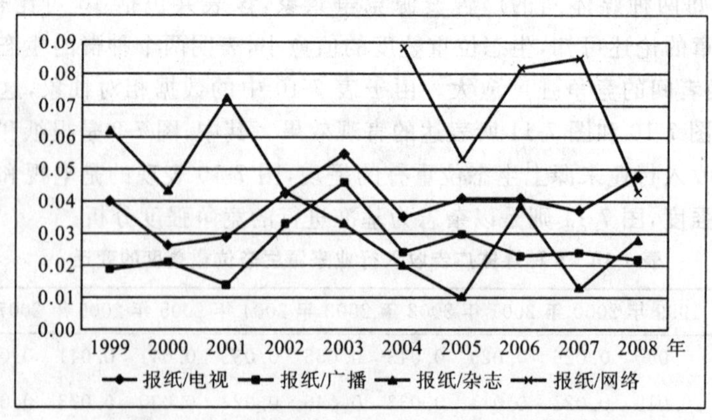

图 7-9 4 种媒体与报纸广告收入生态位重叠度的变迁

图 7-10 显示，和其他 3 种媒体相比，10 年中，电视与广播在广告收入行业来源上的生态位重叠度一直最大，即竞争素来最为激烈。其次是报纸，竞争的强度约是与广播竞争强度的一半。杂志与电视的竞争，在 2002 年前比较缓和，但在 2003 年后相对激烈，强度甚至超过电视与报纸的竞争。电视与网络在广告资源上的竞争相对不稳定，2004—2008 年间，仅仅在 2005 年时极为激烈，激烈程度和电视与其他 3 种媒体的竞争类似，但在其余 4 年则比较缓和。

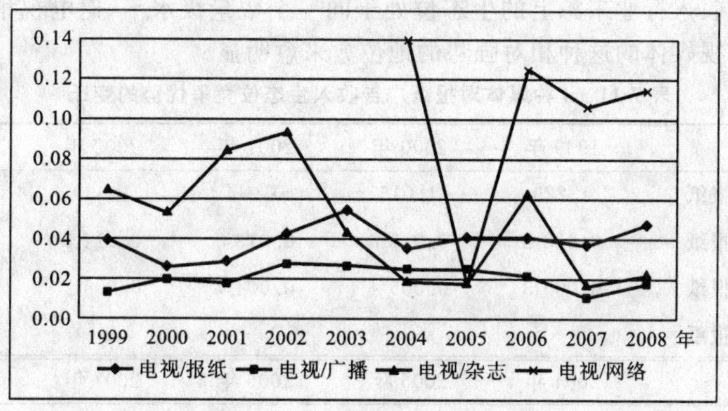

图 7-10 4 种媒体与电视广告收入生态位重叠度的变迁

图 7-11 显示，除了网络，其余 3 种传统媒体与杂志的竞争强度，从 1999 年到 2008 年表现为明显的增大趋势。广播与杂志的竞争强度，与报纸和杂志的竞争强度相仿，电视与杂志的竞争强度要稍稍缓和些，但增强的程度比较明显。从图 7-9 到图 7-11 皆可看出，网络这种新兴媒体与传统媒体在广告资源上的竞争强度，要相对缓和得多，但总的趋势是在增强。然而，从网络与其他媒体广告资源竞争强度

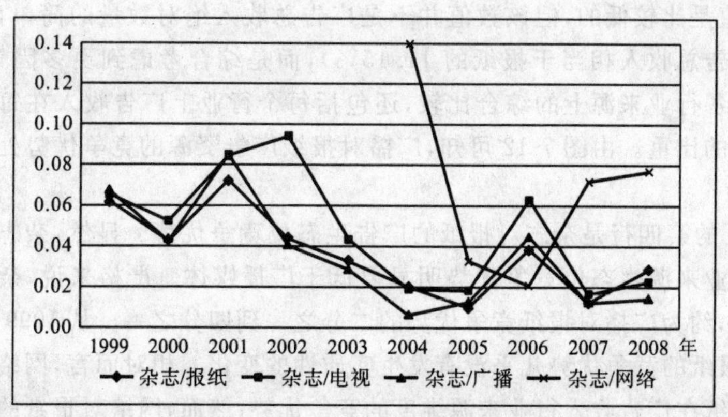

图 7-11 4 种媒体与杂志广告收入生态位重叠度的变迁

的起伏变化，似乎也可看出，这种新兴的媒体的确尚未找到适合自己生存与发展的广告资源。

表 7-11 呈现的是 5 种媒体在广告收入行业来源维度的生态位竞争优势，该表中竞争优势值的计算以报纸为基准。第二行是电视对报纸的竞争优势。从 1999 年到 2008 年的 10 年，除了在 2001 年，电视比报纸在广告收入行业来源维度更具生态位竞争优势，到 2008 年，竞争优势的值达到最高(1.705)。整体上看，电视和报纸在广告收入行业来源上的生态位处于同一个数量级水平，但电视稍稍强于报纸，而且，电视媒体的这种相对强势的地位愈来愈明显。

表 7-11　4 种媒体对报纸广告收入生态位竞争优势的变迁

	1999 年	2000 年	2001 年	2002 年	2003 年
电视 vs. 报纸	1.229	1.015	0.944	1.339	0.936
广播 vs. 报纸	0.013 3	0.010 8	0.013 3	0.014 0	0.012 5
杂志 vs. 报纸	0.005 3	0.005 4	0.004 7	0.006 2	0.010 3
网络 vs. 报纸	—	—	—	—	—
	2004 年	**2005 年**	**2006 年**	**2007 年**	**2008 年**
电视 vs. 报纸	1.408	1.505	1.374	1.614	1.705
广播 vs. 报纸	0.021 6	0.023 9	0.034 8	0.040 6	0.041 2
杂志 vs. 报纸	0.009 0	0.008 0	0.006 6	0.007 9	0.009 2
网络 vs. 报纸	0.000 8	0.001 6	0.003 7	0.006 6	0.005 7

第三行是广播对报纸的竞争优势。根据广播对报纸广告收入行业来源生态位竞争优势的值，可以说，在 1999 年广播的生态位竞争优势仅相当于报纸的 1.33%。显然，这个值是比较低的，但该数值并不是广告总收入绝对数量的简单比较(1999 年广播的广告总收入相当于报纸的 11.15%)，而是综合考虑到更多因素，主要是广告收入在各行业来源上的综合比较，还包括每个行业上广告收入在每种媒体广告总收入上的比重。由图 7-12 可知，广播对报纸广告资源的竞争优势处于明显的上升态势。

表 7-11 的第四行是杂志对报纸的广告生态位竞争优势。显然，杂志对报纸的广告收入行业来源生态位竞争优势明显要低于广播媒体。严格来说，杂志对报纸的竞争优势，约为广播对报纸竞争优势的二分之一到四分之一。从 1999 年到 2008 年，杂志对报纸的竞争优势几乎没有发生实质性的变化。相对而言，网络比杂志更不具有对报纸在广告收入行业来源维度的竞争优势；然而，网络对报纸的竞争优势上升很快，已有追上杂志媒体的态势。

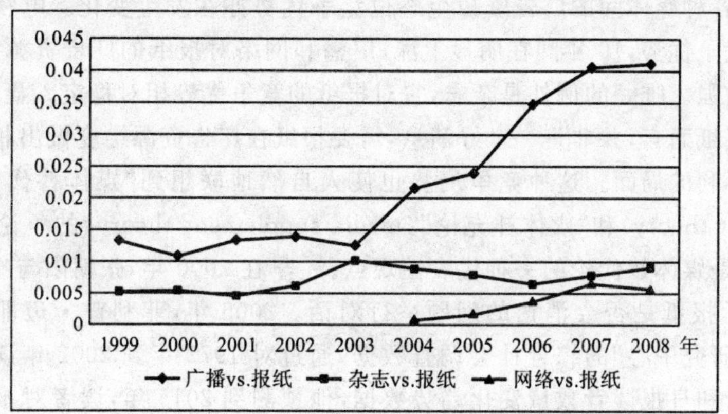

图 7-12 3 种媒体对报纸广告收入生态位竞争优势的变迁

通过对 1999—2008 年中国 5 种媒体在广告收入行业来源生态位变迁的分析，可以透视此间 5 种媒体的竞争动态。经验数据表明，媒体的生态位的确不是静止不变的，恰恰相反，由于竞争格局的变化及资源环境的改变，各种媒体在广告资源维度的生态位亦在发生变迁。这至少体现在以下三个方面。

其一，各种媒体对广告资源的利用模式不同，且利用的模式在不断变化。整体上看，在 1999—2008 年间的前半期，除杂志外，报纸、电视和广播对来自各行业的广告资源利用程度都比较高；在后半期，4 种媒体对来自各行业的广告资源利用能力皆在增长。尤其是，当环境发生改变时，即“新兴行业”广告资源的出现，4 种媒体皆有效利用了此种广告资源。表现在生态位宽度值上，是 4 种媒体生态位 B 值都在增大。当然，作为一种新兴媒体，网络在 2004—2008 年的 5 年，尚未找到一种较好的广告资源利用模式，生态位宽度值飘摇不定。这表明网络这种新媒体尚处于适应资源环境的探索期。

其二，各种媒体在广告收入行业来源维度的竞争强度不同。报纸与广播的竞争最为激烈，其次是电视，再次是杂志，最后是网络。报纸与各种媒体的广告资源竞争强度也不是恒定的，而是变动着的。然而，在整体上，竞争强度维持在一个相对稳定的水平，这也表明各种媒体的广告资源利用有着相对稳定的模式。对报纸而言，广告收入主要来自房地产、新兴行业和其他行业，电视广告收入主要来自于药品、食品、化妆品和其他行业，广播媒体的广告收入主要来自药品、食品、医疗器械和服务与其他行业，杂志的广告收入主要来自医疗器械和服务、新兴行业和其他行业。对网络媒体而言，它还尚未形成稳定的广告收益模式。至于电视媒体，与之竞争最为激烈的是广播，其次是报纸，再次是杂志，最后是网络。但是，近年来杂志与电视的广告资源竞争愈来愈激烈。

其三，各种媒体间的广告资源生态位竞争优势亦在发生变化。电视对报纸的广告资源竞争优势，10年间在明显上涨；广播和网络对报纸的广告资源竞争优势，亦在不断增强。唯一的例外是杂志，它对报纸的竞争优势相对稳定。显然，这里的结论对于报纸而言，并非是一个好消息，需要报纸在广告资源维度做出相应调整以对应此种不利的局面。这种竞争局势也使人自然地联想到"媒体替代论"(media replacement theory)和"媒体补充论"(media supplement theory)的争论。① "报纸消亡论"正是媒体替代论的一种代表性观点。② 早在2000年，张朝阳与喻国明曾对网络兴起后报纸是否会消亡的问题举行对话。2005年，菲利普·迈耶运用美国"全国民意研究中心"的综合社会调查数据，通过对1972年到2002年读者对报纸的信心评价和日报读者数量变化趋势数据，他预测到2015年，读者对报纸的信心趋势线将触到0点，而到2043年第一季度末，日报的读者数也将归于零。③

本节的研究，作为将生态位理论在中国5种媒体产业间广告资源竞争历史发展过程的实证运用，为观察和理解媒体产业的演进提供了一种独特的视角。透过本节研究的结论，有助于考察中国1999—2008年各媒体产业发展的历史轨迹。一方面，在产业层次，各媒体皆在努力拓宽广告资源的行业来源；另一方面，各媒体对广告资源的竞争愈来愈激烈。此外，报纸的生存环境愈来愈恶劣。至于5种媒体产业的未来变动格局，以这里的结论来看，可能将沿着上述变迁轨迹继续发展和演化。

第四节　媒体生态位变迁："层级关联假设"的微观实证

上文关于中国媒体生态位变迁的研究，主要集中于产业层面，至于在组织层面，生态位的变迁将是何种景象？倘若不同维度(内容、受众和广告)的生态位同时都发生变迁，那么，不同维度生态位的变迁是否有着某种内在联系？

---

① 如：Kayany, J. M., & Yelsma, P. (2000). Displacement effects of online media in the socio-technical contexts of households. *Journal of Broadcasting and Electronic Media*, 44(2), 215-229. Althaus, S. L., & Tewksbury, D. (2000). Patterns of Internet and traditionl media use in a networked community. *Political Communication*, 17(1), 21-45.

② 崔宝光、李鹤：《网络时代报纸会不会消亡——张朝阳与喻国明对话录》，《北京青年报》，2000年1月1日。

③ [美]菲利普·迈耶著，张卫平译：《正在消失的报纸：如何拯救信息时代的报业》，北京：新华出版社，2007年版。

本书第三章中，在对媒体生态位进行框架构建与理论阐释时，提出媒体生态位的"层级关联假设"的一般模型，认为媒体的受众心理(需求、认知和评价)生态位决定或影响内容生态位，内容生态位决定或影响受众生态位，受众生态位最终决定或影响媒体的广告生态位。当然，这是一种理论上的阐释，也可能是理想中的状态。循此思路，我们可做如下假设：对在市场上相对成功的媒体而言，当位于上游的某种资源维度的生态位发生变化时，它位于下游资源的生态位也将发生变化，而且，发生变化的方向应与上游资源的生态位变化一致。比如，当一家媒体在受众维度的生态位宽度增大，即当成功诉求于某种特征上(如年龄或收入)范围更广阔的受众时，该媒体的广告来源生态位宽度也应该随之增大。由此，我们不仅可在组织层面考察生态位的变迁，还能在微观层面对媒体生态位"层级关联假设"的一般模型进行验证。

为此，笔者选择某城的两家报纸，A 报和 B 报受众和广告维度的经验资料实施分析。[①] 该城是中国最大规模的特大城市之一，社会、经济、文化领域发达，两家报纸是该城颇为有名的都市报，且属于都市报种群中的早报，竞争的激烈程度超过一般的都市类报纸。可以推断，由于竞争激烈，竞争态势的变化更容易体现在两报生态位的变迁上，如此选择对透视组织层次媒体生态位的变迁颇有助益。A 报拥有 10 多年的发展历史，创办于都市报在中国兴起的 1990 年代后期，现已成长为知名的报业品牌。2010 年，该报日平均发行量是 60 万～70 万份，平均每份报纸约有 4 名读者。B 报创刊的时间不长，仅有不到 10 年的历史，2010 年日发行量为 40 万～50 万份。两家报纸都较为重视对时政新闻的报道。此外，A 报还颇为重视各种其他新闻和服务类型信息的提供，B 报则相对重视财经类新闻信息，也兼顾各种其他新闻信息。

表 7-12 呈现的是 A 报 2000—2008 年受众年龄结构及生态位宽度。2000 年，该报拥有 50 万读者，其中，36—40 岁年龄段的读者所占比例最大，为 24.00%，其次是 25—30 岁、31—35 岁和 41—50 岁年龄段的读者，皆占 20.00%。2008 年，报纸拥有 253 万读者，最大比例的读者年龄段为 25—30 岁，占 31.62%的份额，其次是 31—35 岁年龄段的读者，所占百分比是 23.72%。在受众(读者)年龄结构维度生态位宽度区间范围为[1,7]的前提下，该报 2000 年读者年龄结构的生态位宽度为 5.36，此后一直到 2005 年，维持在 5.11 的水平，2006 年开始有所降低，降至 5.0 以下，2008 年为 4.85。从 2000 年到 2008 年，A 报读者年龄结构维度的生态位宽度有减小的趋势。

① 出于保守商业机密的考虑，笔者在此处的叙述中隐去两家报纸的名称。本章关于两报的读者和广告数据，出自两报内部资料。下文叙述中，笔者不再给出具体交代。衷心感谢姜鹏为此处研究提供数据。

表 7-12 A 报 2000—2008 年的受众年龄结构与生态位宽度

	2000 年	2001 年	2002 年	2003 年	2004 年
18 岁以下	3(6.00)	8(7.62)	10(8.26)	15(7.5)	10(4.57)
18—24 岁	3(6.00)	8(7.62)	10(8.26)	25(12.5)	20(9.13)
25—30 岁	10(20.00)	30(28.57)	35(28.93)	56(28.00)	67(30.59)
31—35 岁	10(20.00)	20(19.05)	21(17.36)	34(17.00)	46(21.00)
36—40 岁	12(24.00)	18(17.14)	16(13.22)	30(15.00)	36(16.44)
41—50 岁	10(20.00)	15(14.29)	20(16.53)	28(14.00)	24(10.96)
50 岁以上	2(4.00)	6(5.71)	9(7.44)	12(6.00)	16(7.31)
总计	50(100.0)	105(100.0)	121(100.0)	200(100.0)	219(100.0)
B 值	5.36	5.48	5.62	5.74	5.19

	2005 年	2006 年	2007 年	2008 年
18 岁以下	10(3.92)	8(3.16)	9(3.59)	8(3.16)
18—24 岁	22(8.63)	23(9.09)	21(8.37)	20(7.91)
25—30 岁	70(27.45)	75(29.64)	76(30.28)	80(31.62)
31—35 岁	68(26.67)	65(25.69)	62(24.7)	60(23.72)
36—40 岁	40(15.69)	42(16.6)	39(15.54)	40(15.81)
41—50 岁	25(9.80)	22(8.70)	24(9.56)	30(11.86)
50 岁以上	20(7.84)	18(7.11)	20(7.97)	15(5.93)
总计	255(100.0)	253(100.0)	251(100.0)	253(100.0)
B 值	5.11	4.92	4.96	4.85

注:表中括弧内的数据为百分比;括弧前的数字为读者人数,单位:万人。生态位宽度的取值区间为:$1\leqslant B\leqslant 7$,*B* 值愈大表明媒体的读者生态位愈宽。

表 7-13 是 B 报 2004—2008 年的受众(读者)年龄结构与生态位宽度。该报在 2004 年创刊时,读者主要集中于 25—30 岁和 31—35 岁两个年龄段,分别有 26.67%和 20.00%的份额。2008 年,读者更向这两个年龄段集中,已同时占有 23.62%的份额。表现在生态位宽度上,2004 年时为 5.77,此后有所上升,但 2008 年时回落至 5.82,和 2004 年的状况颇为接近。

表 7-13　B 报 2004—2008 年的受众年龄结构与生态位宽度

	2004 年	2005 年	2006 年	2007 年	2008 年
18 岁以下	2(6.67)	4(5.48)	6(5.83)	8(6.78)	10(7.87)
18—24 岁	4(13.33)	12(16.44)	18(17.48)	18(15.25)	20(15.75)
25—30 岁	8(26.67)	15(20.55)	25(24.27)	25(21.19)	30(23.62)
31—35 岁	6(20.00)	12(16.44)	17(16.5)	28(23.73)	30(23.62)
36—40 岁	4(13.33)	10(13.7)	15(14.56)	15(12.71)	15(11.81)
41—50 岁	4(13.33)	10(13.7)	12(11.65)	12(10.17)	12(9.45)
50 岁以上	2(6.67)	10(13.7)	10(9.71)	12(10.17)	10(7.87)
总计	30(100.00)	73(100.00)	103(100.00)	118(100.00)	127(100.00)
B 值	5.77	6.43	6.09	6.03	5.82

注：表中括弧内的数字为百分比；括弧前的数字为读者人数，单位：万人。生态位宽度的取值区间为：$1 \leqslant B \leqslant 7$，$B$ 值愈大表明媒体的读者生态位愈宽。

两家报纸在读者或受众年龄维度的生态位重叠度如表 7-14 所示。两报的受众年龄生态位重叠度的值很低，最大值不超出 0.03。2004 年 B 报创办不久，与对手 A 报在受众维度的生态位重叠度的值为 0.005 4，这显示当时两报激烈的竞争态势。尽管在 2005 年和 2006 年，竞争强度有所缓和，但在 2007 年和 2008 年，竞争又变得激烈起来，几乎回复到 2004 年的水平。该表显示出，同为报纸种群中都市报亚种群的两家报纸媒体在受众维度竞争的激烈程度，以及竞争随时间的变化情形。

表 7-14　近 5 年来两报读者和广告资源维度的生态位重叠度

	2004 年	2005 年	2006 年	2007 年	2008 年
读者年龄生态位重叠度	0.005 4	0.026 9	0.021 0	0.008 3	0.006 4
广告来源生态位重叠度	0.135 8	0.037 5	0.014 1	0.063 4	0.034 7

注：生态位重叠度的取值区间为：$0 \leqslant O \leqslant 1$，$O$ 值愈小生态位重叠愈大，即竞争强度愈大。

A 报自创办以来，广告收入不断增长。2000 年广告总收入为 0.80 亿元，及至 2008 年，已增长至 12.30 亿元。图 7-13 显示出该报历年广告收入来源的情况。房地产广告是 A 报最主要的广告收入来源，汽车、教育与求学、健康卫生和食品类广告收入，皆是该报重要的广告来源。不过，从 2000 年至 2008 年，该报不同类型的广告收入行业，各自的重要性也有着一定的起伏涨落。

表 7-15 是 A 报各年广告收入各行业贡献的百分数，最后一行是广告收入来源的生态位宽度值。该报主要的广告来源是房地产广告，其次是汽车广告。除了在 2001 年和 2008 年，其余各年房地产广告约占该报广告的 50％份额。汽车广告的

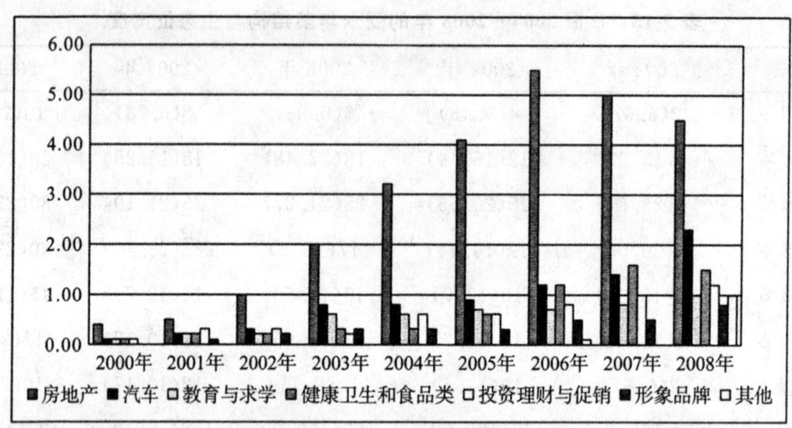

图 7-13 A 报 2000—2008 年的广告收入来源(单位:亿元)

贡献，则为 15%左右。在 B 的取值范围为[1,7]的情形下，2000 年该报广告收入来源生态位宽度为 3.20，此后连续 3 年有所增长，但在 2004—2006 年间下跌，2007—2008 年以来，开始较大幅度上涨。尤其是 2008 年，广告收入类型的生态位宽度更是达到历史上的最大值(4.75)，显示出 A 报在比较宽广的范围中利用不同类型广告资源的能力。

表 7-15 A 报 2000—2008 年广告收入来源的百分数与生态位宽度

	2000 年	2001 年	2002 年	2003 年	2004 年	2005 年	2006 年	2007 年	2008 年
房地产	50.00	33.33	45.45	47.62	55.17	56.94	55.00	48.54	36.59
汽车	12.50	13.33	13.64	19.05	13.79	12.50	12.00	13.59	18.70
教育与求学	12.50	13.33	9.09	14.29	10.34	9.72	7.00	7.77	8.13
健康卫生和食品类	12.50	13.33	9.09	7.14	5.17	8.33	12.00	15.53	12.2
投资理财与促销	12.50	20.00	13.64	4.76	10.34	8.33	8.00	9.71	9.76
形象品牌	0	6.67	9.09	7.14	5.17	4.17	5.00	4.85	6.50
其他	0	0	0	0	0	0	1.00	0	8.13
总计	100.0	100.0	100.0	100.0	100.0	100.0	100.0	100.0	100.0
B 值	3.20	4.79	3.72	3.38	2.86	2.74	2.90	3.38	4.75

注：① 表中第 2 行至第 9 行的数据为百分数；

② 此处生态位宽度的取值区间为：$1 \leqslant B \leqslant 7$，$B$ 值愈大表明媒体的广告来源生态位愈宽。

自创办以来，B 报的广告收入情形如图 7-14 所示。在报纸创办之初的 2004 年，广告总收入为 0.91 亿元，此后不断增长，及至 2008 年，已达 4.42 亿元。该报的广告收入在各种类型资源的分布上相对均衡。在 2004 年，房地产、汽车、投资理财与促销、教育求学等类型的广告收入皆占有大致相当的比重。反映在生态位宽度 B 值上，2004 年该报的生态位宽度为 5.47，此后两年，下降幅度极大，但在 2007 年和 2008 年开始回落，分别达到 4.43 和 4.42 的水平。

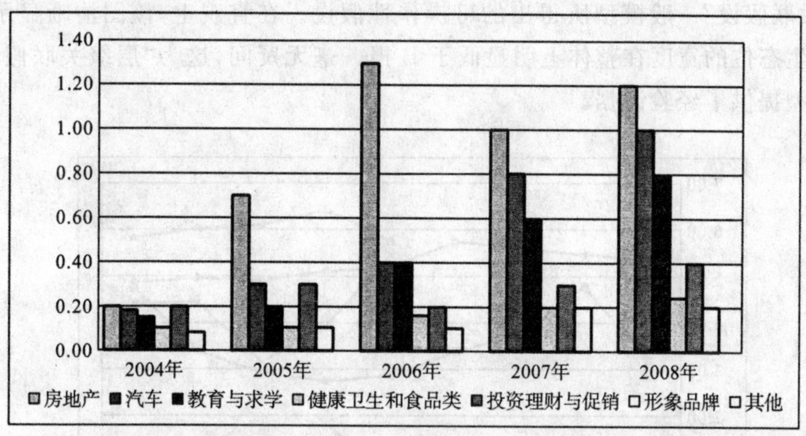

图 7-14 B 报 2004—2008 年的广告收入来源(单位：亿元)

表 7-16 显示 B 报 2004—2008 年的广告收入来源的百分数与生态位宽度情况。与 A 报不同，房地产广告、汽车广告虽然也是 B 报的主要广告收入类型，但教育与求学广告、投资理财与促销广告合计为历年 B 报贡献了 23.44%～38.46% 的份额。2004 年 B 报的生态位宽度是 5.47，是被考察的时段中该报最大的广告来源生态位宽度值，此后两年迅速下降。2007—2008 年又开始上涨，似乎稳定在 4.4 的水平。

表 7-16 B 报 2004—2008 年的广告收入来源的百分数与生态位宽度

	2004 年	2005 年	2006 年	2007 年	2008 年
房地产	21.98	41.18	50.78	32.26	31.25
汽车	19.78	17.65	15.63	25.81	26.04
教育与求学	16.48	11.76	15.63	19.35	20.83
健康卫生和食品类	10.99	5.88	6.25	6.45	6.25
投资理财与促销	21.98	17.65	7.81	9.68	10.42
形象品牌	8.79	5.88	3.91	6.45	5.21
其他	0	0	0	0	0
总计	100.0	100.0	100.0	100.0	100.0
B 值	5.47	3.96	3.14	4.43	4.42

注：表中第 2 行至第 9 行的数据为百分数。

将两家报纸在受众和广告资源维度生态位宽度数据加以汇总，然后以图形来直观表达，如图 7-15 所示。理论上，A 报的受众（读者）生态位宽度低于 B 报，那么，前者的广告生态位宽度也应低于后者——这正是根据本书第三章媒体生态位"层级关联假设"一般模型所得出的可操作性假设。在直观上，该图清晰显示出 A 报广告生态位的宽度在整体上明显低于 B 报。毫无疑问，这为"层级关联假设"的一般模型提供了经验证据。

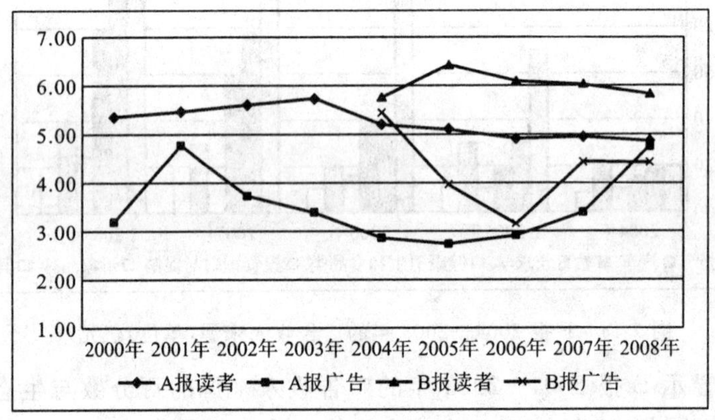

图 7-15　两报受众和广告生态位宽度的变迁①

在被考察的时段内，A 报在受众和广告两种资源维度、B 报在受众维度的生态位宽度值相对稳定，这表明整体上而言，两报对资源的利用有着比较稳定的模式。但是，B 报的广告生态位宽度却相对不稳定。或许，可以这样认为，B 报广告生态位宽度的涨落说明它在广告资源上的利用模式尚不清晰和确定；相对而言，A 报的广告生态位宽度 B 值虽然亦有涨落，却没有达到 B 报的剧烈程度。这在某种程度上说明，在 B 报创办时，竞争环境已对其比较不利，已难以找到相对合适的广告生态位资源空间。

两家报纸广告收入来源的生态位重叠度陈列于表 7-14 的最后一行。在 2004 年 B 报创办之初，两家报纸的广告生态位重叠度的值较大，为 0.135 8，这意味着此时两家报纸在广告资源维度的生态位重叠比较小，也就是说，竞争比较缓和。此后，两报广告资源生态位的重叠度的值大大降低，甚至一度在 2006 年降低为 2004 年的十分之一左右，表明两家报纸在广告资源上的竞争愈来愈剧烈。将两报在受

① 该图中，由于受众（读者）和广告两种资源都被划分为 7 种类型，因此，不论在受众还是广告资源维度，$1 \leqslant B \leqslant 7$，$B$ 值愈大表明报纸在相应资源维度的生态位愈宽。

众和广告维度的生态位重叠度指标汇总，以图形直观显示如图 7-16 所示。

可见，当 2004 年 B 报创办时，两报在受众维度的生态位重叠度的值很小，即重叠很高，竞争剧烈；但是，两报在广告资源维度却重叠相对较小，竞争强度不大。然而，从 2005 年开始，两报在受众和广告资源维度开始了激烈的竞争，生态位重叠度的值一般低于 0.05 的水平。两报在受众和广告维度生态位竞争程度相仿的数据，为媒体生态位"层级关联假设"一般模型所阐述的理论设想提供着经验证据。按照该模型，可以预测的是，上游维度资源的竞争激烈程度和下游维度资源的竞争强度有一定关联。尽管 B 报尚在其创办初期，广告资源生态位还不完全明晰，但图 7-16 中 2005—2008 年两报在受众和广告资源生态位上重叠度的"咬合"局面表明，两报在受众和广告资源上的生态位竞争的确存在不容忽视的关联性。

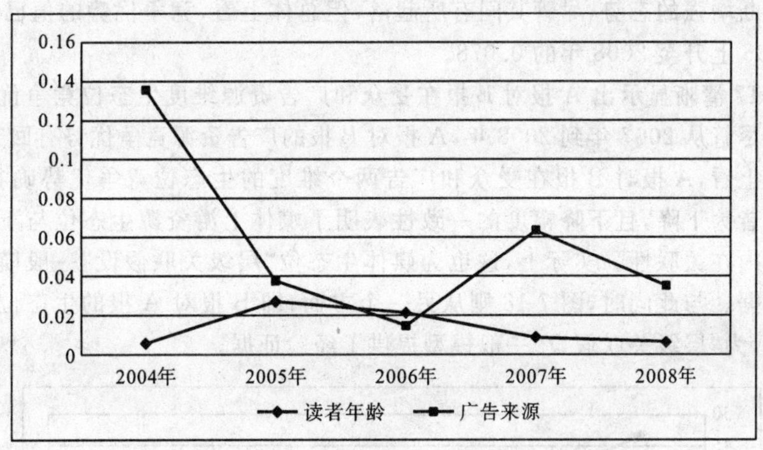

图 7-16 两报受众和广告资源维度的生态位重叠度变迁

生态位竞争优势体现的是在竞争格局中，哪个竞争者在资源利用上占据优势地位。表 7-17 显示的是，2004—2008 年间两家报纸分别以自身为基准，对竞争对手的生态位竞争优势。该表第二行显示，在 2004 年 B 报创办之时，A 报对它在受众年龄维度的竞争优势为 46.67，但随着时间推移，这个值不断降低，2005 年时为 36.21，2006 年时陡降为 4.571，然后继续降低，2008 年时已降为 2.931。与此相应，B 报对 A 报在读者资源维度的竞争优势在不断增大。2004 年为 0.020 3，2008 年已上升为 0.277 7，此时它对 A 报在读者年龄维度的竞争力相当于 2004 年的 10 多倍。

表 7-17　两报受众年龄和广告资源维度的生态位竞争优势变迁(2004—2008)

	2004 年	2005 年	2006 年	2007 年	2008 年
A 报对 B 报的受众年龄竞争优势	46.67	36.21	4.571	3.591	2.931
B 报对 A 报的受众年龄竞争优势	0.0203	0.0942	0.1898	0.2464	0.2777
A 报对 B 报的广告来源竞争优势	23.20	13.09	12.35	7.46	7.59
B 报对 A 报的广告来源竞争优势	0.036	0.066	0.053	0.116	0.078

在广告收入来源维度，2004 年 A 报对 B 报的竞争优势为 23.20。这表明在广告资源维度，A 报的竞争力相当于 B 报的 20 多倍。然而，A 报的这种优势随着时间推移在不断降低，2008 年时仅为 7.59。与此相反，B 报对 A 报的广告竞争优势则处于不断增强的态势，尽管其间有所起落，但总体上看，竞争优势的值已由 2004 年的 0.036 上升至 2008 年的 0.078。

图 7-17 清晰显示出 A 报对 B 报在受众和广告资源维度生态位竞争优势下降的景象。尽管从 2007 年到 2008 年，A 报对 B 报的广告资源竞争优势有回升迹象，但就整体上看，A 报对 B 报在受众和广告两个维度的生态位竞争优势确在降低。两条曲线皆为下降，且下降幅度的一致性表明了媒体上游资源生态位与下游资源生态位的内在关联性。实际上，这也为媒体生态位“层级关联假设”一般模型提供了实证依据。与此同时，图 7-18 则从另一个方面，即 B 报对 A 报的生态位竞争优势变迁上，为“层级关联假设”一般模型提供了经验证据。

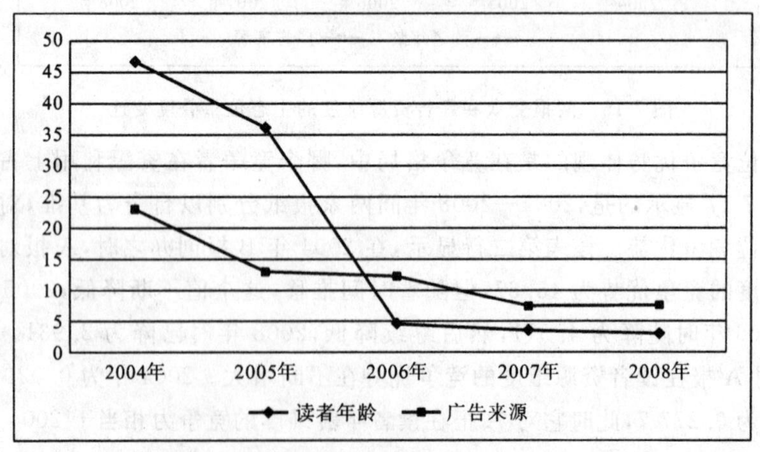

图 7-17　A 报对 B 报的生态位竞争优势变迁

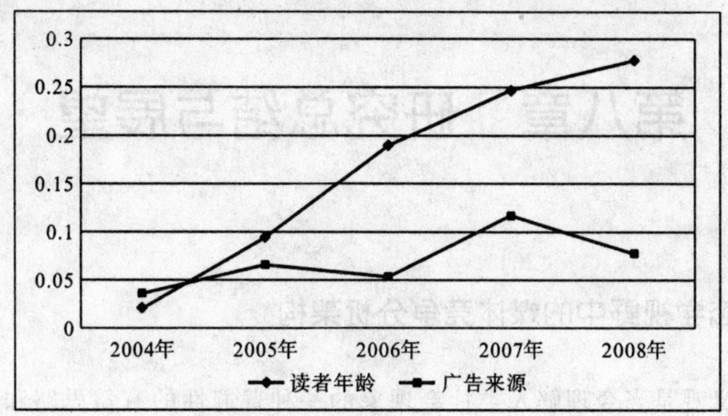

图 7-18 B 报对 A 报的生态位竞争优势变迁

第八章 研究总结与展望

一、生态学视野中的媒体竞争分析架构

生态主义观是当今理解人类社会现象的一种普遍性的有益思路和逻辑。“在意识形态的天空，生态主义是一颗新星。”这是布莱恩·巴克斯特(Brain Baxter)在他的生态政治学著作中写下的第一句话。以生态学的尺度审视传统学科、以生态学的观念重构新的学科，已成为当前世界文化，或曰后现代文化建设中一种激动人心的景观。[①] 在传媒研究学术界，以生态学原理和方法考察当代媒体现象和媒体问题，被西方传播学者认为是所有社会科学研究方法中最行之有效的一种。[②] 然而，作为一门新兴的年轻学科，“媒介生态学的历史，虽然渊源久长，但是它的面目和形态完全是新生的。在人类文明之树上，媒介生态学堪称晚近成形的十分鲜嫩的果实”[③]。

作为媒体研究者的学术自觉，中国媒体生态学研究与北美学界对技术、文化和符号的着力关注不同，[④]从一开始即侧重在媒体的生存发展，将媒体置于研究的中心地位。崔保国先生认为：“中国的传媒生态学研究更多的来自一种学术自觉和社会责任，是原发和原创的研究。中国的传媒生态研究是真正的传媒生态研究。”[⑤]然

---

① 鲁枢元：《传媒走进生态领域》，《当代传媒生态学》(徐国源、谷鹏著)，上海：上海三联出版社，2006 年版，序言。

② 邵培仁：《媒介生态学：媒介作为绿色生态的研究》，北京：中国传媒大学出版社，2008 年版，第 1 页。

③ 支庭荣：《从隐喻到思辩：一个学术种群成长的样本——读邵培仁教授新著〈媒介生态学〉》，《中国传媒报告》，2008 年第 2 期。

④ Liska, J. R., & Cronkhite, G. (1995). *An Ecological Perspective on Human Communication Theory*. Fort Worth: Harcourt Brace College Publishers. Nystrom, C. (1973). *Towards a Science of Media Ecology: The Formulation of Integrated Conceptual Paradigms for the Study of Human Communication Systems*. Ph. D. Dissertation, New York University. Postman, N. (1993). *Technopoly: The Surrender of Culture to Technology*. New York: Knopf. James W. Carey, J. W. (1992). *Communication as Culture: Essays on Media and Society*. New York and London: Routledge, 1992. Levinson, P. (1997). *The Soft Edge: A Natural History and Future of the Information Revolution*. London and New York: Routledge.

⑤ 崔保国：《媒介是条鱼：理解媒介生态学》，《中国传媒报告》，2003 年第 2 期。

而，作为尚待开垦的处女地，中国偏向媒体业务和管理、重在定性分析的媒体生态学研究，有待深入和落地。总体上来看，中国的媒体生态学研究尚处于探索期，人们的认识还“相当肤浅和狭隘”[①]。当前我国媒体生态学的研究，亟需超越现象描述和应用分析的层次，实现理论建构的自觉，特别是要展开真正的媒体生态学本土化的实证研究。

自中国改革开放以来，传媒业在经济层面获得超乎想象的发展。从 1983 年到 2008 年，传统的电视、报纸、杂志和广播媒体，广告经营额年平均增长率超过 30%。[②] 在经济总量快速增长的大背景中，媒体业的竞争现象也从无到有，愈演愈烈。竞争所解决的是内部结构问题，包括有效调配资源的流动和调节利润的分配，这有助于媒体市场的优胜劣汰，也有助于构建更富有活力和竞争力的媒体格局。中国加入 WTO 之后，一方面，海外传媒大鳄已然活跃在中国媒体市场，另一方面，跨国媒体集团加剧了中国媒体的竞争，造成产业内竞争结构的垄断加剧，同时也促成无序、低级竞争的范围扩大。[③] 新媒体技术的快速发展与扩散，描绘出一幅“拥挤的”、“越来越多的”媒体图景。不论是媒体业内部结构优化与整合的需要，还是国际化浪潮的汹涌，以及媒体技术日新月异的变革，都使得对当前中国媒体竞争现象的研究变得极为重要、紧迫和富有前瞻意义。

生态学(Ecology)是“自然经济学”。根据马克思的经济分析思路，媒体业实际上是一个类生态圈。[④] 媒体经济层面的问题，实际上是一个生态学的问题。在逻辑上，这使得我们对媒体竞争的分析，可以采用生态学的基本思路。与经济学(特别是微观经济学和产业经济学)、管理学和传播学的分析范式相比，媒体经济研究的生态学进路更加注重媒体运营和发展的整体观、互动观、动态观和平衡观，这与主张以全面的、联系的、发展的观点看待新闻传播现象的马克思主义新闻观不谋而合。[⑤] 因此，以生态学的基本概念和理论工具考察媒体竞争现象，不仅仅是一个学科类比的问题，本身具有足够的逻辑合理性。

从生态学意义上定义“竞争”的概念，即媒体种群(产业)或组织(个体)对资源利用的相似性。理清媒体生存与发展所必须的四个关键资源维度：受众心理(需求

---

① 邵培仁：《媒介生态学：媒介作为绿色生态的研究》，北京：中国传媒大学出版社，2008 年版，第 62 页。

② 数据来自范鲁彬编著：《中国广告 30 年全数据》，北京：中国市场出版社，2009 年 10 月，第 38-41 页。

③ 卢文浩：《中国传媒业的系统竞争研究——一个媒介生态学的视角》，北京：中国经济出版社，2009 年版，第 96 页。

④ 卢文浩：《中国传媒业的系统竞争研究——一个媒介生态学的视角》，北京：中国经济出版社，2009 年版，第 5 页。

⑤ 刘伯贤：《入世背景下的党报运营——一种媒介生态学的视角》，北京：中国传媒大学出版社，2007 年版，第 23-27 页。

或满足、认知与评价)、内容资源、受众资源(结构、时间与金钱支出)和广告资源。然后，从竞争的空间结构("超组织"、战略集团、种群和群落)[①]和资源层次两个向度(宏观与微观)，构建起一个生态学视野中媒体竞争的整体分析架构。在该架构中，媒体生存与发展必须的资源被划分为4种类型和4个层次(宏观维度间、宏观维度内、微观维度间、微观维度内)，媒体的竞争则在4种不同的空间层面展开。因此，这个系统的分析架构至少包括64个不同的分析层次。这揭示出媒体竞争的复杂性。

生态位表明生物种群在环境空间中所占据的资源位置，换句话说，就是种群对各种环境资源的利用模式。生态位是生态学研究的核心概念，生态学研究实际上是生态位的研究。[②] 围绕生态位的基本概念，形成一系列阐释生物界竞争现象的理论模式。生态位的理论范式包含着一系列相关概念和命题，是对有关竞争、共存与合作等自然和社会现象普遍性法则的概括。来自多个学科的相关研究表明，生态位理论不仅是生态学领域的理论，而且是可被用来描述和解释竞争和共存现象的有效工具。在Dimmick看来，以生态位理论范式阐释媒体竞争现象，还有着与生俱来的优势。他曾明确写道："生态位理论恰好为探寻传媒产业间竞争现象提供了有益的途径。我不是要用它来替换经典的经济学理论，而是要以它来研究传统经济学理论无法解释传媒竞争现象的那些问题。"[③]

本书的研究延续美国学者Dimmick等人的思路，在空间意义上使用生态位的概念。不同的资源构成媒体生存与发展所必须的资源空间。所有的媒体，不论是产业还是组织层次，必然坐落于特定的资源空间中。这种空间概念由于生态位宽度、重叠度和竞争优势来反映。由于生态位的这三个概念能在经验层面被精确地测量，这为上述媒体竞争分析架构的操作化提供了前提，因而也为本书的研究在实证层面的实施提供着可能性。

基于此，本书研究提出的媒体竞争分析架构，有以下三个特征。其一，强调媒体竞争的多维资源环境。竞争的起因是源于对相似资源的争夺，而对资源争夺的态势，表明了竞争的格局和趋向。同时，由于媒体市场双元产品和多元主体的特征，媒体的生存资源便有着不同的层次。媒体内容、受众和广告资源，在媒体资源环境中的位置不同。其二，强调媒体竞争的空间结构。在竞争主体所处的空间层

---

① 这4种空间结构分别对应媒体组织(个体)、媒体亚种群(媒体产业内的战略集团，如报纸产业中的都市报群体)、媒体产业和国家层面。媒体业的国际竞争，属于"超国家"层面，本书的研究没有涉及。

② 尚玉昌、蔡晓明编著：《普通生态学》，北京：北京大学出版社，1992年版，第282页。

③ Dimmick, J. W. (2003). *Media Competition and Coexistence: The Theory of the Niche*. Lawrence Erlbaum Associates, Inc., Publishers: Mahwah, NJ. Preface.

面，媒体竞争在多个层级上展开，高层级的环境会影响甚至制约低层级的竞争态势。两家媒体机构的竞争，固然是在“超组织”层面展开，但受制于媒体种群层级和群落层次的竞争状况。其三，强调媒体竞争的动态演化。生态位随着竞争格局的变化而发生变迁。生态位可以被实证测量，我们由此能定量化描述媒体竞争的格局；而在不同时点的测量，有助于考察媒体竞争的动态轨迹。概括而言，该分析架构实际上采用的是生态学研究所秉承的整体观照、多维透视、动态分析、平衡协调的基本观点。

更进一步，本书基于上述媒体竞争的分析架构，提出媒体生态位“层次关联假设”。这种假设模式强调媒体生态位在4个资源维度的彼此影响或决定关系。基本的解释模式是，媒体受众心理生态位决定或影响受众生态位，后者决定或影响媒体内容生态位，内容生态位最终决定或影响广告生态位。这是该假设的“一般模型”。本书进一步提出媒体生态位“层级关联假设”的“扩展模型”，在其中，我加入“政治和政策因素”和“文化和传统因素”，使得该模型具有一定的跨文化或跨社会的解释力。

为了便于上述分析架构和模式在经验层面的展开更具符合媒体竞争的现实，同时也更加易于操作，本书的研究鉴于媒体生态位测量方法和技术层面的经验与不足，在研究方法上进行创新：在媒体新闻内容资源维度，兼顾内容的多种显在特征；在受众维度，除了研究受众的时间和金钱花费，还考虑将受众的规模与结构；在广告资源维度，摈弃此前研究中相对粗略的测量方式，同时加强对广告收入的行业和地域来源等次级维度的研究。

二、中国媒体竞争的现状、策略与动态

通过对上述分析架构的实证运用，本书的研究在产业内和产业间考察了中国媒体竞争的基本现状。受众心理资源维度生态位竞争的分析表明，该维度可被进一步划分为4个子维度：认知取向、效率取向、环境监测取向和满足机会。报纸、电视、广播和网络4种媒体在不同微观维度的生态位宽度各有大小，但网络在“环境监测取向”和“满足机会”维度的表现令人瞩目。这可能表明，在不久的将来，网络将对传统媒体造成极大的竞争压力。生态位重叠度的分析表明，不论在上述哪个心理维度，网络与其他3种传统媒体的竞争极为激烈，尤其是在网络与报纸、网络与电视之间。不过整体上而言，报纸是当前受众心理维度最具竞争优势的媒体，至于电视、网络和广播，在不同次级维度拥有各自的竞争优势。

受众结构维度实际上是对受众（媒体用户或消费者）时间花费的一种替代性测量。在受众年龄结构维度，报纸、电视和广播的生态位宽度差别不大，但远大于网

络媒体。同时，电视与广播竞争最为激烈，随后为报纸与广播，报纸与电视。网络与3种传统媒体之间，受众年龄维度竞争较为缓和。这很可能是因为当前网络媒体还并未达到“广泛普及”的状态。在可以预见的将来，当网络像报纸、电视和广播这些传统媒体一样成为人们生活中必不可少的构成要素时，在受众时间维度，网络将和其他各种媒体产生激烈的竞争，同时可能拥有更大的竞争优势。

在广告收入来源维度，传统的4种媒体，即报纸、电视、杂志和广播，对广告资源的利用有着类似的模式，都是广告资源利用的“泛化”媒体，即“资源宽用型”媒体。然而，网络却是广告资源的“窄化”媒体。这体现出在当前（2008年数据）的媒体竞争格局中，网络媒体对广告资源利用的相对不利的一面。在对广告资源生态位竞争的优势上，报纸和电视处于同一级别，广播要低两个数量级，杂志和网络则低3个数量级；而且，网络的竞争优势只相当于杂志媒体的一半。①

对新闻内容维度的生态位分析表明，在新闻报道主题上，广播新闻相对于电视新闻有更宽的内容生态位宽度，电视和广播的新闻内容竞争并不十分激烈。在纸质的都市报和网络媒体之间，在新闻报道体裁、主题和表现方式三个方面，所有媒体的新闻内容生态位宽度相对狭窄，但各家媒体的内容生态位重叠极高，这揭示出纸质媒体同质化竞争的严峻现实。网络媒体与纸质媒体在新闻内容、体裁和表现方式上高度趋同，表明网络媒体并未实在利用其技术上的优越性。

生态位变迁是自然界客观存在的现象，体现出生物种群对资源竞争的动态性特征。在媒体产业中，不论是新兴媒体介入市场，还是环境资源的改变，或者媒体竞争策略的变化，使得媒体竞争的动态演变成为必然。通过对近10年来网络媒体在中国逐步普及数据的分析，本书的研究对新媒体在受众资源维度的生态位变迁进行了阐述和解释。特别的，笔者以1999年至2008年间中国五大媒体产业，即报纸、电视、广播、杂志和网络的广告收入数据为基础，对此间中国媒体竞争的历史轨迹进行刻画，这同时也为考察和理解改革开放以来中国媒体产业的发展与演进提供了一种独特的视角。研究揭示出：一方面，在产业层次，各种媒体都在积极拓宽广告资源的行业来源；另一方面，各种媒体对广告资源的竞争强度越来越大。这表明，在资源环境改变的情形下，媒体积极适应着新的环境。同时，这种积极的适应伴随着媒体之间更为激烈的竞争。

本书的研究显示，报纸的生存环境愈来愈恶劣。从1999年至2008年，电视对报纸的广告资源竞争优势在明显上涨，广播和网络对报纸的广告资源竞争优势，也在不断增强。唯一的例外是杂志，它对报纸的竞争优势相对稳定。对于报纸媒体

---

① 在2008年，以对报纸媒体的广告资源生态位竞争优势作为基准，杂志为0.009 2，网络为0.005 7；网络相当于杂志的62%。详情请见本书第五章第二节。

而言,竞争局势的恶化使人自然地联想到"报纸消亡论"。[①] 尽管在2008年,报纸仍然占据5种媒体产业广告营业额35.28%的比例,[②]但显然,报纸媒体所面临的形势是颇为严峻的。

在媒体组织层面,本书选择我国现代化大都市的两家晨报,将两报2004年到2008年间受众和广告两个资源维度的历史资料作为实证数据,就媒体组织层面的生态位变迁进行分析。研究发现,A报的受众(读者)生态位宽度低于B报,前者的广告生态位宽度也低于后者,这为"层级关联假设"的一般模型提供了经验证据。另一方面,A、B两报在受众和广告资源维度生态位竞争强度相仿,这在某种程度上也为媒体生态位"层级关联假设"一般模型所阐述的理论设想提供着经验证据。从2004年到2008年,A报对B报在读者和广告两个资源维度的生态位竞争优势皆为下降,且下降幅度拥有一致性,这也表明媒体上游资源生态位与下游资源生态位的内在关联,也为媒体生态位"层级关联假设"一般模型提供了实证依据。

生态位的选择、建构与优化对媒体运营和发展具有战略性意义。本书的研究还以生态位理论范式为基础,探讨了中国媒体市场竞争的策略。媒体组织可通过生态位分离的策略,与其他媒体展开错位竞争;媒体也可以通过对初始生态位的强化、扩充与放弃,实现对生态位的动态选择;媒体还可以通过生态位共生的策略,与其他媒体进行合作竞争。不论媒体采用何种生态位策略参与市场竞争,在组织学习和组织创新的视野下,媒体组织需要不断优化自身生态位,以获得持续性的竞争优势。

三、研究评价与后续研究展望

在理论架构、方法和实证三个层次,本书对媒体竞争的内在规律和现实表现进行了研究,为拓展本土媒体生态学的研究在理论和方法层面贡献了绵薄之力,同时,也为理解中国媒体竞争的现实与历史发展积累了实证材料。然而,受制于种种因素,本书在研究取向、内容和方法层面也存在着不少缺陷。

借助于媒体生态学进路,本书对媒体竞争的规律和中国媒体竞争的基本现状进行了系统的、实证性的分析,这体现出本书的研究在理论建构和实证层面的贡

---

① [美]菲利普·迈耶著,张卫平译:《正在消失的报纸:如何拯救信息时代的报业》,北京:新华出版社,2007年版。

② 2008年,报纸、电视、广播、杂志和网络媒体的广告营业额分别是3 426 737万元、5 015 037万元、683 409万元、310 246万元和277 588万元。报纸的份额是35.28%。资料来源于:中国工商行政管理年鉴编辑部:《中国工商行政管理年鉴(2009)》,北京:中国工商出版社,2010年5月,第753页。

献。在与理论贡献有关的方法层面，本书的研究亦有价值：其一是对分析层次的整体性把握。笔者特别对基于生态位理论的媒体竞争研究框架在多个不同层次进行了详尽分析；其二是在媒体新闻内容、受众和广告三个资源维度生态位的测量上有不少创新，比如，对媒体新闻内容生态位多侧面的考察、对受众在年龄维度的测量、对广告在来源维度的测量。

在媒体实践和政策层面，本书的研究对以生态学的思路考察媒体竞争与媒体发展有着启发意义。媒体竞争常被理解为一个经济学或管理学现象，素来以追求经济效益最大化和成本最小化为旨归，尤其注重考察媒体组织的“有意识的、面对面和直接的策略行为，包括并购、合并及联盟等等，以取得市场竞争之优势”[①]。然而，在生态学视野中，以对环境资源利用的相似性作为划定“竞争”概念范畴的标准，本书的研究注重考察媒体与环境资源的关系，尤其是对环境资源的适应性。此种思路对建构媒体相互竞争与共存共荣的和谐生态有积极价值。尤其是，中国媒体历经改革开放30年的发展，全球化、数字化和产业化的宏观背景将媒体发展导入一个全新历史阶段，“可持续发展”是主导当今和未来中国媒体改革与发展的主要基点；[②]而蕴含着新型价值观和资源观的媒体生态学，尤其是媒体生态位研究对系统考察媒体可持续发展具有重要的实践意义。

本书的研究在政府有关媒体的决策层次，有助于为政府制定相关政策和对策提供建设性参考意见，尤其为政府有关部门考察本地媒体生态与竞争格局，建构和谐有序的区域媒体可持续发展格局提供建议。在媒体自身的实践层次，有助于为媒体发展和改革提供有益借鉴，尤其从媒体内容生产、受众结构、广告来源等具有可操作性的维度为媒体组织认识其竞争现状并建构竞争优势提供思考方向。

在整体研究取向上，本书的研究秉承的是实证性的思路。而众所周知，“演化经济学假设竞争过程有两个方面的性质：首先，竞争过程是实证性的，也就是说非均衡是常态；其次，竞争过程是规范性的，也就是说正是因为人的因素，非均衡过程才生机盎然”[③]。同时，虽然媒体竞争的根源在于对经济利益的争夺，[④]但媒体竞争的影响却远不止停留在经济层面。本书的研究，无疑在相当程度上忽略了对媒体竞争现象的规范性分析。这在很大程度上源于媒体竞争现象本身的复杂性，使得

---

① Li, S. C. S. (2001). New Media and Market Competition: A Niche Analysis of Television News, Electronic News, and Newspaper News in Taiwan. *Journal of Broadcasting & Electronic Media*, 45(2), 259-276. 李秀珠、彭玉贤、蔡佳如：《新传播科技对台湾新闻媒体之影响：从新闻内容之区位谈起》，《新闻学研究》(台湾)，2002年，总第72期，第27-54页。

② 栾轶玫：《中国广电媒体实现可持续发展的核心动力》，《今传媒(学术版)》，2006年第1期。

③ 支庭荣：《大众传播生态学》，杭州：浙江大学出版社，2004年版，第128页。

④ 杨飚、蔡尚伟编著：《媒体竞争论》，成都：四川人民出版社，2001年版，第18页。

媒体竞争局势与变迁显得扑朔迷离，而规范性的分析需要研究者极为深厚的理论根基。笔者学力不逮，这不能不说是一种遗憾。

"竞争是传媒的一个永恒的话题。"[①]在媒体业迅疾发展中的我国，媒体竞争的鲜活实践值得众多学人持续不断地投入精力、资源和时间进行研究。然而，媒体竞争是一个多层面的复杂现象和过程。媒体竞争发生在多个层次，本书的研究，仅仅在少数几个层次对媒体竞争现象进行理论和实证层面的考察，这无法全面揭示媒体竞争的面貌和趋势。在具体的研究方法上，本书对广告和受众两个宏观资源维度的分析不够深入，尤其是对其次级维度的划分，犹可进一步细化。本书中的多个子研究，样本量也嫌不够，这可以在今后的研究中加以改善。

Dimmick 认为自己的研究仅仅是"触及到这种复杂性的一小部分，即广告和满足效用两个维度"[②]。因此，他认为，基于生态位的媒体竞争和共存的研究，尚有大量的工作值得学者们继续努力，而他本人的工作，"仅仅是一个良好的开端"[③]。今后的研究，可就基于生态位的媒体研究进一步推进至媒体的发展和演化，尤其是媒体群落空间聚集、媒体可持续发展、媒体生态系统建构的分析中，这是当前中国媒体实践进程中所面临的重要课题。随着信息传播技术日新月异的发展及对媒体运作和管理实践影响力愈来愈大，将技术作为一个关键维度纳入媒体生态位的研究，亦是值得探索的新方向。

---

① 支英琨：《新传媒帝国：竞争格局下的品牌、资本与产业化》，北京：中国水利水电出版社，2005 年版，第 209 页。

② Dimmick, J. W. (2003). *Media Competition and Coexistence: The Theory of the Niche*. Lawrence Erlbaum Associates, Inc., Publishers: Mahwah, NJ. p. 125.

③ Dimmick, J. W. (2003). *Media Competition and Coexistence: The Theory of the Niche*. Lawrence Erlbaum Associates, Inc., Publishers: Mahwah, NJ. p. 126.

附　录

附录1　媒体受众心理资源维度生态位竞争的调查问卷正文

1. 请问您平时看报纸么?

(1) 看　(2) 不看,但今后有机会的话会看　(3) 不看,今后有机会也不会看

2. 请问您平时看电视么?

(1) 看　(2) 不看,但今后有机会的话会看　(3) 不看,今后有机会也不会看

3. 请问您平时听广播么?

(1) 听　(2) 不听,但今后有机会的话会听　(3) 不听,今后有机会也不会听

4. 请问您平时上网么?

(1)上网　(2) 不上网,但今后有机会的话会上网　(3) 不上网,今后有机会也不会上网

5. 以下关于报纸的说法,您的同意程度如何? 请您在自己认为最合适的数字上画"√"。

	非常不同意	不同意	中立	同意	非常同意
5-1 从报纸上可以获得最新信息	1	2	3	4	5
5-2 通过报纸很容易得到协助个人决策的信息	1	2	3	4	5
5-3 报纸为我提供了聊天的题材	1	2	3	4	5
5-4 通过报纸容易获得与工作有关的信息	1	2	3	4	5
5-5 从报纸上容易获得专业信息	1	2	3	4	5
5-6 在报纸上获得信息很容易	1	2	3	4	5
5-7 通过报纸可以在最短时间知道最新发生的事件	1	2	3	4	5
5-8 从报纸上寻找自己需要的信息很方便	1	2	3	4	5
5-9 报纸的内容丰富多样	1	2	3	4	5
5-10 报纸的获取成本低廉	1	2	3	4	5

续表

	非常不同意	不同意	中立	同意	非常同意
5-11 报纸提供了超越我个人经验的信息	1	2	3	4	5
5-12 在报纸上我知道别人在做什么	1	2	3	4	5
5-13 通过报纸我知道发生了什么事情	1	2	3	4	5
5-14 通过报纸我知道别人的观点	1	2	3	4	5
5-15 通过报纸我知道事件的最新进展	1	2	3	4	5
5-16 报纸可以随时看	1	2	3	4	5
5-17 报纸可以随地看	1	2	3	4	5
5-18 报纸上的图表/表达生动	1	2	3	4	5
5-19 报纸新闻内容丰富多样	1	2	3	4	5
5-20 通过报纸获得新闻很方便	1	2	3	4	5

6. 以下关于电视的说法,您的同意程度如何? 请您在自己认为最合适的数字上画"√"。

	非常不同意	不同意	中立	同意	非常同意
6-1 从电视上可以获得最新信息	1	2	3	4	5
6-2 通过电视很容易得到协助个人决策的信息	1	2	3	4	5
6-3 电视为我提供了聊天的题材	1	2	3	4	5
6-4 通过电视容易获得与工作有关的信息	1	2	3	4	5
6-5 从电视上容易获得专业信息	1	2	3	4	5
6-6 在电视上获得信息很容易	1	2	3	4	5
6-7 通过电视可以在最短时间知道最新发生的事件	1	2	3	4	5
6-8 从电视上寻找自己需要的信息很方便	1	2	3	4	5
6-9 电视的内容丰富多样	1	2	3	4	5
6-10 电视的获取成本低廉	1	2	3	4	5
6-11 电视提供了超越我个人经验的信息	1	2	3	4	5
6-12 在电视上我知道别人在做什么	1	2	3	4	5

续表

	非常不同意	不同意	中立	同意	非常同意
6-13 通过电视我知道发生了什么事情	1	2	3	4	5
6-14 通过电视我知道别人的观点	1	2	3	4	5
6-15 通过电视我知道事件的最新进展	1	2	3	4	5
6-16 电视可以随时看	1	2	3	4	5
6-17 电视可以随地看	1	2	3	4	5
6-18 电视上的图表/表达生动	1	2	3	4	5
6-19 电视新闻内容丰富多样	1	2	3	4	5
6-20 通过电视获得新闻很方便	1	2	3	4	5

7. 以下关于广播的说法，您的同意程度如何？请您在自己认为最合适的数字上画“√”。

	非常不同意	不同意	中立	同意	非常同意
7-1 从广播上可以获得最新信息	1	2	3	4	5
7-2 通过广播很容易得到协助个人决策的信息	1	2	3	4	5
7-3 广播为我提供了聊天的题材	1	2	3	4	5
7-4 通过广播容易获得与工作有关的信息	1	2	3	4	5
7-5 从广播上容易获得专业信息	1	2	3	4	5
7-6 在广播上获得信息很容易	1	2	3	4	5
7-7 通过广播可以在最短时间知道最新发生的事件	1	2	3	4	5
7-8 从广播上寻找自己需要的信息很方便	1	2	3	4	5
7-9 广播的内容丰富多样	1	2	3	4	5
7-10 广播的获取成本低廉	1	2	3	4	5
7-11 广播提供了超越我个人经验的信息	1	2	3	4	5
7-12 在广播上我知道别人在做什么	1	2	3	4	5
7-13 通过广播我知道发生了什么事情	1	2	3	4	5
7-14 通过广播我知道别人的观点	1	2	3	4	5

续表

	非常不同意	不同意	中立	同意	非常同意
7-15 通过广播我知道事件的最新进展	1	2	3	4	5
7-16 广播可以随时听	1	2	3	4	5
7-17 广播可以随地听	1	2	3	4	5
7-18 广播内容的表达生动	1	2	3	4	5
7-19 广播新闻内容丰富多样	1	2	3	4	5
7-20 通过广播获得新闻很方便	1	2	3	4	5

8. 以下关于网络的说法，您的同意程度如何？请您在自己认为最合适的数字上画"√"。

	非常不同意	不同意	中立	同意	非常同意
8-1 从网络上可以获得最新信息	1	2	3	4	5
8-2 通过网络很容易得到协助个人决策的信息	1	2	3	4	5
8-3 网络为我提供了聊天的题材	1	2	3	4	5
8-4 通过网络容易获得与工作有关的信息	1	2	3	4	5
8-5 从网络上容易获得专业信息	1	2	3	4	5
8-6 在网络上获得信息很容易	1	2	3	4	5
8-7 通过网络可以在最短时间知道最新发生的事件	1	2	3	4	5
8-8 从网络上寻找自己需要的信息很方便	1	2	3	4	5
8-9 网络的内容丰富多样	1	2	3	4	5
8-10 网络的获取成本低廉	1	2	3	4	5
8-11 网络提供了超越我个人经验的信息	1	2	3	4	5
8-12 在网络上我知道别人在做什么	1	2	3	4	5
8-13 通过网络我知道发生了什么事情	1	2	3	4	5
8-14 通过网络我知道别人的观点	1	2	3	4	5
8-15 通过网络我知道事件的最新进展	1	2	3	4	5

续表

	非常不同意	不同意	中立	同意	非常同意
8-16 我可以随时上网	1	2	3	4	5
8-17 我可以随时地网	1	2	3	4	5
8-18 网络内容的表达生动	1	2	3	4	5
8-19 网络新闻内容丰富多样	1	2	3	4	5
8-20 通过网络获得新闻很方便	1	2	3	4	5

9. 您的性别：(1) 男　　(2) 女

10. 您的年龄：________岁

11. 您目前的婚姻状态：(1) 已婚　　(2) 未婚

12. 您所接受的教育程度：

(1) 没有接受正规教育　　(2) 小学　　(3) 初中

(4) 高中或中专　　(5) 大学本科或大专　　(6) 研究生及以上

问卷到此结束。请检查是否有漏答的题目。衷心感谢您！

附录 2　报纸与网络新闻内容生态位竞争分析编码表

编码人________　编号________

A1. 报道的媒体：

(1)《南方都市报》 (2)《广州日报》 (3)《成都商报》

(4)《京华时报》 (5)《华商报》 (6) 华商网

A2. 该报道发表的时间：________。

A3. 报道的体裁：

(1) 消息　(2) 新闻分析　(3) 解释性报道　(4) 访问记

(5) 采访札记　(6) 图片报道　(7) 新闻特写和通讯　(8) 评论或言论

(9) 资料漫画　(10) 其他

A4. 报道主题：

(1) 奥运赛事实况和开闭幕式　(2) 参赛运动员

(3) 奥运相关服务与志愿者　(4) 奥运相关设施

(5) 奥运相关活动　(6) 奥运会历史和观众

(7) 其他

A5. 该报道的表述方式：

(1) 文字表达　(2) 图片和文字结合

(3) 图片文字和表格结合使用　(4) 多种表现手法并用

附录3 1999—2008年中国报纸媒体广告收入的行业来源[①]

单位:万元

	1999年	2000年	2001年	2002年	2003年
药品	119 597	162 092	172 188	212 863	301 673
食品	82 284	97 378	107 961	100 364	127 602
化妆品	56 853	68 507	80 329	73 244	82 162
医疗器械和服务	113 163	162 292	164 574	203 316	222 084
家用电器	156 452	151559	142 282	157 238	168 527
烟酒服装服饰	63 373	128 570	103 123	79 979	103 897
房地产	179 907	220 263	254 336	363 141	595 508
汽车	46 065	52 834	68 122	115 062	149 256
新兴行业	17 860	46 430	75 065	119 493	192 708
其他行业	287 704	374 743	409 005	460 057	486 694
总计	1 123 256	1 464 668	1 576 992	1 884 758	2 430 113
	2004年	2005年	2006年	2007年	2008年
药品	281 046	308 268	288 100	290 339	296 386
食品	159 503	176 603	207 093	233 584	301 143
化妆品	77 531	79 714	98 966	87 368	128 692
医疗器械和服务	230 628	277 411	363 319	302 991	330 260
家用电器	125 572	143 018	183 245	180 585	178 436
烟酒服装服饰	100 123	121 072	143 774	130 939	133 057
房地产	361 668	418 149	535 927	587 012	719 883
汽车	115 977	161 840	230 712	265 075	299 643
新兴行业	219 382	310 516	406 015	386 937	562 221
其他行业	635 812	563 908	668 743	757 098	477 017
总计	2 307 242	2 560 497	3 125 894	3 221 927	3 426 737

① 各年数据来源在第七章第三节“广告资源生态位变迁与中国媒体的竞争动态”已有交代。表中的“食品”类含“保健食品”。2003年起,“新兴行业”中包括信息产业、金融保险、招生招聘、农贸、服务产业数据;假定在1999年至2003年,各媒体“新兴行业”的广告收入贡献比率按等差数列增长。2007年起,“化妆品”类中含“美容业”。在部分年份,表中各行业广告收入的值加总后与“总计”值稍有出入,有以下两个原因:(1)《中国工商行政管理年鉴》和《中国广告年鉴》中的数据处理过程中本身的出入(因为数据以“万元”为单位,必然有舍弃和进位处理);(2)本书作者在对1999年至2003年间“新兴行业”广告收入的计算过程中的四舍五入处理。附录4—附录7的注释相同。

附录4　1999—2008年中国电视媒体广告收入的行业来源

单位：万元

	1999 年	2000 年	2001 年	2002 年	2003 年
药品	212 876	268 924	296 818	322 666	310 410
食品	244 455	247 870	262 538	286 609	332 860
化妆品	170 664	177 213	158 282	281 906	294 252
医疗器械和服务	82 774	121 171	123 291	319 781	266 176
家用电器	140 112	210 602	154 574	228 972	250 226
烟酒服装服饰	214 664	134 357	200 292	179 813	346 454
房地产	48 053	82 129	81 926	195 153	223 832
汽车	25 285	28 249	25 020	137 920	84 881
新兴产业	14 053	30 404	48 431	82 940	124 969
其他行业	408 560	388 207	442 570	274 538	316 333
总计	1 561 496	1 689 126	1 793 742	2 310 298	2 550 395
	2004 年	**2005 年**	**2006 年**	**2007 年**	**2008 年**
药品	318 904	463 991	502 187	528 567	601 383
食品	559 841	703 934	765 426	788 298	918 942
化妆品	296 182	340 128	428 785	417 891	613 347
医疗器械和服务	248 354	336 805	385 366	427 346	385 023
家用电器	205 392	218 314	252 660	291 008	221 980
烟酒服装服饰	176 788	246 068	276 951	286 858	372 647
房地产	192 342	141 175	255 000	267 614	329 639
汽车	149 175	188 253	230 603	266 090	281 277
新兴产业	156 995	222 088	234 429	308 908	421 845
其他行业	611 411	692 110	708 843	846 941	868 955
总计	2 915 415	3 552 867	4 040 249	4 429 522	5 015 037

附录 5 1999—2008 年中国广播媒体广告收入的行业来源

单位:万元

	1999 年	2000 年	2001 年	2002 年	2003 年
药品	18 814	21 609	27 819	33 542	37 240
食品	16 074	16 594	17 307	19 533	24 227
化妆品	8 259	8 265	11 402	9 381	12 925
医疗器械和服务	16 316	28 485	30 835	47 263	57 091
家用电器	11 961	11 658	15 306	16 239	14 382
烟酒服装服饰	10 954	14 408	12 536	13 654	19 761
房地产	7 778	6 781	16 555	14 302	24 970
汽车	4 827	4 171	3 506	5 012	8 035
新兴产业	1 540	3 722	6 726	10 753	15 674
其他行业	28 723	36 254	40 762	49 333	41 386
总计	125 243	151 947	182 760	219 011	255 689
	2004 年	2005 年	2006 年	2007 年	2008 年
药品	43 976	72 214	75 448	75 671	88 770
食品	35 839	47 041	73 143	89 990	95 547
化妆品	16 041	17 043	21 448	25 678	20 586
医疗器械和服务	64 860	72 965	110 382	93 566	91 121
家用电器	11 811	15 274	32 054	29 284	32 911
烟酒服装服饰	24 778	23 513	23 828	25 709	31 148
房地产	21 387	22 771	42 940	44 374	62 022
汽车	11 762	14 697	33 886	38 860	54 853
新兴产业	24 243	41 460	62 635	80 680	90 012
其他行业	74 641	61 603	96 094	124 390	116 438
总计	329 346	388 583	571 858	628 202	683 409

附录6　1999—2008年中国杂志媒体广告收入的行业来源

单位:万元

	1999年	2000年	2001年	2002年	2003年
药品	8 099	10 580	8 020	11 844	57 053
食品	4 767	8 791	6 665	5 378	15 017
化妆品	7 199	6 248	6 031	8 579	10 449
医疗器械和服务	9 789	12 880	14 143	24 239	25 801
家用电器	7 520	7 557	7 595	9 893	9 564
烟酒服装服饰	4 519	10 742	6 876	9 787	18 782
房地产	3 662	3 677	4 162	11 193	28 899
汽车	1 819	2 408	2 182	3 389	4 976
新兴产业	561	3 050	4 815	8 170	16 383
其他行业	41 299	47 468	58 099	59 674	56 882
总计	89 232	113 400	118 593	152 146	243 806
	2004年	2005年	2006年	2007年	2008年
药品	29 546	34 700	22 764	26 068	25 729
食品	22 279	24 865	22 395	25 354	23 708
化妆品	13 135	13 408	15 971	17 079	23 827
医疗器械和服务	29 295	27 212	21 552	21 585	33 587
家用电器	8 076	11 202	11 157	11 860	13 772
烟酒服装服饰	18 965	20 357	15 867	25 808	25 645
房地产	18 938	20 360	23 735	27 765	26 926
汽车	8 650	13 562	13 828	18 863	20 500
新兴产业	16 417	31 768	65 825	34 579	44 487
其他行业	38 398	51 235	27 939	55 687	72 066
总计	203 698	248 669	241 033	264 648	310 246

附录 7　1999—2008 年中国网络媒体广告收入的行业来源

单位:万元

	2004 年	2005 年	2006 年	2007 年	2008 年
药品	10 994	11 376	3 363	3 458	3 254
食品	5 248	18 389	20 129	27 919	22 108
化妆品	1 500	15 910	16 987	16 193	8 078
医疗器械和服务	1 294	11 071	13 125	13 334	7 667
家用电器	628	2 139	2 930	7 295	7 646
烟酒服装服饰	1 410	1 999	3 211	7 775	9 547
房地产	4 166	7 301	25 764	25 330	47 689
汽车	1 337	1 475	20 507	52 251	54 188
新兴产业	9 141	10 001	65 425	74 874	83 256
其他行业	40 661	13 686	16 001	23 440	34 155
总计	76 378	93 346	187 441	251 870	277 588

参考文献

1. [美]罗杰·菲德勒著. 媒介形态变化:认识新媒介[M]. 明安香,译. 北京:华夏出版社,2000.

2. [美]罗伯特·皮卡特著. 传媒管理学导论[M]. 韩骏伟,常永新,等,译. 北京:人民邮电出版社,2006.

3. [美]罗伯特·皮卡德著. 媒介经济学:概念与问题[M]. 赵丽颖,译. 北京:中国人民大学出版社,2005.

4. [美]肯尼思·普瑞斯,史蒂文·L·戈德曼,罗杰·N·内格尔著. 以合作求竞争[M]. 武康平,译. 沈阳:辽宁教育出版社,1998.

5. [德]路德维希·艾哈德著. 来自竞争的繁荣[M]. 祝世康,穆家骥等,译. 北京:商务印书馆,1983.

6. [美]R. M. 梅著. 理论生态学[M]. 孙儒泳,译. 北京:科学出版社,1980.

7. [美]迈克尔·波特著. 竞争优势[M]. 陈小悦,译. 北京:华夏出版社,1997.

8. [英]福克纳·鲍曼著. 竞争战略[M]. 李维刚,译. 北京:中信出版社,1997.

9. [美]约瑟夫·熊彼特著. 资本主义、社会主义和民主主义[M]. 绛枫,译. 北京:商务印书馆,1979.

10. [美]本杰明·M·康佩恩,道格拉斯·戈梅里著. 谁拥有媒体? 大众传媒业的竞争与集中(第三版)[M]. 詹正茂,张小梅等,译. 北京:中国人民大学出版社,2006.

11. [美]菲利普·M·南波利著. 受众经济学:传媒机构与受众市场[M]. 陈积银,译. 北京:清华大学出版社,2007.

12. [美]斯蒂文·小约翰著. 传播理论[M]. 陈德明,叶晓辉,译. 北京:中国社会科学出版社,1999.

13. [美]大卫·阿什德著. 传播生态学——控制的文化范式[M]. 邵志择,译. 北京:华夏出版社,2003.

14. 卜彦芳. 传媒经济学:理论与案例[M]. 北京:中国国际广播出版社,2008.

15. 曹鹏. 中国报业集团发展研究[M]. 北京:新华出版社,1999.

16. 曹鹏. 中国媒介前沿[M]. 北京:新华出版社,2003.

17. 常杰,葛滢 编著. 生态学[M]. 杭州:浙江大学出版社,2001.

18. 陈秀山. 现代竞争理论与竞争政策[M]. 北京:商务印书馆,1997.

19. 崔保国 编著. 2004—2005 年:中国传媒产业发展报告[M]. 北京:社会科学文献出版社,2005.

20. 崔保国 编著. 2006:中国传媒产业发展报告[M]. 北京:社会科学文献出版社,2005.

21. 崔保国 编著. 中国传媒产业发展报告(2007—2008)[M]. 北京:社会科学文献出版社,2008.

22. 丁和根. 传媒竞争力——中国媒体发展核心方略[M]. 上海:复旦大学出版社,2005.

23. 董天策. 中国报业的产业化运作[M]. 成都:四川人民出版社,2002.

24. 范鲁彬 编著. 中国广告 30 年全数据[M]. 北京:中国市场出版社,2009.

25. 辜晓进. 走进美国大报:探索媒体竞争力的第一现场报导[M]. 台北:左岸文化出版社,2004.

26. 郭鸿雁. 广电产业的合作竞争[M]. 北京:知识产权出版社,2008.

27. 胡连利. 英法美日报业发展研究[M]. 石家庄:河北大学出版社,2003.

28. 黄升民,丁俊杰. 媒介经营与产业化研究[M]. 北京:北京广播学院出版社,1997.

29. 黄升民,周艳. 中国报刊媒体产业新动向[M]. 北京:中国传媒大学出版社,2005.

30. 金碚. 竞争力经济学[M]. 广州:广东经济出版社,2003.

31. 金雁,王宁. 专业报刊品牌经营[M]. 北京:中国人民大学出版社,2007.

32. 李良荣. 新闻学概论[M]. 上海:复旦大学出版社,2001.

33. 李良荣,姚志明. 中国传媒业的战略转型——以沿海非省会城市平面媒体为案例[M]. 上海:复旦大学出版社,2008.

34. 李怀亮 主编. 新媒体:竞合与共赢[M]. 北京:中国传媒大学出版社,2009.

35. 李振基,陈小麟,郑海雷,连玉武 编著. 生态学[M]. 北京:科学出版社,2002.

36. 连福寅. 报业经济论稿[M]. 北京:人民日报出版社,1998.

37. 林晖. 未完成的历史——中国新闻改革前沿[M]. 上海:复旦大学出版社,2004.

38. 刘鹏. 竞争时代的报纸策略[M]. 济南:山东人民出版社,2005.

39. 刘年辉. 报业核心竞争力:理论与案例[M]. 北京:中国广播电视出版社,2006.

40. 刘伯贤. 入世背景下的党报运营——一种媒介生态学的视角[M]. 北京:中国传媒大学出版社,2007.

41. 柳旭波. 传媒业产业组织研究——一个拓展的 RC-SCP 产业组织分析框架[M]. 北京:经济科学出版社,2007.

42. 卢文浩. 中国传媒业的系统竞争研究——一个媒介生态学的视角[M]. 北京:中国经济出版社,2009.

43. 陆小华. 整合传媒:传媒竞争趋势与对策[M]. 北京:中信出版社,2002.

44. 陆小华. 再造传媒:传统媒体系统整合方略[M]. 北京:中信出版社,2003.

45. 陆小华. 激活传媒:传媒竞争力发掘与执行策略[M]. 北京:中信出版社,2004.

46. 骆正林. 传媒竞争与媒体经营:传媒经营与管理研究[M]. 北京:中国广播电视出版社,2008.

47. 尚玉昌,蔡晓明 编著. 普通生态学[M]. 北京:北京大学出版社,1992.

48. 邵培仁. 媒介生态学:媒介作为绿色生态的研究[M]. 北京:中国传媒大学出版社,2008.

49. 沈正赋. 解读传媒:传媒生态与新闻生态研究[M]. 成都:西南师范大学出版社,2006.

50. 邵培仁,刘强. 媒介经营管理学[M]. 杭州:浙江大学出版社,1998.

51. 宋建武. 中国媒介经济的发展规律与趋势[M]. 北京:中国人民大学出版社,2005.

52. 孙光海,陈立生. 传媒博弈论[M]. 北京:生活·读书·新知三联书店,2008.

53. 唐绪军. 报业经济与报业经营[M]. 北京:新华出版社,1999.

54. 童清艳. 传媒产业经济学导论[M]. 上海:复旦大学出版社,2007.

55. 屠忠俊. 当代报业经营管理[M]. 武汉:华中理工大学出版社,1999.

56. 屠忠俊. 现代传媒业经营管理[M]. 武汉:华中科技大学出版社,2007.

57. 田中阳. 媒介竞争论[M]. 长沙:岳麓书社,2002.

58. 王兰柱 主编. 中国电视收视年鉴(2007)[M]. 北京:中国传媒大学出版社,2007.

59. 王朝晖. 决胜媒体市场:新闻信息资源开发战略[M]. 北京:新华出版社,

2003.

60. 吴飞主编. 传媒竞争力[M]. 北京:中国传媒大学出版社,2005.

61. 吴信训,金冠军,李海林等著. 现代传媒经济学[M]. 上海:复旦大学出版社,2005.

62. 夏大慰 主编. 产业组织:竞争与规制[M]. 上海:上海财经大学出版社,2002.

63. 徐国源,谷鹏. 当代传媒生态学[M]. 上海:上海三联出版社,2006.

64. 尹良富. 日本的报业集团研究[M]. 广州:南方日报出版社,2005.

65. 喻国明. 媒介的市场定位:一个传播学者的实证研究[M]. 北京:北京广播学院出版社,2000.

66. 喻国明. 解析传媒变局:来自中国传媒业第一现场的报告[M]. 广州:南方日报出版社,2002.

67. 喻国明. 传媒影响力:传媒产业本质与竞争优势[M]. 广州:南方日报出版社,2003.

68. 喻国明. 变革传媒:解析中国传媒转型问题[M]. 北京:华夏出版社,2004.

69. 喻国明,张小争. 传媒竞争力:产业价值链案例与模式[M]. 北京:华夏出版社,2004.

70. 喻国明. 媒体发展前沿[M]. 北京:中国传媒大学出版社,2005.

71. 赵曙光,史宇鹏. 媒介经济学:一个急速变革行业的原理和实践[M]. 长沙:湖南人民出版社,2003.

72. 张国良 主编. 社会转型与媒介生态实证研究[M]. 上海:上海交通大学出版社,2007.

73. 张立伟. 传媒竞争:法则与工具[M]. 北京:清华大学出版社,2007.

74. 张文军. 生态学研究方法[M]. 广州:中山大学出版社,2007.

75. 章平. 战略传媒:分析框架与经典案例[M]. 上海:复旦大学出版社,2004.

76. 郑保卫 主编. 媒介产业:全球化·多样性·认同[M]. 北京:中国传媒大学出版社,2011.

77. 郑保卫 编著. 论媒介经济与传媒集团化发展[M]. 北京:中国人民大学出版社,2003.

78. 郑保卫 编著. 论媒介改革与发展[M]. 北京:新华出版社,2004.

79. 支庭荣. 大众传播生态学[M]. 杭州:浙江大学出版社,2004.

80. 支英琨. 新传媒帝国:竞争格局下的品牌、资本与产业化[M]. 北京:中国水利水电出版社，2005.

81. 钟虎妹. 我国报业组织核心竞争力研究[M]. 北京：人民出版社，2008.

82. 中国工商行政管理年鉴编辑部. 中国工商行政管理年鉴(2009)[M]. 北京：中国工商出版社，2010.

83. 中国工商行政管理年鉴编辑部. 中国工商行政管理年鉴(2008)[M]. 北京：中国工商出版社，2009.

84. 中国工商行政管理年鉴编辑部. 中国工商行政管理年鉴(2007)[M]. 北京：中国工商出版社，2007.

85. 中国工商行政管理年鉴编辑部. 中国工商行政管理年鉴(2006)[M]. 北京：中国工商出版社，2006.

86. 中国工商行政管理年鉴编辑部. 中国工商行政管理年鉴(2005)[M]. 北京：中国工商出版社，2005.

87. 中国工商行政管理年鉴编辑部. 中国工商行政管理年鉴(2004)[M]. 北京：中国工商出版社，2004.

88. 中国工商行政管理年鉴编辑部. 中国工商行政管理年鉴(2003)[M]. 北京：中国工商出版社，2003.

89. 中国工商行政管理年鉴编辑部. 中国工商行政管理年鉴(2000)[M]. 北京：中国工商出版社，2000.

90. 中国广告年鉴编辑部. 中国广告年鉴(2009)[M]. 北京：新华出版社，2009.

91. 中国广告年鉴编辑部. 中国广告年鉴(2002)[M]. 北京：新华出版社，2002.

92. 中国广告年鉴编辑部. 中国广告年鉴(2001)[M]. 北京：新华出版社，2001.

93. 朱春阳. 现代传媒产品创新理论与策略[M]. 济南：山东人民出版社，2005.

94. 白友涛，吴填. 从人类生态学视角看大众传媒的共生与竞争[J]. 南京理工大学学报：社会科学版，2007(5).

95. 曹康林. 企业生态位现象[J]. 中国中小企业，2002(5).

96. 陈力丹. 谈谈传播学批判学派[J]. 新闻与传播研究，2000(2).

97. 陈积银，张茜. 试论中国传媒经济研究的不足与突破[J]. 今传媒，2004(7).

98. 程世寿. 中国新闻媒介产业发展的现状、趋势与对策(下)[J]. 当代传播，2000(1).

99. 程世寿. 中国新闻媒介产业发展的现状、趋势与对策(上)[J]. 当代传播,1999(6).

100. 陈中原. 传媒经济学史的简要回顾[J]. 新闻大学,2005(1).

101. 崔保国,张晓群. 新媒体对中国传媒产业的影响分析[J]. 现代传播(中国传媒大学学报),2008(1).

102. 崔保国,朱春阳,王世蓉. 报业焦点:2007 年中国传媒产业发展趋势分析[J]. 中国报业,2007(6).

103. 崔保国. 媒介是条鱼:理解媒介生态学[J]. 中国传媒报告,2003(2).

104. 丁和根. 传媒竞争力:评价理论与提升战略[R]. 上海:复旦大学新闻学博士后出站报告,2004.

105. 樊昌志. 媒介生态位与媒体的生机[J]. 湘潭大学社会科学学报,2003(6).

106. 樊佩佩. 作为一门新兴交叉学科的媒介生态学[J]. 国外社会科学,2007(6).

107. 郭贞,黄振家. 以区位分析比较网路、型录、与商店作为购物管道之竞争优势:一个跨年比较[J]. 新闻学研究(台湾地区),2002(7 月号).

108. 桂世河,莫梅锋. 集群化、整合化、生态化——中国媒介产业发展的三大趋势[J]. 编辑之友,2006(1).

109. 杭敏,罗伯特·皮卡特. 传媒经济学研究的历史、方法与范例[J]. 现代传播(中国传媒大学学报),2005(4).

110. 何道宽. 媒介环境学派的理论命题、源流与阐释[J]. 新闻与信息传播研究,2008(春季号).

111. 黄英姿. 生态位理论研究中的数学方法[J]. 应用生态学报,1994,5(3).

112. 黄玉波. 我国传媒业的规制改革与竞争[J]. 开放导报,2008(3).

113. 李良荣. 试论当前我国新闻事业的双重性[J]. 新闻大学,1995(夏季号).

114. 李良荣. 十五年来新闻改革的回顾与展望[J]. 新闻大学,1995(春季号).

115. 李良荣,方师师. “双转”:中国传媒业的一次制度性创新[J]. 现代传播(中国传媒大学学报),2010(2).

116. 李秀珠,彭玉贤,蔡佳如. 新传播科技对台湾新闻媒体之影响:从新闻内容之区位谈起[J]. 新闻学研究(台湾地区),2002(7 月号).

117. 李文华. 基于生态位的企业竞争理论与实证研究[D]. 北京:北方工业大学博士学位论文,2005.

118. 梁嘉骅,葛振忠,范建平. 企业生态与企业发展[J]. 管理科学学报,2002(2).

119. 梁杰. 由价格战看我省报业的同质化竞争及对策[J]. 江西师范大学学报:哲学社会科学版,2004(1).

120. 林爱珺,童兵. 中国传媒产业化的法律前提——重塑传媒市场主体[J]. 新闻界,2005(3).

121. 林如鹏. 广东报业竞争战略与竞争优势研究[D]. 上海:复旦大学博士学位论文,2004.

122. 林如鹏,支庭荣. 报业集团的策略竞争、资源整合与族群发展——对南方日报报业集团及其生态环境的考察[J]. 新闻记者,2000(12).

123. 林文刚. 媒介生态学在北美之学术起源简史[J]. 中国传媒报告,2003(2).

124. 刘春花."生态位"的思考——媒体求变法则之一[J]. 新闻采编,2004(2).

125. 刘玉清. 生态位与商家经营定位[J]. 商业研究,2003(6).

126. 梅明丽. 数字技术背景下电视产业竞争格局的重构与演变[G]//张金海,强月新执行主编. 中国媒体发展研究报告·2005年卷. 武汉:武汉大学出版社,2006.

127. 强月新,张明新. 中国传媒产业间的广告资源竞争:基于生态位理论的实证分析[J]. 新闻与传播研究,2009(5)

128. 强月新,刘建新,张明新. 中部媒介生态与媒体发展——现状、问题与对策[G]//张金海,吕尚彬执行主编. 中国媒体发展研究报告·2009年卷. 武汉:武汉大学出版社,2009.

129. 强月新,郭韶明. 我国传媒经济研究的量化分析[J]. 武汉大学学报:人文科学版,2006(2).

130. 强月新,邓敏. 传媒市场特征的经济学分析[J]. 现代传播(中国传媒大学学报),2004(4).

131. 强月新. 我国传媒市场运行机制研究[D]. 武汉:武汉大学博士学位论文,2004.

132. 钱言. 基于生态位企业间关系优化目标研究[J]. 昆明大学学报,2008(3).

133. 钱言,任浩. 基于生态位的企业竞争关系研究[J]. 财贸研究,2006(2).

134. 阮平南. 企业生态位原理与战略网络节点关系管理研究[J]. 科学学与科学技术管理,2008(4).

135. 单波，王冰. 西方媒介生态理论的发展及其理论价值与问题[J]. 新闻与传播研究，2006(2).

136. 单泪源，李果，陈丹. 基于生态位理论的企业竞争战略研究[J]. 科学学与科学技术管理，2006(3).

137. 单颖文. 融媒环境下手机"媒介生态位"探析[J]. 新闻大学，2011(1).

138. 邵培仁. 论传播生态规律与媒介生存策略[J]. 新闻界，2001(3).

139. 邵培仁. 论媒介生态的五大观念[J]. 新闻大学，2001(4).

140. 邵培仁，张洁. 全球媒介经济学的生态状况与发展趋势——以《媒介经济学杂志》所刊论文为例[J]. 杭州师范学院学报：社会科学版，2006(2).

141. 申启武. 媒介的生态位策略与广播频率的专业化设置[J]. 暨南学报：哲学社会科学版，2006(2).

142. 申启武. 媒介竞争与生态位的选择——安徽安通广播运营策略分析[J]. 中国广播，2005(5).

143. 申启武. 粤港广播电视传媒竞争与合作的历史考察与现状分析[J]. 中国广播电视学刊，2008(6).

144. 沈颖，邓世勇. 近三年中国报业读者市场发展回顾[J]. 中国报业，2007(5).

145. 谭天. 试论我国传媒经济的研究[J]. 暨南学报：哲学社会科学版，2007(1).

146. 谭天. 港粤广电传媒竞争与合作前景初探[J]. 中国广播电视学刊，2006(1).

147. 谭天. 传媒经济的本质是意义经济[J]. 国际新闻界，2010(7).

148. 童兵. 加入世贸组织三年中国传媒格局的嬗变与前瞻[J]. 复旦学报：社会科学版，2005(1).

149. 屠忠俊. 中国报业集团运行环境刍议[J]. 新闻与传播研究，1997(4).

150. 屠忠俊. 论我国新闻行业转向显在形态的趋势[J]. 华中理工大学学报：社会科学版，1996(4).

151. 王刚，赵松岭，张鹏云，等. 关于生态位定义的探讨及生态位重叠计测公式改进的研究[J]. 生态学报，1984,4(2).

152. 吴小丁. 现代竞争理论的发展与流派[J]. 吉林大学学报：社会科学版，2001(2).

153. 肖光华. 我国报业产业组织研究[D]. 长沙：中南大学博士学位论文，2004.

154. 邢彦辉. 传媒生态系统中的资源循环[J]. 当代传播，2006(3).

155. 邢以群，吴征. 从企业生态位看技术变迁对企业发展的影响[J]. 科学学研究，2005(4).

156. 徐慧. 从波特竞争优势理论看分众传媒[J]. 湖南财经高等专科学校学报，2006(5).

157. 薛晓芳. 虚拟企业的知识创新机制及其知识生态位研究[J]. 情报杂志，2008(8).

158. 严怡宁. 报纸媒体生态位及其新闻竞争力刍议[J]. 金陵科技学院学报：社会科学版，2005(2).

159. 闫安，达庆利. 企业生态位及其能动性选择研究[J]. 东南大学学报，2005(1).

160. 喻国明，张佰明. 从版面扩张到界面拓展：传统媒介未来发展的关键转型[J]. 现代传播(中国传媒大学学报)，2010(6).

161. 喻国明，路建楠. 当前我国传媒经济研究的特点与问题[J]. 新闻与写作，2009(8).

162. 喻国明. 七个历史场景：中国传媒业三十年的发展轨迹[J]. 民主与科学，2009(1).

163. 喻国明，李彪. 发展之困与"突围"之道——2008 年我国传媒经济学研究概述[J]. 国际新闻界，2009(1).

164. 喻国明. 传媒竞争战略的新趋势：从市场占有率到个人占有率[J]. 广告人，2009(4).

165. 喻国明. 中国传媒业三十年：发展逻辑与现实走势[J]. 北方论丛，2008(4).

166. 喻国明. 关于传媒影响力的诠释——对传媒产业本质的一种探讨[J]. 国际新闻界，2003(2).

167. 喻国明. 中国传媒业：洗牌、模式与规则再造[J]. 郑州大学学报：哲学社会科学版，2003(2).

168. 喻国明，王斌. 从"增量改革"到"语法革命"——2007 年我国传媒经济学研究概述[J]. 国际新闻界，2008(1).

169. 喻国明. 从规模经济到范围经济——现阶段传媒竞争战略的新趋势[J]. 当代传播，2007(6).

170. 喻国明，李彪. 渠道整合力和内容呈现力：未来媒体竞争的聚焦点[J]. 新闻界，2007(1).

171. 喻国明. 中国媒介产业的现实发展与未来趋势[J]. 中国人民大学学报，2002(1).

172. 袁靖华. 生态范式:走出中国传播学自主性危机的一条路径[J]. 徐州师范大学学报:哲学社会科学版,2010(3).

173. 詹新慧. 与世界传媒经济大师对话——访世界传媒经济学术会议创始人罗伯特·G·皮卡特[J]. 传媒,2005(7).

174. 张光明,谢寿昌. 生态位概念演变与展望[J]. 生态学杂志,1997,16(6).

175. 张金海,黄玉波. 整合:目前我国传媒集团经营的一个核心话语[J]. 现代传播,2005(9).

176. 张明新,强月新. 传媒竞争研究的生态学进路[J]. 武汉大学学报:人文科学版,2010(3).

177. 张明新. 基于受众心理生态位实证测量的新旧媒体竞争研究:以"使用与满足论"为视角[G]//张金海,吕尚彬执行主编. 中国媒体发展研究报告·2010 年卷. 武汉:武汉大学出版社,2010.

178. 张明新,强月新. 传媒新闻内容竞争的生态位分析:以 2008 年都市报和网络媒体的奥运报道为例[G]// 张金海,吕尚彬执行主编. 中国媒体发展研究报告·2009 年卷. 武汉:武汉大学出版社,2009.

179. 张明新. "后危机时代"杂志媒体的生存与发展[J]. 编辑之友,2009(11).

180. 张意曼,陈柏宏. 从区位理论的观点探讨电子报纸与传统报纸在内容上的异同[J]. 传播与管理研究(台湾地区),2003,2(2).

181. 章平,池见星. 10 年来中国传媒经济研究回顾[J]. 新闻大学,2007(2).

182. 赵曙光. 我国报业发展研究[D]. 天津:天津大学博士学位论文,2004.

183. 郑保卫,唐远清. 试论新闻传媒核心竞争力的开发[J]. 新闻战线,2003(1).

184. 支庭荣. 从"双效统一论"到"多效合一论"——对传媒运作的一条基本原则的辨析[J]. 现代传播(中国传媒大学学报),2010(11).

185. 支庭荣. 从隐喻到思辨:一个学术种群成长的样本[J]. 中国传媒报告,2008(2).

186. 支庭荣. 世界是平的,传媒是凹的——对传媒经济特性和规律的一种诠释[J]. 现代传播(中国传媒大学学报),2007(3).

187. 支庭荣,谭天,吴文虎. 传媒经济不是经济学的弃儿——与周鸿铎教授商榷[J]. 现代传播(中国传媒大学学报),2006(5).

188. 支庭荣. 报业广告经营模式:在变与通之间[J]. 中国记者,2005(10).

189. 朱春全. 生态位理论及其在森林生态学研究中的应用[J]. 生态学杂志,1993,12(4).

190. Albarran A B, & Chan-Olmsted S M (Eds.). (1998). *Global media economics: commercialization, concentration and integration of world media markets*[M]. Ames: Iowa State University Press.

191. Albarran A B. (1996). *Media Economics: Understanding Markets, Industries and Concepts*[M]. Ames: Iowa State University Press.

192. Alexander A, & Carveth R. (2004). *Media Economics: Theory and Practice*[M]. Mahwah: Lawrence Erlbaum Associates.

193. Aris A. (2005). *Value-creating Management of Media Companies*[M]. New York: John Wiley & Sons.

194. Babble E. (1995). *The practice of social research*[M]. Belmont, CA: Wadsworth Publishing Company.

195. Bagdikian B H. (1997). *The Media Monopoly (Fifth Edition)*[M]. Boston: Beacon Press.

196. Blumler J G, & Katz E. (1974). *The uses of mass communication*[M]. Beverly Hills, CA: Sage.

197. Carrol G R. (1987). *Publish and perish: The organizational ecology of newspaper industries*[M]. Greenwich, Connecticut: JAL Press, Inc.

198. Chaffee S H, & Berger C R. (1987). What communication scientists do? In C. R. Berger & S. H. Chaffee (Eds.), *Handbook of communication science* (pp. 99-122)[M]. Newbury, CA: Sage Publications.

199. Compaine B M. (1979). *Who Owns the Media: Concentration of Ownership in the Mass Communications*[M]. Knowledge Industry Publications.

200. Compaine B M, & Gomery D. (2000). *Who Owns the Media? Competition and Concentration in the Mass Media Industry*[M]. Mahwah: Lawrence Erlbaum Associates.

201. Croteau D, & Hoynes W. (2005). *The Business of Media: Corporate Media and the Public Interest*[M]. Thousand Oaks: Pine Forge Press.

202. Conrad F C. (1988). *Strategic Newspaper Management* [M]. New York: Random House.

203. Dimmick, J. W. (2003). *Media Competition and Coexistence: The Theory of the Niche*[M]. Lawrence Erlbaum Associates, Inc., Publishers: Mahwah, NJ.

204. Hannan M T, & Freeman J. (1989). *Organizational ecology* [M]. Cambridge, MA: Harvard University Press.

205. Hosins C, McFadyen S, & Finn A. (2004). *Media Economics: Applying Economics to New and Traditional Media*[M]. Thousand Oaks: Sage Publications, Inc.

206. Killebrew K C. (2004). *Management Media Convergence: Pathways to Journalistic Cooperation*[M]. Ames Iowa: Iowa State University Press.

207. Liska J R, & Cronkhite G. (1995). *An ecological perspective on human communication theory*[M]. Fort Worth: Harcourt Brace College Publishers.

208. Michael T, Hannan J, & Freeman J. (1989). *Organizational Ecology*[M]. Cambridge, MA: Harvard University Press.

209. Owen B M, & Wildman S S. (1992). *Video economics*[M]. Cambridge, MA: Harvard University Press.

210. Picard R G. (1985). *The Press and the Decline of Democracy*[M]. Westport: Greenwond Press.

211. Picard R G, & Winter J P. (1988). *Press Concentration and Monopoly: New Perspectives on Newspaper Ownership and Operation*[M]. Stanford: Ablex Publishing Corp.

212. Picard R G. (1989). *Media economics: Concepts and Issues*[M]. Thousand Oaks: Sage Publications.

213. Picard R G, & Brody J H. (1996). *The Newspaper Publishing Industry*[M]. Boston: Allyn & Bacon.

214. Picard R G. (2002). *The Economics and Financing of Media Companies*[M]. NY: Fordham University Press.

215. Picard R G. (2002). *Media Firms: Structures, Operations and Performance*[M]. Mahweh: Lawrence Erlbaum.

216. Picard R G. (2005). *Media Product Portfolios: Issues in Management of Multiple Products and Services*[M]. Lawrence Erlbaum Associates.

217. Rosengren K, Wenner L, & Palmgreen P. (1985). *Media gratifications research*[M]. Beverly Hills, CA: Sage.

218. Rucker F W, & Williams H L. (1974). *Newspaper Organization and Management*[M]. Ames, Iowa: Iowa State University Press.

219. Worster D. (1994). *Nature's economy: A history of ecological ideas* (2nd ed.)[M]. New York: Cambridge University Press.

220. Adams W J. (1993). Program scheduling strategies and their relationship to new program renewal rates and rating changes[J]. *Journal of Broadcast-*

ing and Electronic Media, 37, 465-474.

221. Albarran A, & Dimmick J. (1993). An assessment of utility and competitive superiority in the video entertainment industries[J]. *Journal of Media Economics*, 6(2), 45-51.

222. Barrett M. (1996). Strategic Behavior and Competition in Cable Television: Evidence from Two Overbuilt Markets[J]. *Journal of Media Economics*, 9(2), 43-62.

223. Bridges J A, Litman B R, & Bridges L W. (2002). Rosse's Model Revisited: Moving to Concentric Circles to Explain Newspaper Competition[J]. *Journal of Media Economics*, 15(1), 3-19.

224. Burton M, Sorenson J, & Beckman C. (2002). Coming from good stock: Career histories and new venture formation[J]. *Research in the Sociology of Organizations*, 19, 229-262.

225. Carroll G, & Hannah M. (1989). Density dependence in the evolution of newspaper organizations[J]. *American Sociological Review*, 54, 524-541.

226. Chan-Olmsted S M. (1996). Market Competition for Cable Television: Reexamining Its Horizontal Mergers and Industry Concentration[J]. *Journal of Media Economics*, 9(2), 25-41.

227. Chan-Olmsted S M. (1997). Theorizing Multichannel Media Economics: An Exploration of a Group-Industry Strategic Competition Model[J]. *Journal of Media Economics*, 10(1), 39-49.

228. Chan-Olmsted S M, & Li J C C. (2002). Strategic Competition in the Multichannel Video Programming Market: An Intraindustry Strategic Group Study of Cable Programming Networks[J]. *Journal of Media Economics*, 15(3), 153-174.

229. Chen P H. (2002). Who Owns Cable Television? Media Ownership Concentration in Taiwan[J]. *Journal of Media Economics*, 15(1), 41-55.

230. Chyi H I, & Sylvie G. (1998). Competing with Whom? Where? and How? A structural analysis of the electronic newspaper market[J]. *The Journal of Media Economics*, 11(2), 10-18.

231. Craig R T. (1999). Communication Theory as a Field[J]. *Communication Theory*, 9, 119-61.

232. Davis D M, & Walker J R. (1990). Countering the new media: The resurgence of share maintenance in primetime network television[J]. *Journal of*

Broadcasting and Electronic Media, 34, 487-493.

233. Dimmick J, Feaster J, & Hoplamazian G. (2008). *News in the Interstices: The niches of mobile media in space and time*[C]//Paper presented at the annual meeting of the Association for Education in Journalism and Mass Communication, Marriott Downtown, Chicago, IL.

234. Dimmick J, Chen Y, & Li Z. (2004). Competition between the Internet and Traditional News Media: The Gratification-Opportunities Niche Dimension [J]. *Journal of Media Economics*, 17(1), 19-33.

235. Dimmick J, Kline S, & Stafford L. (2000). The gratification niches of personal e-mail and the telephone: Competition, displacement, and complementarity[J]. *Communication Research*, 27(2), 227-250.

236. Dimmick J. (1997). The theory of the niche and spending on mass media: The case of the"video revolution"[J]. *Journal of Media Economics*, 10, 33-43.

237. Dimmick J, & Albarran A. (1994). The Role of Gratification Opportunities in Determining Media Preference[J]. *Mass Communication Review*, 21, 223-35.

238. Dimmick J, Sikand J, & Patterson S. (1994). The gratifications of the household telephone: Sociability, instrumentality, and reassurance[J]. *Communication Research*, 5, 643-665.

239. Dimmick J. (1993). Ecology, economics and gratifications utilities [G]//A. Alexander, J. Owers, & R. Carveth (Eds.). *Media Economics* (pp. 135-136). Hillsdale, NJ: Laurence Erlbaum Associates.

240. Dimmick J, Patterson S, & Albarran A. (1992). Competition between the cable and broadcast industries: A niche analysis[J]. *Journal of Media Economics*, 5(1), 13-29.

241. Dobos J, & Dimmick J. (1988). Factor analysis and gratification constructs[J]. *Journal of Broadcasting and Electronic Media*, 32(3), 335-350.

242. Dimmick J, & Wallschlaeger M. (1986). Measuring corporate diversification: A case study of new media ventures by television network parent companies[J]. *Journal of Broadcasting and Electronic Media*, 30(1), 1-14.

243. Dimmick J, & Rothenbuhler E W. (1984). Competitive displacement in the communication industries: New media in old environments [G]//R. Rice (Ed.). *The new media: Communication, research, and technology* (pp. 287-304).

Beverly Hills:Sage Publications.

244. Dimmick J,& Rothenbuhler E W. (1984). The theory of the niche: Quantifying competition among media industries[J]. *Journal of Communication*, 34(1),103-119.

245. Dodgson M. (1993). Organizational learning:A review of some literatures[J]. *Organization Studies*,14(3),375-394.

246. Feaster J C. (2009). The repertoire niches of interpersonal media:competition and coexistence at the level of the individual[J]. *New Media & Society*, 11(6),965-984.

247. Fiol C M,& Lyles M. (1985). Organizational Learning[J]. *Academy of Management Review*,10(4),803-813.

248. Frank W G. (2002). Technological transitions as evolutionary reconfiguration processes:a multi-level perspective and a case-study[J]. *Research Policy*,31,1257-1274.

249. Freeman J,& Hannan M T. (1983). Niche width and the dynamics of organizational populations[J]. *American Journal of Sociology*,88,1116-1145.

250. Greco A N. (1999). The Impact of Horizontal Mergers and Acquisitions on Corporate Concentration in the U. S. Book Publishing Industry:1989—1994[J]. *Journal of Media Economics*,12(3), 165-180.

251. Hannan M T,& Freeman J. (1977). Population ecology of organizations[J]. *American Journal of Sociology*,82(5),929-964.

252. Kayany J M,& Yelsma P. (2000). Displacement effects of online media in the socio-technical contexts of households[J]. *Journal of Broadcasting and Electronic Media*,44,215-229.

253. Korzenny F. (1978). A theory of electronic propinquity: Mediated communications in organizations[J]. *Communication Research*,5,3-24.

254. Jones C G,Lawton J H,& Shachak M. (1997). Positive and negative effects of organisms as physical ecosystem engineers[J]. *Ecology*,78, 1946-1957.

255. Lacy S,Coulson D C,& Cho H. (2002). Competition for Readers among U. S. Metropolitan Daily,Nonmetropolitan Daily,and Weekly Newspapers [J]. *Journal of Media Economics*,15(1), 21-40.

256. Lacy S,& Vermeer J P. (1995). Theoretical and Practical Considerations in Operationalizing Newspaper and Television News Competition[J]. *Journal of Media Economics*,8(1),49-61.

257. Lacy S, & Davenport L. (1994). Daily Newspaper Market Structure, Concentration, and Competition[J]. *Journal of Media Economics*, 7(3), 33-46.

258. Lacy S, & Niebauer Jr, W E. (1995). Developing and Using Theory for Media Economics[J]. *Journal of Media Economics*, 8(2), 3-13.

259. Lee Y. C. (2007). Effects of Market Competition on Taiwan Newspaper Diversity[J]. *Journal of Media Economics*, 20(2), 139-156.

260. Li S C S, & Chiang C C. (2001). Market Competition and Programming Diversity: A Study on the TV Market in Taiwan[J]. *Journal of Media Economics*, 14(2), 105-119.

261. Li S C S. (2001). New Media and Market Competition: A Niche Analysis of Television News, Electronic News, and Newspaper News in Taiwan[J]. *Journal of Broadcasting & Electronic Media*, 45(2), 259-276.

262. Li S C S. (2004). Market Competition and the Media Performance of Taiwan's Cable Television Industry[J]. *Journal of Media Economics*, 17(4), 279-294.

263. Li S C S, Liu Y L, & Chen C H. (2007). Market Competition and Media Performance: Reexamining the Media Performance of the Cable Television Industry in Taiwan[J]. *Journal of Media Economics*, 20(3), 189-210.

264. Odling-Smee F J, Laland K N, Feldman M W. (1996). Niche construction[J]. *American Naturalist*, 147, 641-648.

265. Powers A. (2001). Toward Monopolistic Competition in U. S. Local Television News[J]. *Journal of Media Economics*, 14(2), 77-86.

266. Ramirez A J, Dimmick J, Feaster J, & Lin S F. (2008). Revisiting Interpersonal Media Competition: The Gratification Niches of Instant Messaging, E-Mail, and the Telephone[J]. *Communication Research*, 35(4), 529-547.

267. Richard W. (1999). Niche selection and the evolution of complex behavior in a changing environment[J]. *Artificial Life*, 5, 271-289.

268. Rogers R P, & Woodbury J R. (1996). Market structure, program diversity, and radio audience size[J]. *Contemporary Economic Policy*, 14, 81-91.

269. Stafford L, Kline S L, & Dimmick J. (1999). Home e-mail: Relational maintenance and gratification opportunities[J]. *Journal of Broadcasting and Electronic Media*, 43, 659-669.

270. Sorenson O, & Audia P G. (2000). The social structure of entrepreneurial activity: Geographic concentration of footwear production in the United

States,1940—1989[J]. *American Journal of Sociology*,106(2),424-461.

271. Thompson K, & Gaston K J. (1999). Range size dispersal and niche breadth in the herbaceous flora of central England[J]. *Journal of Ecology*,87, 150-155.

272. Van der Wurff R, & Van Cuilenburg J. (2001). Impact of Moderate and Ruinous Competition on Diversity: The Dutch Television Market[J]. *Journal of Media Economics*,14(4),213-229.

273. Van Kranenburg H. (2002). Mobility and Market Structure in the Dutch Daily Newspaper Market Segments[J]. *Journal of Media Economics*,15(2),107-123.

274. Van Witeloostuijn A. (2003). The ecology of law[J]. *International Journal of the Sociology of Law*,31, 55-67.

后　记

在2006年上半年，我加入博士导师强月新教授和王瀚东教授共同担纲的教育部人文社会科学重点研究基地武汉大学媒体发展研究中心重大项目“中部媒介生态与媒体发展”的研究中。此间，我开始对媒体生态议题产生兴趣，尤其是开始关注本土媒体生态研究。在传播研究领域，媒体生态学研究是一种全新的分析范式。与西方媒体生态学研究的主旨不同，中国的媒体生态学研究，突出市场、管理、竞争和发展的现实与语境，是“原发和原创”的研究。特别是，改革开放30多年来中国媒体发展的实践，为本土媒体生态学研究提供了鲜活的分析素材，这无疑构成媒体生态学研究在本土深入和落地的前提条件。

2006年11月，我开始作为强老师的助手进行中国媒体竞争与合作的相关研究。在研究实施中，我几乎是无意识地将媒体竞争和传媒生态联系起来思考，以媒体生态学的基本观点考察媒体竞争现象。在查找和阅读文献的过程中，我从美国传播学者John Dimmick等人的著作中确认和强化了这种理念。我由衷地佩服John Dimmick，这位俄亥俄州立大学传播学院的教授将生态学的基本思路和理论概念引入传媒研究中，并以合乎逻辑与经验的模式将“媒体生态位”的概念进行操作化。近30年来，他的研究开创了西方媒体生态学研究一种崭新的路径，影响了全球各地的传播学者。

本书的理论性思考架构，系笔者在阅读John Dimmick的著述后成型。借助于媒体生态位理论范式，本书主要从媒体竞争的理论、方法和实证三个向度，研究媒体竞争的内在规律和中国语境中的现实表现。在理论上，本书解决的问题是，我们应该在何种层面、从哪些资源维度来考察媒体竞争现象？不同的资源维度之间存在着什么样的关系？在方法上，笔者所要解决的问题是，从理论层面建构的媒体竞争分析架构是如何被操作化的？媒体生态位的理论概念是如何在现实情境中被测量的？在实证层面，我运用本书建构的理论架构与分析方法，主要从中国媒体竞争的当前和历史实践，分别从竞争现状、发展轨迹和现实策略三个方面进行经验性的考察。John Dimmick、Alan Albarran、Philip Napoli、喻国明、邵培仁、屠忠俊、强月新、支庭荣、崔保国等学者的相关著述，为笔者在本书理论建构部分的写作提供了思考的起点；在本书的分析方法部分，笔者在多处参考了John Dimmick、李秀珠、张意曼、卢文浩、张文军等人的研究成果。

做一个完整的学术研究，从最初的思索到实施到最终完成，无疑是一个漫长的旅途。2006 年下半年，我开始搜集、阅读和梳理关于传媒竞争、媒体生态和媒体发展的各种资料、数据和文献。2007 年底，我协助导师强月新教授申报 2008 年度的国家社科基金项目"我国大众传媒的竞争与合作研究"，并成功获得立项。该项目展开研究之初，我受香港城市大学英文与传播系（2008 年 7 月改名为媒体传播系）和传播研究中心的邀请，前往该处进行学术访问。在那里，我系统搜集到西方有关媒体经济、传媒竞争、媒体生态研究的相关文献，为本书的写作提供了有利条件。

在研究思路基本确立后，从 2008 年伊始到 2009 年初，我比较系统地采集到各种实证数据。其中，有一手数据，也有二手数据。强老师门下 2006 级、2007 级和 2008 级的多名硕博士研究生，以及我的多位学界和业界友人，为本书的问卷调查和内容分析环节的一手数据采集做出了贡献。我分别在本书的相应章节做出了说明，并致以深深的谢意！本书中的二手数据，多来自于各种权威统计文献，包括历年《中国工商行政管理年鉴》和《中国广告年鉴》，以及中国互联网络信息中心（CNNIC）和艾瑞咨询集团（iResearch）的研究报告。在此，我向编撰上述年鉴和报告的相关机构和人员表示由衷的感谢！

本书在笔者的博士学位论文《基于生态位理论范式的我国传媒竞争研究》基础上修改而成。我首先要感谢我博士阶段的导师强月新教授！从 2006 年以来，我一直跟随在导师身边学习和工作。强老师注重学术研究与媒体实践的对接，主张从传播实践中确立研究的选题和基本思路。本书从基本思路的敲定到思考架构的搭建、从实证分析的实施到研究结果的表述，每个环节中无不凝聚着强老师的心血。在治学之外，强老师一直以润物细无声的教诲，为我树立为人处事的典范，这将令我终生受益。

感谢罗以澄教授、赵振宇教授、黄家雄教授、吕尚彬教授、夏琼教授和刘友芝教授。他们参加了笔者博士论文的开题和答辩，提出了许多建设性的意见，同时给予了积极的评价，并表达了对我在未来做进一步深入研究的殷切期待。

2011 年 8 月初，笔者在南京大学新闻传播学院做短暂访问期间，曾在胡翼青副教授召集的南京青年传播学者聚会上报告本书的基本架构和研究思路。感谢胡翼青、王蕾、邹军、袁光锋等各位学界同行，他们为本书的修改提出了不少中肯的意见和建议。

感谢张昆教授、余明阳教授、吴廷俊教授、金兼斌教授、吴飞教授、陈先红教授、张金海教授、舒咏平教授、廖声武教授和曾宪明教授等诸位师长！我唯有以今后岁月不懈的人生努力，回报你们多年来对我的指点、关怀和期待。

感谢华中科技大学出版社总编辑姜新祺先生和本书的责任编辑包以健先生。他们高效、专业、负责任的编辑和出版工作，令笔者深受感动！

本书中理论建构和研究方法部分的不少观点和表述，还值得商榷；在实证分析部分，许多资料和数据的采集，亦显不够。笔者衷心希望得到读者诸君的指正。

张明新

2011 年 8 月于武昌珞珈山